珍藏本
纪念版

汉译世界学术名著丛书

劫余录

〔法〕阿伯拉尔 著

孙亮 译

SINCE 1897
商務印書館
The Commercial Press

2017年·北京

Pierre Abélard

HISTORIA CALAMITATUM

汉译世界学术名著丛书
（120年纪念版·珍藏本）
出版说明

2017年2月11日，商务印书馆迎来120岁的生日。120年前，商务印书馆前贤怀揣文化救国的理想，抱持“昌明教育，开启民智”的使命，立足本土，放眼寰宇，以出版为津梁，沟通中西，为中国、为世界提供最富智慧的思想文化成果。无论世事白云苍狗，潮流左右激荡，甚至战火硝烟弥漫，始终践行学术报国之志，无改初心。

迻译世界各国学术名著，即其一端。早在20世纪初年便出版《原富》《天演论》等影响至今的代表性著作，1950年代后更致力于外国哲学和社会科学经典的译介，及至1980年代，辑为“汉译世界学术名著丛书”，汇涓为流，蔚为大观。丛书自1981年开始出版，历时三十余年，迄今已推出七百种，是我国现代出版史上规模最大、最为重要的学术翻译工程。

丛书所选之书，立场观点不囿于一派，学科领域不限于一门，皆为文明开启以来，各时代、各国家、各民族的思想与文化精粹，代表着人类已经到达过的精神境界。丛书系统译介世界学术经典，引领时代思想，为本土原创学术的发展提供丰富的文化滋养，为推动中国现代学术和现代化进程做出了突出的贡献。

为纪念商务印书馆成立120周年，我们整体推出“汉译世界学术名著丛书”120年纪念版的珍藏本，寄望既利于文化积累，又便于研读查考，同时向长期支持丛书出版的译者、编者和读者致以敬意。

两甲子后的今天，商务印书馆又站在了一个新的历史时间节点上。我们不仅要铭记先辈的身影和足迹，更须让我们的步伐充满新的时代精神。这是商务人代代相传的事业，更是与国家和民族的命运始终紧密相连的事业。我们责无旁贷，必须做好我们这代人的传承与创造，让我们的努力和成果不仅凝聚成民族文化的记忆，还能成为后来人可以接续的事业。唯此，才能不负前贤，无愧来者。

商务印书馆编辑部

2017年10月

目　　录

导　言

许多人听说过，阿伯拉尔和爱洛伊丝像但丁和贝雅特丽齐或者罗密欧和朱丽叶一样，是一对著名的情侣。也有不少人知道他们的故事凭借鸿雁传书记录了下来。如果我们有兴趣了解一下通常所谓的 12 世纪文艺复兴运动，就会很快发现阿伯拉尔是此中的关键人物。他是那个时代思想创新的先锋，中世纪的巴黎大学就发轫于他在教学上的声望；他和明谷的圣伯尔纳(St. Bernard of Clairvaux)在神学观上发生了冲突。爱洛伊丝也不仅仅是一个情深不渝的少女，一个好学不倦的学生；她还是一家著名修道院的院长，同时掌管着好几家附属修道院。无论是在古典学识的造诣和表达自我的方式上，在对信仰和道德问题的深切关注上，以及在毕生献身于基督教会的牺牲精神上，他们都代表了那个时代的精英。同时，他们所遭遇的两难困境，长久以来一直受到人们的关注。这种困境与其说是境遇的作用，不如说是源于两种极为复杂的个性间的关系。

彼得·阿伯拉尔，1079 年出生于一个布列塔尼小贵族的家庭，在一篇文采斐然的自传《劫余录》里，他记述了自己 54 岁以前的经历。他的父亲供职于布列塔尼宫廷，很希望自己的儿子在继承父业之前接受一些教育。阿伯拉尔不久便决定放弃长子的权利，成为真正的学者。

> 在哲学的各种流派中最合我意的是辩证法。以此为武器，我选择了在论辩中争高下，而不是在战场上建功勋。我开始周游诸省，像真正的逍遥派哲学家那样，每当听说某地对辩证法有浓厚的兴趣，就到那里参加论辩。

阿伯拉尔采用相当严谨的拉丁文写作，他运用的一些专门性较强的语言，更易为同时代而不是现代的读者所了解。但是这两句话立刻使我们感受到了12世纪早期热烈的求知气氛，把我们带入了阿伯拉尔参与领导的教学革命之中。当时（以及其后很长时间），传统的高等教育包括七门文科课程：包括“三艺”（trivium），指的是专攻古典（拉丁）语言文学的语法和修辞，加上逻辑，或称辩证法；其后是“四学科”（quadrivium），指几何、算术、天文和音乐。在此之外，最高等的学问是神学、教会法和医学。阿伯拉尔对科学兴趣寥寥，他的数学知识也极为有限。显然，他一开始就拿定主意专攻“三艺”，尤其是逻辑（辩证法）。希腊人是逻辑大师，但当时这方面的希腊著作几乎已散失殆尽。人们通常认为，阿伯拉尔并不懂希腊文，他对亚里士多德的了解也都来自波菲利（Porphyry）为亚氏的《范畴篇》（*Categories*）所写的导论，以及亚氏的《解释篇》（*De Interpretatione*），而且使用的是6世纪罗马学者波伊提乌的译本。逻辑包括语言逻辑，即关于字词和句子意义的理论，以及形式逻辑，即关于如何正确地组织已知的事实并得出结论的理论。这是“为混沌世界建立秩序的工具”[①]，在阿伯拉尔手中，逻辑为他

---

① R. W. 萨瑟恩：《中世纪的形成》（R. W. Southern, *The Making of the Middle Ages*, London, 1953），第172页。

的学生提供了真正的理智教育。他坚持把逻辑规则运用于一切思想领域,毕生不曾动摇。

阿伯拉尔说到,自己云游四方,哪里有他感兴趣的讲座就到哪里去。这正是所谓“逍遥派学者”的时期。从某种意义上来说,教会掌握着所有的教学活动,但是教堂的附属学校已经开始取代贝克和克吕尼等地的修道院学校;正是前者孕育了中世纪大学的萌芽。从阿伯拉尔的活动和他的教学生涯中可以看出,早期的教师可以挑选自认可以招收到足够学生的地方,建立自己的学校;学校的成败全赖教师的声望和技能。他在哪里落脚,学生就跟随到哪里,为了同他接近,甚至愿意在穷乡僻壤结庐而居。今天,也许是因为和文艺复兴时期的人文主义相对照,我们往往认为逻辑是一门枯燥晦涩的学问,但是在阿伯拉尔的讲解之下,逻辑可以变得新鲜而又令人振奋,成为通向广阔天地的大门。

同时,阿伯拉尔还称自己经常参加“论辩”,也可说明他是一场新兴运动的先驱。“论辩”(disputatio)指一种新的方法,它可以代替传统的“解读”(lectio)。后者是由教师讲授一段经文,先逐句朗读,然后讲解语法并引述教父们的著作中的有关评注。论辩的方式更接近于对话,先提出问题,通过问答进行讨论,从而摆出困难并寻找解决方法。各种教学方法原不是水火不相容的,但阿伯拉尔对正统的讲座教学十分不满,从他攻击拉昂的安塞尔姆(Anselm of Laon)的偏颇之词中可见一斑。他当时一定令老师十分头痛,因为他自知天资过人,态度倨傲不恭,热衷于在辩论中白刃相见。1100年,阿伯拉尔来到巴黎进入圣母院学校,香浦的威廉(William of Champeaux)发现了这一点。两人龃龉日深,终于,阿伯拉尔建立了自己的学校，先安顿在默伦，后移至科贝尔，意在破坏威廉的声誉。其间他曾因劳累过度病倒，回到布列塔尼休养了 6 年。他本人并未提及这段时间做了什么，只是当他回到斗争的中心时，发现威廉已经参加了律修会，但仍在圣维克多修道院讲学。阿伯拉尔又开始听他的课，这一回学的是修辞，很快他又使自己失去了立足之地。

《劫余录》随即提到了共相，即普遍和抽象的名词的问题。这个问题柏拉图和亚里士多德曾经探讨过，波菲利也有所提及，但没有展开论述。当时就这个问题进行了激烈的辩论。如果你，我，人人都是人，亦即我们都属于人类，那么是否有什么属于人类的东西独立于这一类中的个体而存在？阿伯拉尔从未说明他云游求学时曾造访过哪些教师，但他去巴黎的路上必定曾在洛什停留，听过让·罗塞林（Roscelin）这位唯名论大师的讲学。罗塞林认为共相或抽象名词只是单独存在的个体的名称。教会认为罗塞林是在宣扬有三个不同的神存在，而不是只有一个神，因此把他视为对三位一体说的威胁。他因传播异端而受审并被驱逐，但后来又得到许可回到法国继续讲学。香浦的威廉是其反对派唯实论者的领袖。唯实论承柏拉图和新柏拉图主义者波菲利的衣钵，认为意识之外有实在的抽象理念存在——柏拉图称之为形式或理。关于事情的始末，阿伯拉尔语焉不详，但看来他指出了威廉的逻辑论证中的荒谬之处，迫使后者修正其观点。威廉在讲学中宣称，人类的本质在所有人身上都完整地、本质地存在，只因其共同本性之外的“偶性”或局部变异而有所不同。如果此说成立，很难说你我能成为真正不同的个体。在阿伯拉尔的压力下，威廉把“本质的”改成了“无差别的”，意思是你我是由无差别或差别的不存在而归属于同一人类

的。但此后威廉的讲学就声名扫地,“好像整个论题都只建筑在共相的问题上”。

在阿伯拉尔看来,逻辑不仅仅意味着是共相的本质,还具有不同的意义。他在逻辑、自然科学或形而上学之间作了明确的区分(这一点威廉及同时代的大多数人都不曾做到),前者关注的是字词以及我们怎样用字词表达概念,后者则关注物(自然科学),或称终极现实(形而上学)。对他来说,逻辑即语言逻辑,是关于理解的一门基本知识,共相的问题只是其中的一个部分。对于语言和概念的含义构成理性认识的基础的说法,他持批评态度。他既不想创造一种自然哲学,也不想建立一套神学体系。但是唯实论者对于存在于意识之外的事物和我们理解它们的语言并不作这样的区分,因此对他们来说共相的本质是一个关键问题。

阿伯拉尔大胜威廉使他的声名激增,威廉的许多学生也转而加入了他在蒙圣热内维耶沃分庭抗礼所建立的学校。这就是巴黎大学的雏形。双方的门人之间仍然摩擦不断,威廉千方百计要阻止阿伯拉尔接替他主持修道院学校。这时,阿伯拉尔又被召回布列塔尼,这次是为了看望他的母亲,因为她准备以丈夫为榜样立誓出家。在当时,这种做法司空见惯。他不久就回到了巴黎,发现威廉已经被任命为沙隆的主教,没有人和他竞争修道院学校校长的职位了。然而,阿伯拉尔称自己回到法国的目的很明确,就是研究神学——至高无上的圣学(maxime ut de divinitate addiscerem)——他很快离开巴黎赴拉昂去听当地长期以来最伟大的学者安塞尔姆讲学。他并没有说明为什么要这样做;有人曾以为也许是他的母亲要求天资聪慧的长子投身于拯救灵魂这项更加积极的事业。但是,从《劫余录》看来,这个决定产生了持久的严重后果。

安塞尔姆应得的声誉是,他既是一位出色的讲师,同时还参与编纂了长期以来一直被神学学者奉为圭臬的《圣经通用词汇》(*Glossa ordinaria*)。他的教学风格颇为保守,教义讨论完全在《圣经》的范围内进行,也不使用论辩的方法;他的雄辩之才只在解读和阐述时才有发挥。阿伯拉尔是一名训练有素的辩证学者,在他而言,能力比资历更重要,因此他对安塞尔姆颇不以为然,不久他的这种态度就表现得十分明显。他和其他学生格格不入,凭着自己的天分和对经文的深入研究,动辄在别人的煽动下公开自己的讲评。很快,他似乎就能在安塞尔姆自己的领域内占得上风了;安塞尔姆在两个得意门生的挑唆下禁止阿伯拉尔在拉昂讲学,这引起了其他学生的愤慨。然后,阿伯拉尔回到了巴黎,担任了修道院学校的校长,可以想象,他从拉昂带来了许多学生。他原以辩证法和修辞著称,现在又在神学方面崭露头角,安塞尔姆不久即去世,这更使他的地位坚不可摧。整个西欧的学子都纷纷涌向巴黎。

此时,阿伯拉尔刚刚三十五六岁,已经到达了声名的巅峰。各种记述都表明,他是一位极为出色的教师,具有一种罕有的天才,能够点燃学生心中的热情,使他们五体投地。他自称"相貌出众",爱洛伊丝还补充道,他擅长吟诗作赋,尽管现在并没有他如何享受在求学生涯中轻松的那一面的记载,只有关于他和他人保持距离的暗示。他对共相的问题给出了自己的解决之道,从而奠定了他作为逻辑学家的地位;这条中间道路就是所谓的概念论:共相既非真实,也不仅仅是名称,而是由理智把观察所得的个体事物的相似之处进行抽象而形成的概念。阿伯拉尔能够独立得出这个与亚里士多德学说非常相似的结论是相当了不起的。后者认为,我们能观察到个别且理解共相,但是我们是通过个别来理解共相,并在共相中观察个别的。然而,此时阿伯拉尔已经承担起个人的风险,因为作为一位专门的辩证学家,他开始涉足神学。安塞尔姆的两个门生,兰斯的阿尔贝里克(Alberic of Rheims)和伦巴第的洛托夫(Lotulf of Lombardy)从此和他结下了冤仇,并于1121年在苏瓦松主教会议上带头指控他宣传异端。对头们没有忘记这一回交锋,阿伯拉尔和圣伯尔纳最后那一场决定命运的斗争在很大程度上也要归因于阿伯拉尔把辩证法用在了神学问题上。

争论越是激烈,阿伯拉尔就越是活跃,这是他的天性。可以想象,如今他无人可与匹敌时而感到的高处不胜寒的失落。如他所言:

> 但是成功常常使愚人妄自尊大,俗世的保障能削弱坚定的精神,借助肉欲的诱惑而轻易地摧毁它。我开始以为自己是天下唯一的哲学家,不用惧怕任何人、任何事,就此向肉欲屈服。……当时在巴黎居住着一位少女,名叫爱洛伊丝。她的叔父是一名教士。……

根据阿伯拉尔的描述,事情的起因是,他自信可以轻取少女的芳心,存心引诱这个姑娘;他对于性爱的态度也不带任何浪漫的理想主义色彩。为公平起见,我们需要说明,他也许是有意采用这种冷淡的口吻,因为《劫余录》是写给第三人的一封信,其中省略了许多痛苦的细节,它们在他后来写给爱洛伊丝的信中有所表现。但是，不管这段感情是如何开始的，他很快就深陷其中，不能自拔。多年以后，爱洛伊丝指责他对她只有肉欲，他也承认了这一点。现在爱洛伊丝的诸多支持者强调阿伯拉尔从未做到像她那样无私地奉献。但是，用现在的语言来说，他们热烈地相爱了。他们的恋爱毫无顾忌，充满了狂喜，阿伯拉尔完全被征服了，在日常行为中也渐渐肆无忌惮起来。他疏忽了学生们，不再假装专心教学；他对流言蜚语充耳不闻，任凭他那些称咏爱洛伊丝之名的情歌四处传唱。终于，她的叔父菲尔贝(Fulbert)发现了这一人所共知的事实。他试图把两人分开，但他们甘冒更大的风险，在床笫缠绵之时被发现了。不久，爱洛伊丝发现自己有了身孕，阿伯拉尔把她送到了布列塔尼的亲戚身边，在那里生下了一个男孩。[①] 从后来的信中可知，他把她打扮成一个修女遮人耳目。阿伯拉尔回到了巴黎，向菲尔贝提出了补救的办法：他愿意娶爱洛伊丝为妻，条件是婚事要保密，不至于影响他的声誉。菲尔贝同意了，阿伯拉尔便回到布列塔尼把爱洛伊丝接了回来。就在这时，她出人意料地显示了自己的个性。

关于爱洛伊丝的身世，我们一无所知，虽然有过种种臆测。[②] 据说，她当时大约 17 岁，出生于公元 1100 年或 1101 年。有人认

① 关于爱洛伊丝在布列塔尼的生活，在当地民谣中仍遗留有蛛丝马迹。其中维尔马克的《布列塔尼民谣采风集》(附法语译文)常被提及。歌中爱洛伊丝称她 12 岁时跟随“我的教士，我亲爱的阿伯拉尔”来到了南特，当时只会讲布列塔尼语，但后来她学会了拉丁文和法文，并获得了魔力，可以和阿伯拉尔合力做出惊天动地的事业。茹昂多的《爱洛伊丝和阿伯拉尔书信集》中收录了部分法文段落，埃尼德·麦克劳德(Enid Mcleod)的《爱洛伊丝》中也有部分译文。维尔马克说他发现了 4 种布列塔尼方言的 20 个版本，他认为本诗包含有早期德鲁伊巫歌的内容，但是其细节的真实性常遭质疑。

② 埃尼德·麦克劳德：《爱洛伊丝》(*Héloïse*)，1938 年初版，1971 年伦敦再版，第 8—12、253—255 页。

为菲尔贝对她表现出强烈的占有欲，暗示着她其实是他的女儿。但是考虑到他对阿伯拉尔所采取的手段之残忍，则似乎其中有强烈的性的因素，很可能是潜意识的。爱洛伊丝的早期教育完全归功于阿让特伊的修女们；在那个罕有女性受教育的时代，她的杰出天赋得以发挥，则要感谢菲尔贝的鼓励。在她接受阿伯拉尔教导的短暂期间，他们很可能一起进行了哲学研究，她能够如此清晰有力地论辩，反对他的求婚，无疑是受过了严格的逻辑训练。

爱洛伊丝清楚地看出，秘密结婚是满足不了菲尔贝的愿望的，他想在公众中挑起轩然大波，阿伯拉尔却不愿承认这一点。事实上，“什么也满足不了她的叔父”。因此，她反对任何形式的婚姻，首先是因为阿伯拉尔可能因此承担的风险，其次是因为这会使两人都蒙羞。他们两人受到圣保罗和圣哲罗姆的影响，对婚姻的看法都不以为然。从基督教的修道士的观点出发，他们认为婚姻只是对肉体的弱点的合法化。作为学者，阿伯拉尔是一名教士（clericus），又是圣母院的经院讲师，以后将成为教士团的成员。这两种身份在法律上都不禁止婚姻；虽然经院讲师结婚并不多见，以他的性格，这一点也可以接受。我们不知道当时他是否已经成为一名神父：很可能不是。不管怎样，教会只禁止高级教士结婚。有一点相当重要，即当时受过教育的人要选择职业，除了进入教会别无选择；而阿伯拉尔则情愿牺牲自己在教会中的远大前程来留住爱洛伊丝。他后来在信中承认：“我渴望将我无比深爱的你完全留给自己。”任何婚姻，不管是秘密的还是公开的，都会成为一种强大的障碍。如果公开结婚，他的名誉会因此受损，但也许还有可能使菲尔贝满意——虽然知他甚深的爱洛伊丝并不这样想。秘密结婚不会破坏阿伯拉尔的声望,但是可能对菲尔贝发生危险的影响。

现在的权威研究者都认为,荣誉是爱洛伊丝的论点中最关键的部分,它的含义远远超越了阿伯拉尔自身的利益。如果仔细研究她的论辩,可以清楚地发现,与其说她是关心阿伯拉尔可能因此失去在教会任职的机会,不如说她更担心他就此背叛了两人崇尚的理想,即哲学家是远离并凌驾于人情关系之上的。她的论辩是从古典的而不是基督教的观点出发,她的例证取自圣哲罗姆笔下的提奥、西塞罗、塞内加和苏格拉底。“昔日的哲学大师们都鄙视尘俗,与其说他们谴责它,不如说是逃避它。他们摒弃了一切享乐,只有在哲学的怀抱中才寻到了安宁。”她指出琐碎恼人的家庭生活会分散人的精力,是哲理思考的大敌;她还把哲学家比作“真正当得起僧侣之名的人”,也就是那些坚定的独身者,比如浸信会的创始人约翰和犹太历史上的各个禁欲教派。(据阿伯拉尔称)她得出结论,“比起妻子来,情人(amica)的称呼对她更珍贵,对我更高尚”,因为这样他们就能免受永久性法律关系的约束,阿伯拉尔也就不必放弃成为哲学家,为实现自我的理想而蒙受羞辱。他们之间唯一的约束应该是 gratia——自由的爱;对于一种具有古典理念的理想关系、婚姻不能再赋予它任何意义。这种古典理念记述于西塞罗的《论友谊》(*De amicita*)。这部著作认为“无私的爱”是肉体的爱的升华,并将其作为真正的友谊的标准。两人都曾读过这本书。

爱洛伊丝在她的第一封信中强调了这一点。信中有一段非常著名的文字,她说,即使奥古斯都大帝向她求婚,她也宁愿做阿伯拉尔的情人;其上下文是她追求“爱情而不是婚姻的束缚,自由而不是锁链”。她爱的只是阿伯拉尔这个人,而不是他能给予她什么。确实，在她的心目中，说到双方能给予彼此的东西，婚姻比皮肉交易也好不了多少。相比之下，持久的关系靠的是双方毫无保留的奉献；这就是真正无私的爱，是建立在她所谓的“精神的纯洁”之上的。法律上的婚姻不能给这样一种理想的关系增添任何东西，在某种意义上，其中是否有肉欲的成分也是无关紧要的。对理想关系的追求是一个至关重要的因素。这就是阿伯拉尔和爱洛伊丝所信仰的“意愿纯洁的道德观”，她反复提到这一点。

> 但如你所知，我也是完全无辜的。行为者的企图而非行为本身构成犯罪，司法应更多考虑产生行为的动机而非既成的事实。我对你的情感始终如一，只有你最清楚，也只有你能够作出评判。一切等待你来审判，一切依赖你的证言。

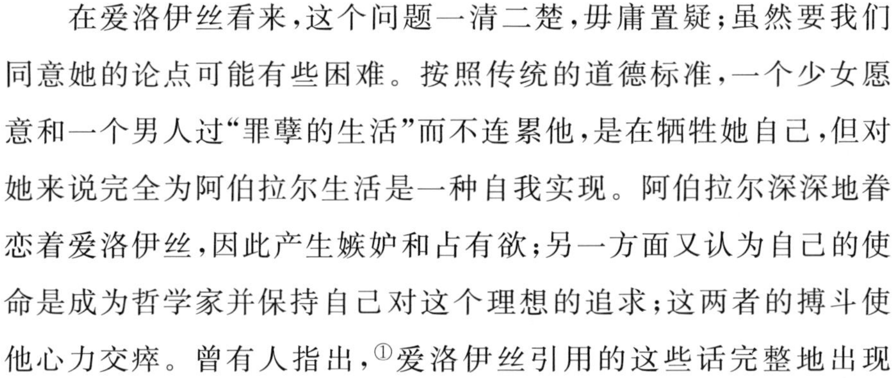

在爱洛伊丝看来，这个问题一清二楚，毋庸置疑；虽然要我们同意她的论点可能有些困难。按照传统的道德标准，一个少女愿意和一个男人过“罪孽的生活”而不连累他，是在牺牲她自己，但对她来说完全为阿伯拉尔生活是一种自我实现。阿伯拉尔深深地眷恋着爱洛伊丝，因此产生嫉妒和占有欲；另一方面又认为自己的使命是成为哲学家并保持自己对这个理想的追求；这两者的搏斗使他心力交瘁。曾有人指出，[①]爱洛伊丝引用的这些话完整地出现

① J. T. 马克尔(J. T. Muckle)：《阿伯拉尔致一位朋友的信》(Abelard's Letter of Consolation to a Friend)，《中世纪研究》(*Mediaeval Studies*)，第 12 期(1950)，第 173—174 页。

在阿伯拉尔的著作中[《基督教神学》(*Theologia Christiana*)第二卷],这部书是在他们分开后写就的,但时间比《劫余录》要早。的确,他很可能是在自己的著作中,为她的论证框架补充了从经文和诗篇中取来的材料。但是并没有材料暗示他认为这些话不正确,他只是拒绝被说服。也许要让一个热恋中的情人,一个骄傲又过分敏感的男人做到这一点是对他期望过高了。

> 她终于明白在我愚蠢的固执面前,她试图说服或劝阻我的种种努力都无济于事,而她又不愿拂逆我的心意,于是她带着深深的叹息,含泪说出了最后的话语:"我们两人都会被毁掉。留给我们的只是和我们的爱情一样深切的苦难。"在这一点上,大家都知道,她表现出是一个真正的先知。

爱洛伊丝从未因婚事不能公开而责备过阿伯拉尔,虽然她必定以为这是一种虚伪的行为,是对理想的另一种背叛。她甚至愿意为了阿伯拉尔说谎,在菲尔贝背信弃义将消息散布出去时予以否认。但是数年以后,她曾在一时激愤中指出,他俩没有因私通的罪过受罚,却因为"一桩你原以为能弥补前愆的婚事"而受到了惩罚。和菲尔贝大闹过几回之后,两人又曾多次秘密会面,阿伯拉尔因此决定设法把她从叔父家里带走。显然,她曾度过童年时代的阿让特伊修道院是最合适的藏身之地,而且紧邻巴黎,便于以后见面。我们知道,阿伯拉尔不能把持自己;他在一封信中提到,二人结婚之后的所作所为比以前更过分,因此他们受到惩罚也更公道;因为他们竟大逆不道地在修道院膳堂的一角做爱——那里是两人唯一能单独相处的地方。没有人知道,阿伯拉尔为什么给爱洛伊丝披上修女的缁衣,除非他是为了保护她不受菲尔贝的威胁,但这导致了灾难性的后果。就算不披上僧袍她也可以无限期地在修道院待下去,而现在菲尔贝则认为阿伯拉尔是通过让她出家来摆脱她。这直接导致菲尔贝采取了可怕的报复措施:一天晚上,他的仆人们闯进了阿伯拉尔的房间,阉割了他。

多年以后,在给爱洛伊丝的信中,阿伯拉尔回顾往事,把它当作是上帝的慈悲,助他摆脱个人的两难境地和肉体的折磨。但是在《劫余录》中,他的回忆生动地追述了当时的痛苦和恐怖;他怎样感到一股冲动,要逃离门外密集的人群那同情的议论声,逃离学生们冲进来时发出的叫喊;想到自己成了犹太律法中不洁的阉人,他心中怎样充满了羞辱和厌恶。他承认:"我之所以要避居修道院中,与其说是出于皈依天主的虔诚心,不如说是出于哀恸和痛苦中的羞耻感和不知所措。"

他必定是匆匆忙忙地进入了圣丹尼修道院(完全免去了见习期),因为阿伯拉尔提到,伤口还没有痊愈,教士们就纷纷要求他在修道院里重开讲座。他接受了挑战,而这也是他所能做的最正确的事,因为教学使他摆脱了和他的性格不相宜的隐居生活,回到了他处身其中如鱼得水的伙伴——那些热情好问的年轻人中间。他从危机中走了出来,仍然是从前的完美主义者;对那些他认定不太真诚的信仰和做法,仍然毫不妥协地进行挑战;现在,他比从前更能全心投入事业了。毋庸置疑,不管他出家的最初动机是什么,后来他的确是全心全意地皈依了宗教。像圣伯尔纳一样,阿伯拉尔以自己的方式坚定地维护信仰和僧侣生活的纯洁性,对教会的缺点，他一发现就直言不讳，直至生命终结。他一直是一个彻底的人文主义者，一个学者；他认为自己可以像伟大的奥利金（Origen）一样，利用自己对希腊哲学的理解引导学生找到“真正的哲学”。通过拉丁文译本，12 世纪的学者普遍对奥利金的著作产生了浓厚的兴趣，同时，阿伯拉尔对奥利金有一种个人的亲近感，因为后者也是阉人，不过是自己造成的。在致爱洛伊丝的信中，他曾明确地将自己和他进行比较。阿伯拉尔继续研究希腊哲学，这成为圣伯尔纳指控他的罪名之一，因为照圣伯尔纳说来，阿伯拉尔试图把柏拉图说成是基督徒，证明他自己是个异教徒。

《劫余录》忠实地记录了阿伯拉尔从 1118 年进入圣丹尼修道院到 1132 年本篇写就时的生活经历。他所经历的艰难坎坷，此处不再一一赘述：他和圣丹尼的桀骜僧众之间发生了多次争执，受宿敌迫害而在 1121 年在苏瓦松会议上被定罪；在圣丹尼遭到进一步的挫折而逃往香槟；后来，他隐居特鲁瓦附近，学生们跟随而至，建起讲经堂，阿伯拉尔以“抚安堂”（Paraclete）为其命名。无疑，他能坚持下来，在很大程度上得益于这些忠心耿耿的年轻人；同时，也因为他相信自己的教学天赋并没有被这场灾祸和在他看来是同代人的妒忌陷害所遮蔽。但是他下笔描写自己遭到不断的威胁，又担心会受其他的异端罪名指控，文字含糊，使人疑心他是否已经开始表现出一种迫害情结。他的担心必定有些根据；曾有一个时候，阿伯拉尔认真地考虑是否要放弃基督教世界而避居于撒拉森人中，即伊斯兰教徒控制的西班牙。这个想法他并未付诸实施，而是在 1126 年应邀出任坐落在布列塔尼西海岸的偏远的圣吉尔达修道院的院长。

这一回，他是作出了最糟糕的决定。那里的僧侣不仅游手好闲，放荡不羁，而且在他准备着手改革的时候，还企图加害于他；阿伯拉尔觉得自己仿佛置身于蒙昧的野蛮人中间。

> 想到我这悲惨无用的生活，于人于己都毫无助益，我曾常常饮泣；我曾为文人学者贡献良多，而今我抛弃了他们出家修行，我对他们正如像对僧人们一般毫无用处。我的所有努力都付诸流水，再没有人比我更适合这种责备了："看，这人着手建造，却无力成就。"

想到抚安堂荒芜破败，更使他痛心。直至 1129 年，他听说，1122 年出任圣丹尼修道院院长的亚当·苏杰(Suger)正在积极推行必要的改革，他发现了足以证明修道院拥有阿让特伊修道院的文件，并驱逐了修女们。爱洛伊丝已经成为修道院院长，自 9 年前她出家宣誓以来，这是第一次提到她的名字。

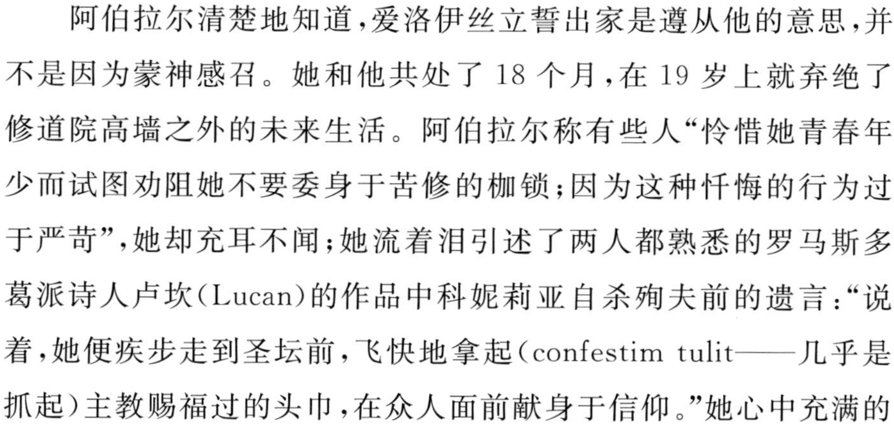

阿伯拉尔清楚地知道，爱洛伊丝立誓出家是遵从他的意思，并不是因为蒙神感召。她和他共处了 18 个月，在 19 岁上就弃绝了修道院高墙之外的未来生活。阿伯拉尔称有些人"怜惜她青春年少而试图劝阻她不要委身于苦修的枷锁；因为这种忏悔的行为过于严苛"，她却充耳不闻；她流着泪引述了两人都熟悉的罗马斯多葛派诗人卢坎(Lucan)的作品中科妮莉亚自杀殉夫前的遗言："说着，她便疾步走到圣坛前，飞快地拿起(confestim tulit——几乎是抓起)主教赐福过的头巾，在众人面前献身于信仰。"她心中充满的不是基督徒的希望，而是悲伤和绝望。她的出家仪式和阿伯拉尔的一样，匆忙而不寻常，但他对此一言未发，只是记录下了她比他先立誓出家这个简单的事实。从爱洛伊丝的信中，我们知道这是最使她伤心愤怒的地方，这一段回忆多年后仍折磨着她。他是否担心她像罗得的妻子一样回心转意呢？她认为这是不信任她的表现，尽管他知道她宁愿跟他一同下地狱。她也许认为——事实的确如此——阿伯拉尔的这一行为，和他要求秘密结婚一样，是出于嫉妒和占有欲。

关于她在阿让特伊的修女生活，我们只能从她的信中了解到点点滴滴，这些文字读来叫人黯然神伤。在精神上和肉体上，阿伯拉尔都已经判若两人；而她不曾改变，她不觉得上帝召唤她去遵循修女的生活，性爱的不能满足也使她备受折磨。

> 我们的恋情带给我极大的快乐和甜蜜——这种甜蜜的感觉总是让我感到愉悦，一直萦绕于我的脑海中。不论我走到哪里，这种感觉总是浮现在我的眼前，带给我苏醒的渴望和幻觉，令我无法入睡。

他受伤后，曾和她见面，安排她匆忙地出家，这些会面都是疏远的，很可能还当着众修女的面。她在最初的信中责备他不曾给予她任何同情和支持，既没有安慰的言语，也没有书信。然而，尽管她显然不会假装对上帝的爱已经取代了对阿伯拉尔的爱，而正因为拥有聪明的头脑和坚强的性格使她并没有崩溃。她可以凭教士侄女的身份获得社会地位，但若不是外在行为无可挑剔，绝不会被任命为修道院副院长。副院长的地位仅次于院长，负有多方面的责任，其中之一是教导修女、见习修女，以及像爱洛伊丝那样在修道院里长大的孩子们。

针对她的责备，阿伯拉尔在信中为自己辩解道，他之所以觉得没有必要写信劝告或安慰她，是因为了解她具有理智清醒的头脑(prudentia)：

> 上帝已经赐给你所有必需的品质，教你去教导过失者，抚慰弱小者，鼓励懦弱者，既要言传，也要身教，正如你第一次在院长手下任副院长以来所做的那样。

爱洛伊丝可能早在1123年就已经成为副院长，虽然这只是一个假设，其根据是一份当时的文件——阿夫朗什教区的萨温尼修道院的院长兼创始人有福的维达勒于1122年去世后的讣告手卷。按照当时修道院的习俗，教会的知名人士或供养人去世后，讣告要和悼词一起刻在羊皮手卷上，由一位修道士送达各修道院。修道院在上面刻上自己的全名，并许诺为亡灵祈祷，常常还要求本教区的成员做类似的祈祷。有福的维达勒的手卷上记录了法国和英国共207家修道院的名字，其中阿让特伊的圣玛丽修道院排在第40位。在其名称的左下方抄录了一首拉丁文诗，传统的祈祷词则相当局促地挤在右下角。手卷上还有其他的诗歌，其中四首是由修女所写，但是这一首运用了正确的拉丁挽歌形式(虽然表达的情感并不新鲜)，其笔迹清晰优美。因此有人认为这就是爱洛伊丝的亲笔作品，而如果当时她还不是修道院副院长的话，是不会接受这样的委托的。[①]

阿伯拉尔从圣吉尔达赶来，办理手续把抚安堂交付给爱洛伊丝和其他一些被驱赶而没有流散的修女，十年别离，他们终于又相见了。苏杰院长没有给修女们提供任何维生的手段，《劫余录》中简单地提到，她们起先遇到了极大的困难。房舍大概只是学生们用石块和木头建起来取代阿伯拉尔原先的礼拜堂的那座小教堂，加上当时他们居住的简陋的小屋。修女们依靠河流和田野的一点出产度日，她们的困难处境被公开后，附近百姓给了她们慷慨的援助。1131 年，教皇英诺森二世访问了欧塞尔，并赐予爱洛伊丝院长一份特许状，确认修女们此前和此后收受的馈赠将永远归她们所有。[②] 两人以后还见过面，但从信中看来并无私人的接触，因为按《劫余录》中记载，当地舆论认为阿伯拉尔没有尽心帮助修女们，对他颇有微词；而他增加了造访的次数后，又有恶毒的谣言攻击他和爱洛伊丝从前的关系，和他似乎仍然不能忘情于她的事实。看来，很可能他离开了圣吉尔达相当长的一段时间，因为他是 1129 年帮助她们进住抚安堂的，而我们知道，到了 1131 年 1 月 20 日英诺森二世在法国巡视，在埃唐普附近的摩里尼本笃会修道院封圣坛时，阿伯拉尔还在场。他到那里的目的是请求教皇派使者到圣吉尔达去处理有关改革的事宜；在那里他第一次遇到了圣伯尔纳。圣吉尔达和抚安堂相距 260 英里，大约有 10 到 14 天的路程，因此他不太

① 参见埃尼德·麦克劳德：《爱洛伊丝》，第 86—91、265—266 页。

② 原本藏马恩河畔沙隆图书馆，文见库赞的《彼得·阿伯拉尔作品集》（以下简作“库赞”）第 1 卷，第 719—720 页。

可能经常穿梭往返。他的确曾经希望在修女们那里找到安宁的避风港，但是在《劫余录》最后几页的记述中，我们看到他又回到了圣吉尔达，觉得自己像该隐一般被世人遗弃，四处漂泊。此时他因为坠马摔成严重的骨折，正在恢复，又侥幸躲过了几次下毒和暗算的企图。他看不出自己的处境在未来可能有所改善的任何迹象。

显然，《劫余录》是在 1132 年或不久以后写就的，爱洛伊丝在她的第一封信中提到有人偶然给她看了这篇文章。如果它像阿伯拉尔所说的那样，是写给某个无名的朋友或僧侣表示安慰的私人信件，人们不禁要怀疑它怎会落到别人手里。更大的可能是阿伯拉尔有意使它流传（也许文章不止一份），为的是争取人们对他艰难处境的同情，为摆脱圣吉尔达铺平道路，好重拾他真正的职业——教学。他在这方面的声名依然不小，在他关于和圣伯尔纳见面的记述里，人们介绍他时称他为“僧侣兼修道院院长，修道士中最伟大的教师，几乎整个拉丁文世界的学者都蜂拥奔向他的学校”[①]。我们知道他取得了主教的同意离开了圣吉尔达，同时保留了修道院院长的头衔。1136 年他在巴黎的蒙圣热内维耶沃讲学，索尔兹伯里的约翰（John of Salisbury）来听了他的逻辑讲座，不过他先于约翰离开了巴黎。[②] 也许这只是短暂逗留，关于他的行踪没有别的确切日期和记载，直到 1140 年或 1141 年（桑斯会议），不

① 《摩里尼修道院大事记》（*La Chronique de Morigny*），第 54 页；《拉丁教父文集》，第 212 卷，第 1035 页。

② 索尔兹伯里的约翰：《逻辑学讲解》（*Metalogicon*），第 2 章，第 10 节，《拉丁教父文集》，第 199 卷，第 867 页。时为英王亨利一世去世后一年。约翰从阿伯拉尔的讲学中获益匪浅，但是阿伯拉尔过早地离开使他深为失望，只得去找兰斯的阿尔贝里克。

过很可能他大部分时间都在巴黎附近讲学，因为这段时间是他心理活动和成绩最丰厚的时期。

《劫余录》给人的第一印象是它的作者是一个以自我为中心的人，虽然算得上敏感，他的青年时代满怀自负，骄傲，雄心勃勃。如果从一个客观的角度回头审视，我们发现它的目的是为了给自认屡遭不公平待遇、现在又受到生命威胁的作者留下一份生平记录。也有人说："这篇文章的写作成了一个自我宣泄的过程，它原来也许只是一篇申辩，结果却成了真实的自我剖析。"从这个意义上来说，《劫余录》是一种对自我认同的探索，可以和圣奥古斯丁、塞里尼、圣特雷莎和卢梭等人的自传相匹敌。①

在第一封信中，爱洛伊丝的反应是对他经历的种种磨难表示愕然，其中的细节她从前很可能并不清楚；同时，对于他在圣吉尔达面对死亡的威胁，她也极为震惊和忧虑。她接着指出，如果他能给一个"朋友"写去这样安慰的长信，那么他也可以写信来指导和鼓励抚安堂的教众，作为创始人，这也是他的责任。像他所描述的那些僧人只是浪费他的时间，而她的修女们则是虚心求知的。他也可以给她写信，这是他个人的义务。12 年来，她一直十分沮丧，因为他显得如此冷漠，对她出家而作出的牺牲没有片言只语的感谢。他非常明白，她这样做完全是出于对他的爱，而他的冷漠迫使她断定，他过去对她的感情其实只是情欲，肉欲消亡了，一切温情也随之而去。

① 玛丽·麦克劳克林(Mary M. McLaughlin)：《作为自传作者的阿伯拉尔：〈劫余录〉的动机和意义》(Abelard as Autobiographer: The Motives and Meaning of his *Story of Calamities*)，《知识宝鉴》(*Speculum*)第 42 期(1967)，第 463—488 页。

她其实是在要求他写一封信来作出解释,因为这是她的权利。

在第二封信中,阿伯拉尔辩解说,自己并非无动于衷:他只是以为,两人一起出家后爱洛伊丝再也不需要他了。莫非他真是这样想的吗?没有人能确知,但是我们不能把这仅仅当作是一厢情愿而忽略过去。也许他十分厌恶自己肉体上的损伤,宁愿把过去种种关在思想之外;他已经今非昔比,又知道她成了副院长,现在还做了院长,他也许迫不及待地要自己相信,她也不是从前的她了。他自己的皈依在某种程度上是真诚的,恒久的,现在他已经全身心地奉献给了上帝。他写信的语气也带着这种言外之意:他用的是修道院院长给女修道院院长写信的口吻。他说,如果大家担心他的安危,她们应该记得祈祷的力量。她必须明白,把他们联系在一起的有神圣的婚姻,还有"忠贞如一的信仰……以及我们共同的修行生活";这会使她的祈祷更加有效。笔者认为不应把这些文字看成是阿伯拉尔自私的拒绝,而更应理解为他试图为他们的关系构造不同的基础,因为他知道这对她最有利。不过,他的确没有充分考虑爱洛伊丝所处的困境,这促使她表达得更为鲜明。

于是,她在第三封信中激动地写到,自己在性爱上受到压抑,又不能忘记两人相爱时的幸福时光。她明白地摆出了自己的两难境地:她立誓出家,不是出于对上帝的爱,而是出于对阿伯拉尔的爱。既然立誓,就意味着她应该成为真正的修女,毕生服从对上帝的爱,但既然她只爱他一人,这又怎么可能呢?她总觉得自己是个伪君子,因为世人只是看见了她外在的行为而敬慕她的虔诚,而这些对她毫无意义;最重要的是意愿,她却没有这样的意愿。她只求阿伯拉尔能回报她,他却拒绝了她。她不指望上帝能赐予她什么,因为是她拒绝了上帝，她也不能忏悔。“如果头脑里仍然保留着犯罪的意愿，燃烧着过去欲望的火焰，那么就算肉体受了再大的折磨，又怎能被称作是忏悔罪恶呢?”她乞求他帮助她摆脱这种无法忍受的处境。

这是一幅可怕的景象，它勾画出了一个忍受巨大痛苦的灵魂，以及只带来无尽折磨的全心全意的人类之爱。想到一个年轻女子多年来坚忍地把这样浓烈的情感深藏在世人不可见处，令人神伤。这正是爱洛伊丝的性格：她从不妥协，从不动摇她和阿伯拉尔共同的道德观，即意愿的伦理。她那敏锐的头脑可以清楚地对两人的问题加以分析，但文字后面隐藏着激昂和痛苦的情感。即使阿伯拉尔曾经有过自我安慰的想法，这封信也将其完全打破了。他写了长长的回信，尤其着重讨论了“由于我们出家的方式，和我所遭到的残忍的背叛，你一直对上帝抱有长久的怨恨的情绪”。这里的形容词(后文又出现过)说明以前他听到过这种表白，这只可能是在阿伯拉尔变伤后、爱洛伊丝出家前两人见面的时候。对于她旧事重提，他似乎有些气恼，但是也许这么想对他的文字过于捕风捉影了。他不愿像她一般作感伤的回忆，但他至少表露出自己不曾忘记。他提醒她昔日的经历——她扮成修女去布列塔尼的时候，他们怎样嘲弄了上帝，怎样因排山倒海的欲望使他们在耶稣受难节期间、在阿让特伊的膳堂里做爱——但他试图让她认为，这些事情应该受到上帝公正的责罚，更确切地说，慈悲的上帝应该采取行动使两人摆脱肉欲，肉欲只能阻碍对上帝的神圣的爱。他乞求她竭尽全力摆脱痛苦和愤恨的情绪，一心只敬爱基督。“真正爱你的是他，不是我。我的爱引诱我们两人犯罪，只能叫作肉欲，不是爱……你说我为你受了苦……但他才是真的为了拯救你，自愿地

代你去受苦……"一定要相信自己是基督选定的新娘,一定要懂得,超越了肉体的折磨,她就能赢得永远与他无缘的烈士的冠冕,因为没有战斗便没有凯旋。他通篇都试图让她以基督教修道者的态度来观察他们的整个关系,从开始直到两人出家,因为他知道两人至少有一点共同的信仰:贞洁比婚姻更高尚。信的结尾,他祈祷道,虽然两人在地上分离,但愿在天上可以永远结合。

爱洛伊丝在第五封信中的回复极具风度,此信的第一段标志着两人书信往来中的一个转折点。她不愿再用心灵的探索来与他辩论,使他烦恼;现在,她只希望他能帮助她用更积极的想法充实她的头脑。我们永远不能知道她是不是经历了一次成功的心灵的转变,重新献身于上帝。时间那疗伤止痛的力量能舒缓与阿伯拉尔天各一方的痛楚,但愿照管抚安堂的工作对她有所补偿。也许,她后来渐渐觉得这才是真正的献身于上帝,而不是披着虚伪的虔诚的外衣做表面文章——正像所有记述过她的人们希望的那样。同时,她代表教众询问修女制度的起源,并请他指示哪一种教规适合于女子修行。

如果记得此前发生的事情,我们对爱洛伊丝坚强的自制力、她的心智和实干才能,必定会肃然起敬。14 年来,在某种意义上,她的生活一直是在表面上遵从本笃会的教规。以她的智慧和学识,她完全有能力对她认为其不适合女子实行之处提出批评。她懂得圣本笃(St. Benedict)愿意为迁就男子们遵守教规的能力而放松教规,并认为不应在体能方面向女性提出太高的要求。她还非常有力地论述道,教规守则中许多细节都可以归入表面"文章"一类,同信仰和精神意愿相比不甚重要。因此,她要求阿伯拉尔指导她解决有关的问题,比如体力劳动、禁食、衣着和膳食,以及如何妥善安排祈祷仪式和晚间的福音选读。总的重点是要求要合理，避免极端，要有真诚的意愿；与其因为要求过高无法达到而破坏誓言，不如在立誓时量力而行，然后更进一步。她认为见习期应该延长，个人的决心要更坚定，要进行真正的精神上的训练；她赞同更清贫简朴的生活——也许同她过去在阿让特伊的生活不同——因为她感到“那些真正的基督徒全心关注人的内在……但对外在几乎或者根本置之度外”。

阿伯拉尔回复了两篇长论：其一回答了爱洛伊丝有关女性宗教社团的起源的问题；其二是一部详细的教规，供抚安堂实行。由于有关修女团体的论述寥若晨星，此文今天成为研究女修道院生活的重要文献，虽然其叙述和逻辑脉络有些含混，而且在精致繁复的开头之后突然急转直下，颇令人费解。文章中有大段大段的说教，大量引经据典，结合了在具体细节上的务实态度：修女们应着合适的内衣和悬挂着避免沾灰的长袍，要有一整套换洗衣物和必要的卫生保护措施，外加适当的长袜、鞋子和床上用品。不可为了爱惜台布而在送给穷人的面包上擦脏手或不洁的刀子。不可自作主张禁食，不可从事不恰当的苦行，不可削减睡眠时间，否则修女们祈祷和学习时就不能保持警醒。同他的性格相符的是，阿伯拉尔特别强调了教育；不善学习的修女可以料理日常杂务，但有学习能力的必须学习读和写。我们应该尽可能通过理解来礼拜上帝，阿伯拉尔把这句话加以发挥，攻击当时修道院中的文盲现象。

这封信看来是后来抚安堂保存的手稿中的一套教规[①]的基

① 文见《拉丁教父文集》，第178卷，第313—326页；库赞，第1卷，第213—224页。

础，这套教规在一个大修道院及其附属女修道院中实行；其中6所附属女修道院是爱洛伊丝在世时建立的；有人认为这套较晚的教规也是她订立的，但其日期无法确定。其中有些主要和次要的部分和阿伯拉尔的建议不同。教规中没有要求像阿伯拉尔宣扬的那样由一位男性来主管分设男女二部的修道院，而规定女修道院院长对修道士和为女修道院服务的俗家弟子有管理权；修女们不必完全拘束在修道院内，可以外出料理必要的事务。教规中没有提到阿伯拉尔所说的毯子和枕头，修女们看来可以有充足的睡眠，而不是像他希望的那样轮流守夜；她们也可以吃全麦面包，不像他强调的那样必须掺入三分之一的粗粮面粉。这些只是微小的改动，但是其中“in refectorio nostro cibi sine carnibus sunt legumina...”一句的解释却可能有多层含义。如果把它译作：“我们修道院的膳食纯是蔬菜，没有肉类……”这符合较为严格的修行标准，但直接违背了其创始人的指示，即每周可食肉三次，他还明确表示只要不过分奢侈，可以任意进食。但是如果这句话的意思是“没有肉类的膳食由蔬菜构成……”则只是参照了阿伯拉尔关于有些日子不吃肉的阐述。

本书中所说的这些很长的“指导信”，以当时相当僵硬和正式的学术风格写就，它们对理解阿伯拉尔和爱洛伊丝也是非常重要的。它们展现了了解两人关系必不可少的深层背景，以及这种关系怎样以唯一可能的方式发展变化。在某种意义上，爱洛伊丝赢得了这场辩论；她迫使阿伯拉尔诚实地面对她的问题，和她重新建立了联系，虽然并不是以她开始希望的那种方式。阿伯拉尔真心实意地想向她表明，现在唯一能把两人结合为一体的爱就是对上帝的爱，上帝对他们是慈悲的；但是对于类似她所拥有的这种人类之爱到底意味着什么，阿伯拉尔并不了解。她同意要努力超越过去，从此只向阿伯拉尔请教，而他也会竭尽自己的学识和经验，助她为抚安堂服务。

阿伯拉尔给修女们写了一封长信强调学习的重要性，甚至敦促她们学习希伯来文。信中他两次提到爱洛伊丝既通晓希腊文和希伯来文，又懂得拉丁文[①]——这很令人惊讶，因为看来阿伯拉尔自己只懂得几个零散的希伯来词语，对希腊文则几乎不懂或者完全一无所知。而且，虽然可敬的彼得在年轻时曾对她的学识和逻辑天赋表示敬佩，但是除了修道士威廉·歌德尔(William Godel)曾经在1173年有所提及，并没有别人提到她懂得希伯来文。她很可能懂一些希腊文，足敷礼拜所用。爱洛伊丝给阿伯拉尔写了一封短信，信中称他为“众人所爱而吾等最爱”，并提出了42个解释《圣经》中遇到的困难，人称“爱洛伊丝问题”。阿伯拉尔通过缜密的论证，一一作了解答。[②] 她还询问了适合修女唱诵的赞美诗的问题，虽然这段文字已经散失，但统统在第一批信中给出了解答，可以从中窥见其大意，了解两人此时通信的风格：

> 我的姐妹爱洛伊丝，我曾经的爱人，如今共同敬奉基督的最爱，应你的殷切要求，我撰写了希腊文中所称的“赞美诗”，

① 《拉丁教父文集》，第178卷，第325—336页；库赞，第1卷，第225—236页。阿伯拉尔以含蓄的措辞称爱洛伊丝对希腊文和希伯来文“并不陌生”(non expers)。

② 《拉丁教父文集》，第178卷，第677—730页；库赞，第1卷，第237—294页。

希伯来文中所称的“塔立姆”。你和与你共同从事这神圣事业的姐妹们反复祈求我写的时候，我曾询问你其中的原因，因为我觉得你们现有的已经足够，我若编撰新的未免狂妄；由罪人编制的新赞美诗要和古代圣人创造的赞美诗平起平坐，甚至更高一等，几乎是一种亵渎。当时我得到了几个不同的回答，其中之一是你本人言之成理的论述：你说，我们知道，总的来说拉丁教会在赞美诗和圣歌的问题上，更遵循惯例而不是权威的指示，法兰西教会尤其如此。我们仍然不能确知我们自己的法兰西教会所使用的圣歌是谁的译本。如果要依靠不同译本的文字作决定，我们离通用译本还有很长的距离；而且以我之见，这也没有权威性可言。迄今为止，习惯做法仍然十分流行，以至于虽然我们已经掌握了圣哲罗姆为《圣经》其他文字作的修正，但对我们经常使用的赞美诗篇的译文，其权威性仍然有疑问。况且，我们今天使用的赞美诗错乱颇多；作者的身份姓名几乎从不出现，有时作者看来可以确定，比如奚拉里和安布罗斯，他们两个被认为是最出色的，其次是普鲁丹修斯等人。诗文的音韵常常很不规则，几乎无法谱曲；可是若没有曲便不成其为赞美诗，因为赞美诗的定义便是“称颂上帝的歌曲”。你又接着说，有几个节日的聚会还没有自己的赞美诗相配，比如悼婴节和福音节，还有纪念既非处子又非烈士的圣女的节日。有些聚会上人们唱诗时不能真心诚意，不是场合不对，就是诗歌中掺杂了伪文……①

① 《拉丁教父文集》，第 178 卷，第 1771—1774 页；库赞，第 1 卷，第 296—298 页。

信中接下去详细讨论了几首赞美诗，最后写道：

> 因此，基督的新娘和婢女，像你恳求我一样，我也要恳求你为我祈祷，解除你加在我肩头的重负，让这田地的播种者和收获者能为劳作的成绩共享喜悦。

阿伯拉尔撰写的赞美诗现存133首，显然是分三批寄到抚安堂的，其中后两批附有致全体教众的短信以及一些优美的哀歌。其中最著名的诗篇是《星期六晚祷歌》(*O quanta qualia sunt illa sabbata*——“安息日多么庄严”)和《耶稣受难节宵祷歌之三》(*Solus ad victimam procedis, Domine*——“独自奉献灵魂，主”)。[①]

阿伯拉尔还为抚安堂写了34段布道词，显然是和以下的信同时寄送的：

> 爱洛伊丝，我凭基督敬爱的姐妹，最近，我应你的要求完成了一本赞美诗和继续经的小册子，并按你的要求，为你和聚集在我们的讲经堂上的你的精神上的女儿匆忙写就了几篇简短的布道词。我更关心文字而不是语言，因此注重的是明晰的阐述而不是雄辩的文体，确切的含义而不是华丽的修辞。也许对于纯朴的头脑，朴素的文字而不是修辞手段更加直白，

① G. M. 德勒韦：《彼得·阿伯拉尔抚安堂赞美诗集》，第44首，巴黎，1891年，第109页；未见于《拉丁教父文集》和库赞。参见第295页海伦·沃德尔的英译文(《中世纪拉丁诗歌》，第175—179页)以及J. M. 尼尔的 *O quanta quanlia* 的译文，《英格兰赞美诗》第465首。

> 更易于理解；而且，在那些专心倾听的人的耳中，朴素平常的语言将显得精致典雅，对理解力有限的少女来说，听来更加愉快。在写作，或者更确切地说，在编排这些诗篇的时候，我遵循教会节日的次序，从我们的救赎开始。以上帝之名，别了，上帝的婢女，过去你曾是我尘世的爱人，我爱欲的伴侣，今天在基督的国度里，在宗教生涯中，你是我的最爱，我的姊妹，我的伙伴。[①]

这段文字揭示了阿伯拉尔不为人知的另一面：对青年人体贴、无私、耐心。他在这里为修女们提出的建议无疑比学习希伯来文或希腊文要实际多了。

也是应爱洛伊丝的请求，他写下了《六日解》(*Hexameron*)，诠释上帝创造世界的六天，一般认为其写作时间是在1130—1140年。

我们不知道阿伯拉尔是否重访过抚安堂，不过既然他为修女们写的文字都是通过给爱洛伊丝的信件送达的，很可能他们从此就不曾见面。1136年，索尔兹伯里的约翰曾听过他讲课，除了这一确定的事实之外，关于他的行踪没有留下任何记录。直到1140年，他和伯尔纳发生冲突，然而，他遭受攻击的主要理由是他在神学上的教学内容产生了腐蚀人心的影响，看来他主要是和学生们一起待在巴黎。

① 《拉丁教父文集》，第178卷，第379—380页；库赞，第1卷，第350页。但现存布道词中至少有一篇是为“兄弟们”写作的。

伯尔纳生于1090年，于1112年加入西多的西多会修道院。1115年他被选为新的明谷修道院院长，1153年他去世时该院已经享誉全欧洲，并设立了68个附属修道院。在此之前，许多修道院都是根据530年的圣本笃教规建立的，西多会教士也宣扬“一丝不苟地遵守教规”（The Rule of St Benedict ad apicem literae）。但他们同时也借鉴埃及沙漠的早期教父的禁欲主义。他们之所以回归过去，是因为希望摆脱惯例和日益繁复的教义的枷锁，从而实现更简朴的生活方式，获得真正的精神自由，在默想中敬爱上帝。当时许多本笃会修道院都属于克吕尼修道会区，从1122年起，克吕尼就出现了一位出色的领袖，人称“可敬的彼得”。他最著名的信件之一是写给圣伯尔纳的，[①]信中以缜密的论述为克吕尼的生活方式及其在诠释教规时注重遵循其精神而不拘泥于文字的做法作了辩护。但是，伯尔纳绝不允许个人或教区稍稍偏离苛刻的西多会式生活守则，因此，他反对为知识而知识的说法，也否认中立客观的治学态度，认为这两者会妨碍对完美的追求。在西多会修道院里，从见习修士起，只有修道士才能接受教育，其目的是获得拯救。

阿伯拉尔和伯尔纳之间的冲突是12世纪最轰动的事件之一[②]，从某种意义上来说，这也代表了传统的修道院僧侣教育和更为自由的教会学校这两个对立的教育派别之间的矛盾。这更要归

① 指吉尔斯·康斯坦布尔的《可敬的彼得书信集》第28封，写作时间约为1127年。

② 关于阿伯拉尔和伯尔纳的问题，参见勒夫·格雷恩《彼得·阿伯拉尔》第6、7、8章，D. E. 勒斯科姆《彼得·阿伯拉尔的学校》第4章，以及A. V. 默里的《阿伯拉尔和圣伯尔纳》。

结于二人性格上的不相容。可悲的是,他们又有些共同点。阿伯拉尔和伯尔纳一样激烈地抨击教会中的虚伪、堕落和伧俗。他对圣丹尼的放荡和褊狭毫不妥协,正如他不能容忍圣吉尔达的肆无忌惮的堕落行径。他和爱洛伊丝的来往信件中提到了不经适当准备匆忙出家的做法,华丽的修道院建筑和奢侈的生活,某些只吹嘘手下僧侣数目众多却不能负教养之责的院长,离开修道院时仍然愚昧无知不通文理的僧人,"醉心于空泛的闲谈的修道院",以及只管劳作、不顾信仰的普遍现象:"他们擦净了锅盘的外表,却不理会内里的清洁……"但是作为逻辑学家,他相信思想纯洁的重要性;作为本笃会修士,他教导人们知识和理解可以服务于信仰,而并不阻碍信仰。

对伯尔纳而言,信仰的神秘性超越了人类知识,只能通过冥想达到。他认为自己是一个布道者,负有散播上帝揭示的真理并为之辩护的神圣职责;他具有改革者的热情,却作为传统的维护者站在了阿伯拉尔的对立面。他认为,对于青少年和无知者的信仰,阿伯拉尔是一种威胁;阿伯拉尔试图理解三位一体,这正是他狂妄地自诩智慧过人的罪恶证据,是对基督教信仰的侮辱。因此他才写道:"上帝的秘密被迫暴露,人们毫无敬意地把最深奥的事情拿来讨论,胡乱散播。"[①]值得注意的是,他从不要求对阿伯拉尔的著作进行审查和评判,只是要求制止由这些作品所激发的关于神圣问题的公开讨论。

阿伯拉尔认为,这是一种毫无道理的人身攻击,正像他以前遭

① B. S. 詹姆斯:《明谷的圣伯尔纳书信集》,第238篇,伦敦,1953年,1998年再版。

到的攻击一样。他认为,他力图使基督教信仰尽可能通俗易懂并以此维护它。他始终相信圣经的文字和教父的证言必定是真实的,但是我们必须审核持有的证据(常常以窜乱的文本和不可靠的证词的形式出现),才能去除困难和矛盾之处。他的著名作品《是与否》(*Sic et Non*)就是以此为宗旨写成的,虽然正是这部作品将他变成了怀疑论者的错误形象,以致后患无穷。在书中他挑选并列举了各种权威意见相矛盾的158个问题;书中没有对其进行综合或作出结论——这是一本教学手册,旨在帮助人进行论辩,判断手稿中是否有错误或被误解之处,其根本信仰是通过给出对立的假设,激发疑问,达到理解。他在前言中说,自己的目的是使年轻读者的思维更加敏锐,激励他们探索真理。

认为阿伯拉尔是理性主义者同样是错误的,只能说在12世纪,他试图运用逻辑技巧更好地理解信仰。在《信仰宣言》(*Confession of Faith*)一文中,他悲哀地承认逻辑使世人因误解而仇恨他,虽然"如果做一位哲学家意味着和保罗相冲突,我便不愿做哲学家;如果成为亚里士多德意味着和基督隔绝,我便不愿做亚里士多德"。阿伯拉尔在他的哲学著作中表明,他不赞同通常辩证学家在空洞的题目上炫耀技能的做法;如果经过适当的运用,辩证就能建立在道德基础之上,审视现实问题;而运用辩证的人需要有勇敢诚实的品格,既不听信权威,也不屈从论辩中浅薄的小聪明。但是人们可以看到,他这样煞费苦心地寻找合适的词语来讨论神学问题,却使自己遭到了误解和滥用信仰内容的指责。

阿伯拉尔和伯尔纳之间来往的最早证据是伯尔纳参观抚安堂之后阿伯拉尔写给他的一封信,当时爱洛伊丝刚刚在那里安顿下来,阿伯拉尔还没有到圣吉尔达去。[①] 他写道,最近一次探访抚安堂时,爱洛伊丝告诉他伯尔纳曾经在那里逗留,并且“像天使一般”向修女们做了布道。但是,她私下里(secreto)又告诉他,伯尔纳不赞成他们使用圣马太的俗语文本中的主的祈祷词,不说“每日的”面包而说“超实在的”。接着,阿伯拉尔委婉而坚决地为自己的选择辩护,寸步不让。我们不知道伯尔纳的反应如何。两人于 1131 年在摩里尼修道院的集会上见面,1132 年到 1138 年间,伯尔纳在法、意、德诸国游历,代表教皇英诺森二世布道,当时正是教会分裂时期,意大利的许多主教和显贵家族都承认另一个自称教皇的安纳克利图斯二世。直到他的敌人 1138 年去世,英诺森二世才能在罗马居住,他离开法国时,必定对伯尔纳四处游说建立他的合法地位深怀感激。这期间阿伯拉尔很可能一直从事教学,并撰写了大量著作。关于三位一体的著作被焚毁后,1121 年他开始重写并加以扩充,成为《基督教神学》;并计划撰写一部三部分的综合著作《神学》(*Theologia*);二者都经过多次修订。他还写下了《伦理学》(*Ethica*),又称《认识你自己》(*Scito te ipsum*),评述圣保罗给罗马人的信;此外还有未完成的《一个哲学家、一个犹太人和一个基督徒之间的对话》(*Dialogue between a Philosopher, a Jew and a Christian*),还有为抚安堂编写的赞美诗、布道词、疑问解答和《六日解》(*Hexameron*)。

1139 年的某天,兰斯教区的圣第埃里修道院的前院长威廉读到了阿伯拉尔的《神学》,当时他已退居阿登的锡尼的一个偏僻的

① 《拉丁教父文集》,第 178 卷,第 335—340 页;库赞,第 1 卷,第 618—624 页。

修道院。他认识阿伯拉尔,也许是两人同在拉昂学习时相识的,同时他也是伯尔纳的密友。书中的内容和阿伯拉尔教学对信仰构成威胁的"新事物"的传言使他不怿;威廉列出了13条异端说法加以驳斥,并把全文寄送伯尔纳和当时驻法国的教皇使节夏特尔的杰弗里主教(Bishop Geoffrey of Chartres),后者曾在18年前的苏瓦松主教会议上支持过阿伯拉尔。我们不知道主教是否作了回复,但伯尔纳立刻采取了行动。

根据奥塞尔的杰弗里(Geoffrey of Auxerre)撰写的伯尔纳传和其他同时代的文字,伯尔纳曾两次会见阿伯拉尔,建议他修正自己的看法,管教门下的学生,但无济于事。[①] 然后,伯尔纳先后联络桑斯和巴黎的主教以取得向其学生布道的权利。阿伯拉尔的答复看来是出版了《神学》的第4版,其中主要部分纹丝未动。于是,伯尔纳向教皇写信呼吁,附上了批驳阿伯拉尔的异端邪说的文章,同时向罗马的红衣主教们写了信。他把阿伯拉尔比作臭名昭著的布雷西亚的阿诺德;在客观的读者看来,他的连篇累牍的谩骂和偏激言辞委实令人惊讶。[②] 此后,阿伯拉尔请求桑斯的亨利大主教

① 《伯尔纳传》,第3卷,第5章,第14节;《拉丁教父文集》,第185卷,第311页。

② 见信件第237—248封,B. S. 詹姆斯:《明谷的圣伯尔纳书信集》。阿诺德生于1094年,自1130年起担任意大利北部布雷西亚的律修会修士。他致力于批评教会中滥用权力的行为,尤其宣扬教会不应拥有财产,应转给世俗权力机构。他对洗礼和圣餐的观点被认为是异端,并在1138年被驱逐出意大利。他后来到了法国,可能向阿伯拉尔学习过。索尔兹伯里的约翰(《基督教教会史》,M. 金伯诺编译,第63—64页)说他和阿伯拉尔结盟反对伯尔纳和意大利人海厄辛思·波波尼(后教皇切莱斯廷二世),桑斯主教会议后在蒙圣热内维耶沃逗留了一段时间,向任何愿意听他讲演的乌合之众布道。英诺森二世死后,他回到意大利,但于1155年被捕并遭绞刑处死。伯尔纳的目的是把阿伯拉尔描绘成同样危险的一个反教会煽动者。

在圣灵降临节（1140 年 6 月 3 日）之后的星期日为他和伯尔纳安排一次会面，以公开辩论的形式讨论彼此的分歧。这本已是个盛大的场合：在教区主教和名流的陪同下，大教堂所保存的圣物将展示给路易七世及其随从。伯尔纳开始拒绝出席，理由是他无法和训练有素的辩证学家抗衡，他也不赞成就信仰问题进行辩论。朋友们说服他改变了主意，于是伯尔纳着手游说主教们，给他们写信，并于 6 月 2 日在桑斯会见了他们，解释自己的计划，争取他们的支持。[①] 他还向聚集在城里的人们作了公开布道。

阿伯拉尔当时写给友人和学生的一封信最近得以公开，[②]信中表明，他把伯尔纳的攻击当作另一次误解和恶意的表现，这次是来自一个智力和学养都远不如他的僧人。他从未像伯尔纳一般热烈地坚信信仰的纯洁性遭到了威胁，他也不太可能承认自己是"一个自不量力的人，以能言巧辩遮蔽了基督教的美德"[③]。他请求友人在桑斯会议上支持自己，请他们坚信伯尔纳会在未来的辩论中落败。

然而，辩论并没有举行，取而代之的是一场更像宗教法庭的审判，伯尔纳拿出一个单子，列举了阿伯拉尔宣传的种种异端，大声

① 普瓦提埃的贝伦加尔认为伯尔纳操纵了审判结果，有这种想法的不只他一人。1148 年，普瓦提埃的吉尔伯特同样因异端（在兰斯）遭到伯尔纳的指控，但这一回红衣主教们反对他在审判之前的一次会议上散发其指控，理由是这和对付阿伯拉尔的手段同样是一种不公平的策略。参见索尔兹伯里的约翰《基督教教会史》第 19—20 页。

② 见 R. 克里班斯基：《彼得·阿伯拉尔和明谷的伯尔纳：阿伯拉尔书信一封》，《中世纪和文艺复兴研究》第 1 期，1961 年。

③ 伯尔纳书信第 241 封，B. S. 詹姆斯：《明谷的圣伯尔纳书信集》，1953 年，第 321 页。

宣读后，要求阿伯拉尔为之辩护，或放弃，或否认，这些是他的观点。阿伯拉尔拒绝作任何评论，理由是他希望直接向教皇申诉，然后便离开了会场。他为什么有此举动，各家众说纷纭。也许他觉得这会成为另一场苏瓦松会议，他不能再忍受一次；也许在这样一个重大的社交场合，国王和香浦的提奥波德公爵等人都在场，不适合进行精微的神学阐述，也不会有人仔细聆听；如果我们相信阿伯拉尔的学生普瓦提埃的贝伦加尔对桑斯会议所作的极富倾向性和讽刺性的描述，那么这是很可能的。贝伦加尔说，主教们刚刚用过丰盛的一餐，个个都醉眼惺忪，嘴里喃喃的是“namus”（我们游泳）而不是“damnamus”（我们谴责）。[①] 还有人指出，阿伯拉尔长期受一种慢性病霍奇金氏病的困扰，在桑斯就觉得疲倦不适，但后来在克吕尼病情有所好转。

桑斯会议认定伯尔纳的单子上有 19 条为异端，伯尔纳便给教皇去信描述了审判的过程。桑斯和兰斯的大主教也和伯尔纳一起写信给红衣主教们。[②] 六周以后的 7 月 16 日，教皇给两位大主教和伯尔纳发来了解答敕令，谴责阿伯拉尔为持异端邪说者，将其追随者驱逐出教，命令焚毁其著作，并将他拘禁在一家修道院中令他永远沉默。[③] 消息传到了正在克吕尼的阿伯拉尔耳中，他在去往罗马的长途旅行中从那里经过，并应彼得的邀请逗留了一段时间。

① 见《拉丁教父文集》，第 178 卷，第 1854—1870 页；库赞，第 2 卷，第 771—786 页。普瓦提埃的贝伦加尔事迹见 D. E. 勒斯科姆《彼得·阿伯拉尔的学校》，第 29 页。

② 伯尔纳书信第 337 封（本笃会版）。两位大主教的信中有几处谩骂的语言与伯尔纳使用的相同，并也收入了伯尔纳的书信集，可能说明他起草了此信。

③ 本笃会版，194，《拉丁教父文集》，第 79 卷，第 515—517 页。

桑斯会议一结束(或者是快要开始时),他就写成了《信仰宣言》,这篇写给爱洛伊丝的文章洋溢着高尚和克制的风格,很可能是她从他那里收到的最后一封私人信件。如果我们以较早的日期为准,当时彼得已经致信教皇,报告说他和西多会修道院的院长已经在阿伯拉尔和伯尔纳中间进行斡旋,两人已经见过面并达成了和解,彼得写给教皇要求允许阿伯拉尔继续作为僧侣留在克吕尼的信,必定是和教皇的敕令错过了;后来,教皇解除了禁令。

18个月后,即1142年4月,阿伯拉尔去世;彼得给爱洛伊丝的信中叙述了他在马恩河畔沙隆附近圣马索的克吕尼的一家附属修道院中去世的情形,赞颂了他朴素虔诚的一生和在健康允许的条件下毕生献身学术研究的精神。阿伯拉尔在克吕尼和圣马索是否曾动笔写作过,我们无法确定。他写给儿子阿斯特拉波一篇内容平淡陈腐的韵文,现在通常以为写成于1135年而不是这一时期,因为此信完整的版本[①]中提到"我们的爱洛伊丝的不断的抱怨"(nostrae Eloysae crebra querela),称她若是不能为过去和阿伯拉尔的所作所为忏悔就没有得救的希望,这是就她的第二封信而言的。阿伯拉尔不可能在6年以后再旧事重提。过去人们曾以为《一个哲学家、一个犹太人和一个基督徒之间的对话》和《六日解》是晚期作品,现在也认为是他三十五六岁时所作。[②] 较短而概括性的《普遍信仰的告白》(不是普瓦提埃的贝伦加尔保存的那一篇)是阿伯拉尔的自我辩护,肯定是桑斯会议之后不久写的,他还计划

① 见J.B.奥雷欧:《阿伯拉尔致其子阿斯特拉波的诗》,巴黎,1895年。

② 见D.E.勒斯科姆:《彼得·阿伯拉尔的〈伦理学〉》,第252页后。

撰写一篇《信仰宣言》(*Apdogia*),但没有完成——也许是在阿伯拉尔听到教皇的裁决后辍笔的。没有什么迹象表明他觉得应该修正自己在神学上的观点,他认为这些观点是因为人们的嫉妒和无知才遭到攻击,也没有证据说明他开始以虔诚和谦卑的态度写作,像彼得证实的那样。也许他已经太过虚弱,不能连续长时间创作了。

据信,彼得为阿伯拉尔写下了一篇略显平庸的墓志铭,其中称他是"高卢的苏格拉底,西方的柏拉图,我们的亚里士多德,学界的领袖……敏锐的思想家和辩证学家,他摒弃一切献身于基督的真正哲学,从而赢得了最伟大的胜利"。人们不禁要疑惑,他为什么要提到苏格拉底——他同样反对自我欺骗和散漫的思维,被误解成毒害青年的源泉。现存另有 5 首佚名悼诗,其中均着重提到了阿伯拉尔作为哲学家和学者的声名,没有提及他作为神学教师的坎坷经历。[1]

现在保存下来的还有爱洛伊丝和彼得在 1144 年左右的一些往来信件,爱洛伊丝在信中感谢彼得到抚安堂访问,把阿伯拉尔的遗骸送回,安息在他所创立的教区的怀抱之中。她请彼得为阿伯拉尔撰写一篇赎罪文悬挂在坟头,并请求他帮她将儿子阿斯特拉波送到一座大教堂去担任圣职。彼得给她寄去了赎罪文,并书面

① 《拉丁教父文集》,第 178 卷,第 103—104 页;库赞,第 1 卷,第 717—718 页。彼得的墓志也曾由 E. 汉密尔顿在《爱洛伊丝》(纽约,1966 年)中全文引述并翻译,第 156 页。

确认了他的口头承诺，同意在爱洛伊丝死后将为她咏诵 30 篇弥撒，并答应尽力照顾阿斯特拉波。这是爱洛伊丝唯一一次提到阿斯特拉波，这个年轻人在父母生活中扮演了一个微不足道的角色，没有留下任何具体的事迹。

彼得死于 1156 年或 1157 年，但爱洛伊丝在阿伯拉尔之后 21 年才去世；根据抚安堂的亡人录记载，她大约死于 1163 年或 1164 年的 5 月 16 日。那些浪漫主义者喜欢想象她和阿伯拉尔一样是在 63 岁时去世的。由于她领导有方，抚安堂成为法国最负盛名的修行场所之一。她生前建立了 6 所附属女修道院来接纳日益增多的见习修行者，特鲁瓦图书馆中的抚安堂财产登记册（手稿第 22840 号）中列出了她主持抚安堂时的 29 份文件，确认各种权利，记录了各种捐赠事项。其中有 11 份教皇的授权令，包括 1147 年教皇尤金三世赠与耕地、草场、树林、鱼塘、葡萄园、农场、磨坊、税捐和钱财的命令。[①] 从彼得的信中可以看出，爱洛伊丝显然是教会中地位最高的女修道院院长之一，她的虔诚精神和广博学识赢得了人们的尊敬。

人们不禁要揣测她内心深处的想法，猜想她是否找到了自己的使命，但是这无疑是没有答案的。她所持有的这种人类之爱是不因爱人的分离或死亡而终结的，但是当肉体上分离的痛苦舒缓之后，爱的本质发生了变化；至少，具有她这样性格和理智的女子是不会任凭自己为无法挽回的过去怨天尤人的。在更高的层面

① 详见埃尼德·麦克劳德：《爱洛伊丝》，第 216—219 页，文见库赞，第 1 卷，第 719—726 页。

上,人们希望,她通过书信往来和阿伯拉尔和解后,可以在另一个层面上作为他“共同信仰基督的姐妹”来爱他;在低一层,她的聪慧和管理才能在事业中得到了充分的发挥和补偿,随着时间的流逝,她能够“消弭了所有激情,寻找到心灵的宁静”。

根据抚安堂墓地的记录,爱洛伊丝埋葬在修道院的教堂中,阿伯拉尔的身边。这座教堂后来被叫作圣丹尼教堂或者波蒂蒙斯提埃(意为“小修道院”)。这就是多年以前阿伯拉尔的学生建造起来的小礼拜堂,以代替原来他自己用茅草和芦苇搭建的简陋小棚。记录中没有提到她的遗体被放进了阿伯拉尔的墓穴。1497 年,当时的女修道院院长把两人的遗骸移出了这个据说潮湿渗水的地方,分别埋葬在建在离阿杜松更远处的新礼拜堂的圣坛两侧。1621 年,他们又一次被迁移到一处地穴里,地穴上方的圣坛上立着一方代表三位一体之三位的石碑,据说是在阿伯拉尔的指导下刻成的。1701 年,石碑被挪到了唱诗席上一个更好的位置,1780 年,两人的遗体又挪了地方,仍然在地穴里。法国大革命时期修道院被出售,除了院长住宅(今城堡,建于 1685 年)外,房屋均被拆除,遗骨先是被送往塞纳河畔诺让的圣劳伦斯教堂,1800 年又到了巴黎亚历山大·雷诺阿的法国历史遗迹博物馆。后来他们移葬蒙路易,即今拉雪兹神父公墓。他们今天还在此地,安息在从圣马塞尔购得的一具石棺中,雷诺阿相信这就是阿伯拉尔最初的棺木。墓地上矗立着一座哥特式的建筑,环绕着现代的铁栏,对他们的故事略知一二的旅游者,和万圣节时的巴黎人,仍然会不时穿过铁栏,把鲜花放在他们的雕像旁。

文本和翻译

不论是作为神学家或是哲学家，在阿伯拉尔死后，对他表示哀悼的人寥寥无几。人们也许记得和听说过桑斯发生的事情，但对阿伯拉尔在克吕尼度过的最后岁月则几乎一无所知；同时，伯尔纳的强大势力足以使阿伯拉尔的姓名几乎湮没无闻，虽然在各教会学校仍然沿用阿伯拉尔的神学教导，而不接受伯尔纳的传统思想。许多著名的神学手册都受到了《是与否》的分析批评方法影响，如伦巴德的彼得的《格言书》(*Books of Sentences*)，而阿伯拉尔被认为是孕育了中世纪大学的开明思想的创始人之一。但是作为逻辑学家，他死后 10 年间发现的亚里士多德的科学作品削弱了他的力量。一旦人们了解亚里士多德对于共相本质的解决方法，阿伯拉尔那具有鲜明亚里士多德特点的概念论就再也无人理会了。

但是，今天我们仍然可以看到阿伯拉尔的逻辑著作和《信仰宣言》的手稿，其年代可追溯到 12 世纪晚期和 13 世纪早期，同时传世的还有关于他的教学内容的记载。① 但书信的情况迥然不同。在我们所有的 12 世纪的各种记事中，关于这对恋人的记载都是简短的事实描述。利摩日的圣马丁修道院的僧人威廉·格德尔在

① “有近 21 名阿伯拉尔的学生和门徒的名字留存于世。此外约有 14 名佚名作者是在阿伯拉尔的启发下完成了神学和逻辑著作。”(勒斯科姆：《彼得·阿伯拉尔的学校》，第 14 页)无疑，还有许多人没有留下姓名，但是 13 世纪以后，他的逻辑著作就不再传抄，只有 18 篇得以保存下来，而伯尔纳则有 1500 篇。阿伯拉尔大体上是一位自由职业的教师，不曾从属于任何学校，他为抚安堂撰写的作品也不太可能广为流传。

1173年写道，爱洛伊丝又名爱尔威萨，是“阿伯拉尔从前的妻子，真正的朋友”，她是个虔诚博学的女子，精通拉丁文和希伯来文。一般以为，下面这首感人的四行诗是出自奇特的大杂烩式作品《廷臣杂记》(*De nugis curialium*)的作者、英格兰神职人员沃尔特·马普(约1140—1209)之手，诗中描写了新娘看到丈夫离开她进入修道院的悲伤心情：

新娘问她的哲学家在哪里
他的一言一语都经过上帝的赐福
为什么他像陌生人一般将她离弃
虽然她曾将他紧紧地拥抱在怀中？[①]

《图尔大编年志》(*The Chronicle of Tours*)是13世纪的一份手稿，据信为圣马丁修道院的一名修士所作。在1140年项下(像其他手稿一样)简短地描述了阿伯拉尔建造抚安堂、安顿修女们、他从前的妻子爱洛伊丝担任修道院院长的经过，并记录了这位“他最真挚的爱人”如何将他的遗体带回下葬，在他死后常常为他祈祷。书中接着写道：“据说她病危之时吩咐将自己与丈夫合葬。当她的遗体被抬到打开的墓穴前时，她那早已去世的丈夫伸出双臂迎接她，并把她紧紧拥抱在怀中。”[②]传说与事实不符，她并未葬在丈夫的墓中；而在史家不再听信神异事迹之后许久，这个故事仍然

① 汉密尔顿，第50页引文；《中世纪研究》第15卷，第49页。
② 文见埃尼德·麦克劳德：《爱洛伊丝》，注解第224条，第290页。

流传在人间。

然而，在9份目前所知的信件手稿中没有一份的最早写作日期能够确定在13世纪晚期之前，150年后这些信件才写成。[①] 目前尚未找到单独的《劫余录》手稿，据爱洛伊丝称（第一封信），她得到了一份抄本。让·德·默恩必定有一份手稿，才能翻译《劫余录》，并在1280年他为寓言作品《玫瑰的故事》（*Roman de la Rose*）写的讽刺续篇中，把阿伯拉尔和爱洛伊丝的故事写成了64行的简介，但是他并非专门介绍这段事迹，而是引此来证明一个观点。看来，如J.蒙弗林和R.W.萨瑟恩所说，[②]这些私人信件和“指导信件”以及后来为修女们制定的教规，很可能由爱洛伊丝一同保存在抚安堂；她逝世一个多世纪后，它们被带到巴黎并传抄复制。谁都不可能在她生前就知道她的自我表白。如果彼得读过她对性爱的渴望和对自身虚伪的自责，就不会如此高度赞赏她的圣洁精神和使命感。似乎没有理由认为爱洛伊丝以任何方式“编辑”过这些信件，即使我们承认阿伯拉尔在《劫余录》中也许曾为她代言。我个人感觉她一旦认识到她和阿伯拉尔的关系必须重新建立在不同的基础之上，并且从此之后她只能作为他所创立的修道院的受人尊敬的院长，寻求他的指点，那么她将不愿意再重读这些痛苦的倾诉。从第五封信的第一段开始，二人的书信往来的基调就发生了改变，此后爱洛伊丝从未偏离过这个基调。

① 手稿全文见《中世纪研究》第12卷第163页，及蒙弗林《劫余录》评点本的导言。

② R.W.萨瑟恩：《爱洛伊丝和阿伯拉尔书信集》，《中世纪人文主义及其他研究》，牛津，1970年，第103页。

阿伯拉尔的信件抄本下落如何，无人知晓。在中世纪，保留自己信件的抄本，甚至为了以后作为书信集流传而加以修订，是通行的做法。这一做法可以显示个人在书信写作艺术上的知识和技巧——圣伯尔纳、彼得和索尔兹伯里的约翰皆在此列。与其说书信具有历史价值，毋宁说更具文学价值，在内容的丰富和文体的典雅方面，小普林尼和悉多尼斯·阿波利纳里斯堪称楷模。[①] 回信一般不编入集中：它们可能破坏整部书信集文学风格的统一性。这进一步表明，这些信件在爱洛伊丝生前身后都不曾作为文学书信集发表，只是在13世纪晚期，由于其中包含的个人情况引起人们的兴趣，才得见天日。[②]

即使在让·德·默恩死后，这方面的文字记载仍然寥寥无几。阿伯拉尔和爱洛伊丝算不上但丁的《炼狱》(第5章)第二层中那些不检点的恋人，虽然他们的事迹与宝拉和弗兰切斯卡·里米尼[③]

① 见吉尔斯·康斯坦布尔为《中世纪书信集》第2卷中《彼得书信集》所写的简介。

② 沙里耶等人曾怀疑全部信件的真实性，但至今只造成了更多问题。最近出现一种理论，认为抚安堂保存的晚期教规代表了直至13世纪晚期仍在实行的较为严格的教会准则，此时伪造者甲编纂了第7封信，旨在鼓吹在女修道院内实行男性统治，并放松教规允许食肉。甲雇用了第二个伪造者乙，可能是巴黎大学的成员，增补文件，证明自己伪造部分的真实性。乙伪造了《劫余录》和私人信件，其根据是12世纪由另一位无名氏丙作为练笔而写作的有关阿伯拉尔生平的小说。丙在写作中则吸收了阿伯拉尔作品中的某些段落，其中有些作品我们知道，有些不为我们所知。甲也许从文字功底更深厚的丁处得到了帮助。这一理论还认为，阿伯拉尔从未与圣丹尼的僧人们发生冲突，抚安堂是他在1121年以前仿照冯特弗豪修道院而建，并认为，如果在现存建筑以南进行现场考古发掘，很可能发现僧人们的礼拜堂和宿舍(参考约翰·F.本顿在1972年于克吕尼一次会议上宣读的论文)。

③ 里米尼为意大利贵妇，与其小叔保罗有染，两人皆被其夫杀死，后成为但丁《神曲》中的人物。——中译者

的故事有些相似之处。乔叟只是在《巴斯的妻子》(*The Wife of Bath's Prologue*)篇中(第677—678行)提到"爱洛伊丝是巴黎附近修道院的院长",文中她是那种古怪的爱对婚姻冷嘲热讽的人。乔叟大约是通过《玫瑰的故事》得知她的。最先对这对情侣产生真正兴趣的是彼得拉克。现存有9份保存完好的14世纪早期手稿,[①]其中之一即出自他笔下,人们相信《劫余录》和书信页边空白处的拉丁文笔记也出自他之手。作为 *Secretum* 和那些亲密的私人信件的作者,彼得拉克仔细读过这份手稿,无疑是可以理解的。一个世纪以后,大约1461年,弗朗索瓦·维永在《古美人歌》(*Ballade des Dames du Temps Jadis*)中,写下了这些诗句,感叹人人都难逃一死:

那博学的女子爱洛伊丝在哪里
为了她彼得·阿伯拉尔惨遭阉割
又在圣丹尼出家做了修士
是爱情使他这般不幸……
去年白雪,如今安在?

但是这些内容说明不了什么,尤其是因为当时特里斯坦和伊索尔德[②]及奥卡辛和尼科莱特之类的罗曼史正风靡一时,看来,阿

① 巴黎国家图书馆,手稿2923号。见《中世纪研究》,第164—165页。

② 特里斯坦为英国亚瑟王传奇中的圆桌骑士之一,因误食爱情药与科恩韦尔国王马克之妻伊索尔德相恋,欧洲许多文艺作品取材于此。

伯拉尔和爱洛伊丝不符合当时宫廷恋爱中强调情人为遥不可及的贞洁女子献身的理想模式。阿伯拉尔和爱洛伊丝讲的是一种不同的语言,充满坦率的情爱表白,异教对爱情的现实主义态度,以及在磨难面前传统的斯多葛派精神。他们的爱得到了肉体的表达,爱洛伊丝既不冷淡,也不疏远,而是充满了爱和宽容,一心奉献自己而不索取。对比他们这残酷的悲剧,骑士浪漫文学中描绘的宫廷之爱显得矫揉造作。

这些信件和阿伯拉尔作品的拉丁文本于1616年在巴黎首次以两种实际上相同的版本出版,一个是弗朗索瓦·安布罗斯的版本,另一个是安德烈·迪歇纳的版本。至于为什么会有两种版本,则从未作出过说明。二者的介绍部分不同,但文本是一致的,都收入了迪歇纳为《劫余录》作的笔记。两百多年间,这个文本一直被作为标准文本。

1718年,理查德·罗林森在伦敦出版了一个新的书信版本,但与1616年版本相比没有增加新的内容。1841年,苏黎世的约翰·加斯伯·奥雷里出版了《劫余录》及4封信件。此后维克多·库赞于1849年在巴黎出版了两卷本《彼得·阿伯拉尔作品集》(*Petri Abaelardi Opera*),随即成为标准版本。这个版本收入了迪歇纳的笔记,文本则根据安布罗斯,并附有库赞对4份手稿的解释。通常认为这个版本比J. P. 米涅的《拉丁教父文集》(*Patrologia Latina*,1855)的第178卷中的文本质量要高,虽然后者也主要是在安布罗斯的文本上添加迪歇纳的笔记而成。

1950年,由J. T. 马克尔编辑并评论的《劫余录》发表在加拿大多伦多教会中世纪研究所出版的《中世纪研究》第7期;此后

1953年第15期刊载了第1—4封信,1955年第17期刊载了第5、6封信,也附有马克尔的评论文字,最后,由T.P.克罗林编辑的第7封信于1956年发表在第18期上。后约翰·蒙弗林又单独编辑出版了《劫余录》,附有批评介绍,在附录里收入了爱洛伊丝的第1和第3封信(巴黎,1962年第2版)。

继安布罗斯-迪歇纳文本和罗林森的英文版之后,有大批信件译本和演绎本争相问世。[①] 其中最出色的是牧师约瑟夫·贝林顿(Joseph Berington)的英译本(1787年于伦敦出版)和杜姆·热尔韦斯(Dom Gervaise)的法译本(1723年于巴黎出版),但二者都不如一些天马行空、随意发挥的版本影响深远。1687年,布西男爵罗歇·德拉比坦(Roger de Rabutin)给塞维涅(Sévigné)送去了他自己加工的两封爱洛伊丝的情书和阿伯拉尔对第一封信的答复,他在信中插入了虚构的事件,使整个故事沦为一场现代版的调情。这一版本经多次重印,直至19世纪中叶。1695年在阿姆斯特丹出版了另一个经多人之手演绎发挥的版本,为《劫余录》的佚名收信人安上了一个名字,叫作"菲林斯"。同年F.N.德布瓦将此本改头换面,多次出版。凭借德布瓦的演绎本,这段罗曼史在英国广为流传,在它启发下约翰·休斯发表了自己的版本,于1714年在伦敦首次出版,题名为《阿伯拉尔和爱洛伊丝书信集》,附二人生平、恋爱及磨难小传,根据贝尔著作由法文本译成(德布瓦的后一版本亦称参考了贝尔于1697年出版的《字典》)。

① 详见C.沙里耶的《爱洛伊丝的历史和传说》第613—616页,麦克劳德著作中亦完整地列出了各英法译本,第301—305页。

该版本的第四版(1722)于1901年由J. M. 登特在"神殿经典丛书"中重印,题名为《阿伯拉尔和爱洛伊丝书信集》,因畅销而连印10版,直至1945年停印。该书的编者H. 莫顿女士在简短的前言中写道:"此书与其说是译本,毋宁说是演绎,但是文字简洁,理解深刻,完整地传达了原著的神韵。"其中《劫余录》附有小标题"阿伯拉尔致菲林斯",开头写道:

> 我们上一次见面时,菲林斯,你忧郁地向我诉说了你的种种不幸遭遇;我为之感动,像挚友一般分担了你的忧愁。为了止住你的泪水,我难道不是费尽了唇舌?我向你一一列举出哲学能够提供的各种理由,依我想来,它们能舒缓一切命运的打击。但是这些努力都无济于事;我感到,忧愁已经攫住了你的整个灵魂,审慎的理智非但没有来帮你的忙,反而似乎已经遗弃了你。然而,我为了友谊而想方设法,终于找到了一个方子,可以暂时减轻你的重负。请用些时间,听我讲述一下我自己的不幸遭遇,那么菲林斯,你的不幸和这满怀爱心而郁郁寡欢的阿伯拉尔相比,就显得微不足道了。我请求你了解我愿意付出怎样的代价来帮助你;不要把这仅仅看作是平常的感情,因为我要内你讲述你这种种细节,就不能不勾起我充满锥心之痛的回忆。

诸如此类。书中为爱洛伊丝配了一个名叫阿佳顿的婢女:"她有棕色的皮肤,身材美好,超乎同族人之上;五官端正,明眸闪烁,任何人只要心灵尚无所属,见了她都会萌生爱意。"她还有了一位歌唱老师,“十分机灵,正适合神不知鬼不觉地传递情书”,阿伯拉尔的姐姐露西亚则被说服,支持爱洛伊丝反对结婚。最典型的是爱洛伊丝在第一封信中写下的这段话:

> 虽然失去了恋人,我依然保存着爱情。出家的盟誓啊!修道院啊!在你们严苛的律法之下,我并不曾失去人性!你们改换了我的衣装,却不曾将我化为顽石;虽然身处囚笼,我的心却不曾变得僵硬;曾经触摸过我的,我依然能够感觉到,虽然,唉!我本不应如此!我不会冒犯你们的命令,请允许我的爱人教导我,教我顺从你们的严格规章。[①]

休斯对于这些书信的肆意歪曲,似乎在1787年贝林顿的译本出版后仍然被当作是真本。今天,它的主要价值在于,人们普遍认为它是蒲柏1717年面世的诗作《爱洛莎致阿伯拉尔》(*Eloisa to Abelard*)的起源(罗林森的拉丁文本于次年才出版)。蒲柏的诗立即风靡一时,多次重印,并译成法、德、意等文字。[②] 这对恋人的事迹还启发了许多其他诗歌的写作,但没有一首比得上此诗的丰富想象力:

> 黝黑的松林斜倚着岩石
> 上下摇曳,向那空洞的风低语,
> 蜿蜒的小溪在山间闪烁,

① 本段出现在信将结束处,但无本文可予比较。

② 见沙里耶:《爱洛伊丝的历史和传说》,巴黎,1933年,第470—471页。

岩穴回应着水声淙淙，
狂风在树梢间喘息，渐渐停止，
微风曲折游动，湖水战栗；
这景致再也不能勾起我的冥想，
也不能平息那幻想的婢女。
而在黄昏的树丛和朦胧洞穴中，
回音袅袅的甬道和错落交织的墓穴，
黑色的忧郁停留下来，周围落下
死一般的静默和死的宁静：
她那忧郁的存在使万物凝咽，
黯淡了每一朵花，憔悴了每一片青草，
使那退却的潮水的低吟更加深沉，
为树林吹上一层更幽暗的恐惧。

但是这幅景象和香槟地区大相径庭，那里有柔缓起伏的田野农场，阿杜森河静静地流过抚安堂边的芦苇丛。蒲柏所构想的景色更像是克利松的巉岩、山洞和急流，这些已经和爱洛伊丝浪漫地联系在一起，相传普桑的一些风景画的灵感也来源于此；拉马丁也正是在这里写下了纪念爱洛伊丝的诗句。蒲柏笔下的爱洛莎和历史上的爱洛伊丝也并不相符，而是安杰利卡·考夫曼及其同时代人所描绘的新古典主义式的女主角，在阿伯拉尔的墓前，或是自己临终的榻上悲叹不已。[①]

---

① 见沙里耶作品各处插图。

1875年，奥克塔夫·格雷亚尔把库赞的版本译成了准确通顺的法语，1959年，阿伯拉尔的《劫余录》和信件的译文由马尔索·儒昂德在克吕尼图书馆丛书中重印，并附有所谓的1669年“葡萄牙修女信札”。此时，爱洛伊丝和玛丽亚·奥克弗拉达的信件已经一起出版，在18世纪，人们经常把他们的名字联系在一起。但是尚蒂伊公爵的这位情妇在被遗弃之后写给他的五封信，其真实性颇可怀疑。

1925年，C. K. 斯各特·蒙克里夫（普鲁斯特的译者）根据米涅的文本译成的《阿伯拉尔和爱洛伊丝书信集》由剑桥大学出版社出版，限印750册，今已绝版。斯各特·蒙克里夫引用了休斯的译文，但他显然对贝林顿的译本一无所知，因为他自称是直接从拉丁文译出而不借助较为逊色的法文本的第一人。该本没有注释，且用了译者和乔治·摩尔质疑这些信件真实性的几封来往书信当作导言，内容颇为离奇肤浅。摩尔的小说《爱洛伊丝和阿伯拉尔》（*Heloise and Abelard*）于1921年发表。其中的译文殊为奇特，有时几乎不知所云。其风格在钦定本的抑扬顿挫、一板一眼的拉丁文句法直译和摩尔自己的冗长句子间摇摆不定。如爱洛伊丝第一封信中的一段：

> 我承认，你身上有两样特别的东西，即写歌和歌唱的天赋，凭着它们你可以立刻俘获所有女子的心。其他哲学家罕能如此。凭着这两样，你可以在游戏之间涤荡哲学研究的疲惫，你留下的许多歌曲都是以情爱的音韵写就，它们的词句曲调都十分柔美，反复传唱，使你的声名在众人的唇间不停流

传；即使目不识丁的人，听了你那甜蜜的歌曲，也不能把你忘怀。而且，由于你的歌谣大多倾诉我们的爱情，我的名姓也在短短的时间内随着歌声传遍了各地，在许多女子心中燃起了嫉妒的火焰。

1925年以来，没有新的英译本问世，[①]虽然人们对于这对情侣的人间悲剧的兴趣有增无减，并日益注意到阿伯拉尔作为逻辑学家的成就。继乔治·摩尔的小说出版以后，海伦·沃德尔发表了《彼得·阿伯拉尔》(*Peter Abelard*)，口碑颇佳，后来M.沃辛顿又出版了《不朽情人》(*Immortal Lovers*)。1970年，罗纳德·米拉的有关剧本问世，在伦敦西区成功连演了若干场。对阿伯拉尔进行严肃研究的有塞克斯、吉尔森、格林等，研究爱洛伊丝的有沙里耶、麦克劳德、汉密尔顿和佩尔诺等人。[②]

现在，多伦多出版的《中世纪研究》分4期刊出了一种质量出色的评点本(尽管也许不易理解)，虽然使用的拉丁文阅读起来比较吃力。阿伯拉尔和爱洛伊丝所使用的不是上个世纪那种朴实无华的拉丁文，他们也不像彼得等技巧娴熟的写信人一般从容自若。他们信中的结构和文体遵循的是12世纪书信写作的规范，即dictamen(或ars dictandi)和cursus。[③] 这一准则要求采用正式的口吻，用词准确，适当地编排素材，务求典雅，在我们看来则不免过

① 1962年，J. T. 马克尔翻译了《劫余录》。

② 详见埃尼德·麦克劳德《爱洛伊丝》第305页。沙里耶作品中有1933年前关于爱洛伊丝的研究情况的全面介绍，见第597—645页。

③ 见吉尔斯·康斯坦布尔：《论文体》，《可敬的彼得书信集》，第29页后。

分,斯各特·蒙克里夫的例子正表明,在翻译中要避免频繁使用连接词和繁复的排比对仗。阿伯拉尔的《劫余录》叙述性较强,因此修辞手法较少,爱洛伊丝在私人信件中也能采用直白的语言。但是在他们的时代,给缜密的论点附以连篇累牍的拉丁文圣经和基督教教父典籍的引文,或插进一段布道词,添加读来似乎是老生常谈的议论,乃是一种习俗。比如,爱洛伊丝在第五封信中提到无节制的坏处和烈酒的后果,阿伯拉尔在第七封信中加以阐述,把同样的引语又重复了一遍。此外,他们接受的严格的古典教育,在引用的文字和词语的选择上都可见一斑。在这种意义上,一方面来说,他们是博学的文人,写作时是在"表演文学才能";[①]另一方面,他们作为个人,在任何时代都将是出类拔萃的,他们的信件跨越了情感的极端——奉献、失望、悲愤、自信、雄心、不耐、自责和顺从——所有这些情感都被统驭到尖锐的批判的智性之下,在爱洛伊丝和阿伯拉尔身上,这一点表现得同样明显。即使只能通过间接的、不完美的翻译,他们笔下的话语仍然值得倾听。

贝蒂·拉迪斯

① 萨瑟恩:《爱洛伊丝和阿伯拉尔书信集》,载《中世纪人文主义及其他研究》,第102页。

劫余录

有时，身教比言传更能振奋或安抚人的心灵，因此当面劝慰过你之后，我愿向你倾吐我一生多灾多难的经历，希望借此在两地相隔之时为你消解烦忧。你会明白，同我经历的种种劫难相比，你自己的烦恼微不足道或者无足轻重，并且觉得较为容易忍受了。[①]

我出生于布列塔尼边境的勒帕莱镇(Le Pallet)，想来该是在南特以东 8 英里的地方。[②] 家乡的风土、祖先的遗传和善学的天性造就了我多变的性格。家父从戎以前曾于文学上有所涉猎，后来，因为倾心于学问，他要求每个儿子在习武之前都学习文学。他果然如愿以偿。我身为长子，[③]最得宠爱，在教育上也最受眷顾。

---

① 彼得拉克时代以前，《劫余录》的这一传统版本以及第三人称的章回题目(本译文略去)已经为人熟知，但是最好的早期抄本名为《阿伯拉尔致友人的劝慰信》(*Abaelardi ad amicum suum consolatoria* 〈epistula〉)。这一版本，尤其是第一段，表明虽然此信内容属私人性质，但属于修辞术中的一类。此处的"友人"在结尾以同辈修士的身份再次出现，也许完全是虚构的人物，这也是当时的风尚。

② 事实上，勒帕莱位于南特以东约 12 英里处，稍稍偏南，在通往普瓦提埃的路上。此地教堂后有一座小山，其上废墟据说是阿伯拉尔之父贝伦加尔(Berengarius)所拥有的城堡的围墙遗迹。贝伦加尔为布列塔尼地方的一位小贵族。阿伯拉尔出生于 1079 年，母名露西亚(Lucia)。

③ 根据抚安堂亡人录记载，阿伯拉尔有一个叫作迪奥尼西娅(Dionysia)的姐妹，另有文献表明他可能有三个兄弟，即达格伯、波卡里和拉多佛。见《中世纪研究》第 7 卷第 175 页注解 16。阿伯拉尔在第 103 页处提到过曾去南特看望兄弟。

对我而言，学习越是顺利，进步越是快，就越是潜心向学；终于，我因为痴迷于学问而放弃了荣耀的军旅生涯，将遗产和长子继承权让给了弟弟们，退出了战神玛尔斯的殿堂，拜倒在智慧之神密涅瓦的脚下。在哲学的各种流派中最合我意的是辩证法。以此为武器，我选择了在论辩中争高下，而不是在战场上建功勋。我开始周游诸省，像真正的逍遥派哲学家那样，每当听说某地对辩证法有浓厚的兴趣，就到那里参加论辩。[①]

最后，我来到了巴黎。逻辑研究早已在这里蓬勃地开展起来。香浦的威廉[②]当时是这个领域的大师，声名学识独步一时，我就投身于他的门下。起初他欢迎我加入，但很快就深深地嫌恶起我来，因为我开始反驳他的论点，并常常和他针锋相对。有几次，我都证明了自己在论辩中胜他一筹。那些被看作同门领袖的学生也颇为恼怒，尤其是他们觉得我最年轻，入门也最晚。至今仍缠绕我的种种劫难自此发端，我的声名愈显，他人的嫉妒愈盛。

① 当时南特、瓦讷、勒东、昂热、夏特尔等地设有文法和修辞学校。阿伯拉尔在洛什必定曾跟从著名的唯名论辩证学家让·罗塞林学习逻辑。罗塞林因否认三位一体的罪名于1093年被定罪，故此处没有提到他。他被流放到英格兰，但后来被准许在洛什继续讲学。阿伯拉尔后来不承认与他有学术上的渊源，并曾写信给莫城主教，要求和罗塞林当面辩论，因为后者对他进行了攻击(《拉丁教父文集》，第178卷，第355页；库赞，第150—151页)，时间不详。现存罗塞林致阿伯拉尔的一封谩骂信，信中对阿伯拉尔受伤一事进行了低级的攻击(《拉丁教父文集》，第178卷，第355页后；库赞，第2卷，第792页后)。

② 逍遥派哲学家指亚里士多德的门徒，因其在雅典授课时在拱廊(peripatos)上“散步”而得名。香浦的威廉(约1070—约1120年)，唯实派哲学家，巴黎领班神父，掌管圣母院附属的修道院学校，后任圣维克多修道院学校的校长。1112年或1113年，任马恩河畔沙隆大主教。他任命伯尔纳为明谷修道院的院长并成为密友。

末了，我决心要自己建立一所学校，虽然当时还年轻，我觉得自己的才华远远超出了年纪。我看中了一处合适的地点——当时的重镇和皇室行宫所在地默伦(Melun)①。我的老师猜到了我的打算，为了使我的学校尽可能远离他的学校，他在我能脱身之前使尽浑身解数，要破坏我的计划，不让我得到我选定的校址。然而国中显贵里有几个与他为敌的，帮助我如愿以偿。并且因为他表现出这样毫不掩饰的嫉妒，我更得到了有力的支持。于是我开始授课，我在论辩术上的名声也传播开去。结果，原来的同门甚至大师自己的声誉也渐渐衰微，终于偃旗息鼓。我因此愈发自信，就匆忙地把学校挪到了离巴黎更近的科尔贝(Corbeil)，为的是能够常常同他当面辩论，使他难堪。

然而，我到科尔贝不久就积劳成疾，只得回家休养。我离开了巴黎一段时间，②那些热心学习辩证逻辑的人们都非常想念我。几年以后，当时我早已康复，我的老师巴黎的领班神父威廉改弦更张，加入了律修会，③据说是为了博得更加虔诚的名声，谋求更高的教职。他很快遂了心愿，当上了沙隆(Châlons)的主教。但是这种生活方式的改变，并没有使他离开巴黎或放弃哲学研究，很快他就在自己出家修行的修道院里，照老样子重新开起课来。我又回去听他关于修辞的讲座，并且在我们的哲学辩论中举出了一连串

① 默伦为腓力一世的一处行宫。阿伯拉尔记录的日期皆不准确，他的学校可能建于1102年。科尔贝也是王室领地。

② 大约6年。布列塔尼时为独立公国，直到15世纪晚期才归属法国。

③ 律修会教规建立在圣奥古斯丁为俗家修士订立的规则之上。旨在改革教堂修士制度，弥合学者和僧侣之间日益扩大的分歧。圣维克多修道院因休斯于1125年到1141年间于此讲学而闻名。

清晰的逻辑论证，迫使他修正了、或毋宁说是放弃了以前关于共相的观点。他曾经认为，在普遍存在的共相中间，从个体反映出的整个种、属在本质上是相同的，个体之间没有本质的不同，只有由各种偶然造成的多样性。现在，他纠正了这种看法，说种、属不是在本质上相同，而是通过无差别实现了相同。这一向是辩证学家在共相上遇到的主要问题，连波菲利在《导论》中都不曾贸然作出解释，[①]只说这是一个"非常严重的困难"。因此，一俟威廉修正了、或者不如说是被迫放弃了原来的立场，人们就对他的讲座不屑一顾，以至于他在其他辩证问题上的观点也几乎统统被摒弃了，好像整个辩证逻辑都只建筑在共相问题上。

我由此在教学上树立了崇高的声望和权威，乃至我的老师的最有力的支持者们都纷纷涌向我的课堂，而在此之前，他们原是我最猛烈的攻击者。就连威廉的继任者[②]、巴黎学校的主管，也邀我接受他的职位，好在我们两人的老师的扬名之地像别人一样成为我的学生。我接手教授辩证逻辑没几天，威廉就妒火中烧，狂怒到无法形容的程度。他再也按捺不住对我的刻骨厌恨，再次设下诡计达到驱逐我的目的。他从我的行动中找不出公开反对我的理由，对那让位于我的人展开了卑鄙的攻击，为的是把学校从他手里夺走，交给我的一个对头。于是我便回到了默伦，像从前一样建起了一所学校；他的嫉妒纠缠得我越紧，我的声誉传播得越远，因为

① 波菲利，公元3世纪的希腊新柏拉图主义者，普罗蒂诺的学生，著有评述亚里士多德《范畴篇》的《导论》(*Isagoge*)，当时为人所知的是波伊提乌的译本。

② 不详。

正如诗人所说：

嫉妒追逐伟人，狂风缠绕巅峰。[1]

然而，他不久就听说，大多数有头脑的人都对他的虔诚颇有怀疑，关于他皈依宗教也有很多流言蜚语，因为他出家后并没有离开巴黎；于是他就带着一小拨人，把学校搬到了巴黎城外的一个村子。我立即从默伦回到了巴黎，希望从此不再受他烦扰，但是，如前所述，他已经让我的一个对头占据了我的位置，我便把学校迁到了城外的蒙圣热内维耶沃（Mout-Saint-Geneviève）[2]，在那里安营扎寨，对我的篡位者形成围攻之势。听到这个消息，威廉就不顾体面匆匆回到巴黎，把他身边剩下的学者和门人都打发回原来的那个修道院去，显然是要把他先前遗弃的那个兵士从我的包围中解救出来。但是他这番好意教此人受害不浅。他原来多半是靠着讲授普雷西安（Priscian）[3]有点名气，也算有几个学生，但是他的老师一回来，学生们就舍他而去，他不得不辞去教职。看来此后不久，他就丧失了在俗世扬名立业的希望，也出家做了修士。威廉回城后，我的门生和他及其信徒之间多次展开辩论，多亏命运眷顾，我的人（包括我在内）在这些论战中节节获胜，这些事实，你早已知道了。如果我引用阿贾克斯（Ajax）的这两句话大约也不算过分：

① 奥维德：《爱的艺术》，第 1 卷，第 369 节。

② 今巴黎大学所在地，11 世纪前在巴黎城界之外。

③ 公元 6 世纪的著名拉丁文语法学家，在君士坦丁堡讲学，所著 18 卷《语法基础》在中世纪广为使用。

你若问这场战斗结果如何，

敌人不曾将我打败。[①]

就算我缄口不谈，事实也会响亮地把结果彰显于世。

此时，我亲爱的母亲露西亚恳求我回布列塔尼，因为继父贝林格入修道院后她也准备出家修行。她的事情完成之后，我抱着学习神学的特殊目的回到法国，发现我的老师威廉（我常常提到他）已经成为沙隆的主教。但是当时他的老师拉昂的安塞尔姆（Anselm of Laon），因为年长的缘故，是这个领域里最大的权威。

于是我便开始接触这位长者，他的声望与其说来自智慧和记忆力，不如说是来自资历。不管是谁带着问题来敲他的门寻找答案，离开时总是比来时更迷惑。安塞尔姆可以赢得满堂听众的敬慕，面对提问却无能为力。他运用言辞的技巧出众，其含义却一文不值，毫无道理。他点起火焰让屋里烟雾弥漫，却不能把四周照亮；他是一棵树，从远处看枝繁叶茂，走近细看却发现它不能结果。[②] 我到这树下为的是采摘果实，却发现这原来是一棵受主诅咒的无花果树，或是卢坎（Lucan）拿来比作庞培（Pompcy）的古橡树：

① 奥维德：《变形记》（*Metamorphoses*），第13章，第89—90节。

② 拉昂的安塞尔姆（死于1117年左右）很可能曾拜贝克的圣安塞尔姆为师。他在拉昂教授神学多年，成绩斐然，阿伯拉尔则不愿承认这一点。他和兄弟拉尔夫主持的当地学校因此以神学著称。但是他的教学内容以公认的权威言论为基础，阿伯拉尔则认为，辩证逻辑能通过合适的工具在神学问题上达到更好的理解。安塞尔姆的学校为《圣经》订立了标准的《通用词汇》。

那里伫立着一个尊贵名姓的影子，
如一棵高大的橡树立在玉米地里。[①]

我一发现这一点，就不再在他的阴影里蹉跎下去。我在讲座上露面的次数越来越少，使得他的学生中领头的几个颇为恼怒，认为这是对这样一位大师的大不敬。他们开始暗暗地在他面前诋毁我，最后这些卑鄙的含沙射影终于挑起了他的嫉妒。一天，讲过了一节格言[②]，学生们正互相说笑，有人向我发难，问我怎样看待对《圣经》的解读，而在那以前，我的研究对象只限于哲学。我回答道，为使灵魂得救，专心研究《圣经》是非常有益的，但是说受过教育的人如果没有别的教导，单靠先知本身的作品和注释还不能够解释他们的言论，我觉得非常惊异。大家哄笑起来，许多在场的人都问我，我愿不愿，或者说能不能自己尝试一下。我说，如果他们要求，我愿意试试。他们仍然笑个不止，叫道："好吧，就这么定了！找一段大家都不熟悉的文字讲解，我们来看看你说的是不是真的。"然后大家同意选定《以西结》(*Ezekiel*)的一段极为晦涩的预言。我接下了关于这一段文字的评注，立刻邀请大家第二天就来听我的讲解。他们便纷纷强加给我一些不必要的建议，叫我在这样要紧的

① 参见《马太福音》第 21 章第 18 节以后诸节(不结果的无花果树)以及卢坎《法萨利亚》(*Pharsalia*)第 1 卷第 135—136 页。

② 安塞尔姆教学时遵循圣本笃的教规第 48 条规定的传统《圣经》诵读法(Lectio Divina)。逐段对教父的教导进行讲解；对文本的文字和意义进行研究后得出的《启示录》的深刻真理叫作格言(sententiae)；教师陈述之后通过引用《圣经》和教父文字进行讲解和证明。阿伯拉尔认为，受过教育的人借助说明文字应该能独立学习《圣经》。(当然，他当时已是 34 岁的成熟学者，其他学生则年轻得多。)

事上不要太仓促，要记得自己缺乏经验，仔细地组织和确认我的讲解。我愤然答道，我可不习惯靠熟练吃饭，靠的只是我自己的智慧，要么他们在我选定的时间来听我讲课，要么我就彻底不干。

我的第一次讲座听众当然算不上多，因为人人都觉得我此前对于《圣经》毫无研究，这么快就动手尝试，实在荒唐。但是所有来听讲的人都表示认可，并且热烈地称赞我的讲解，还敦促我对讲到的文字作出评论。听到这个消息，那些错过了第一次讲座的人纷纷涌来听第二课和第三课，个个都满怀热忱地抄写我自第一天起编成的注释。

此时，安塞尔姆已经嫉妒得发疯，如上文所述，先前一些学生的影射已经使他对我产生反感，因此他开始攻击我按照我的老师威廉以前讲授哲学的方式讲授《圣经》。当时，这老人的门下有两个杰出的学生，就是兰斯的阿尔贝里克（Alberic of Rheims）和伦巴第的洛托夫（Lotulf of Lombardy）[①]；他们自视甚高，因此对我也愈加敌视。正如后来证实的那样，在很大程度上是他们的挑拨离间使安塞尔姆失去了理智，粗暴地禁止我在他本人讲学的地方继续讲解，理由是我由于缺乏训练而写下的错误观点都会归咎于他。这件事传到了学生们的耳朵里，他们都怒不可遏——这种彻头彻尾的恶毒诬蔑，简直闻所未闻。但是这种行径愈是猖狂，愈是增加我的名声，迫害反倒使我声誉日隆。

---

① 洛托夫来自诺瓦腊，生平资料传世甚少。阿尔贝里克于 1113 年出任兰斯的领班神父，和洛托夫共同主持当地的学校。1137 年他被选为博尔热的大主教。在苏瓦松主教会议上他们两人是阿伯拉尔的主要对手。

几天后，我回到巴黎，进入了久已属意于我并向我发出邀请的那所学校；[①]当年，我正是从这里被驱逐出去的。上任之后，我在那里度过了几年平静的时光。讲课伊始，我就着手完成在拉翁开始写作的关于以西结的点评。这些评讲深受听众的欢迎，他们甚至认定我对《圣经》的讲解应该享有和从前的哲学讲解同样崇高的声名。人们满腔热忱来到这里学习这两门知识，学生的数目大大增加了；这为我带来了怎样的财富和声誉，你一定非常清楚。

但是成功常常使愚人妄自尊大，俗世的保障能削弱坚定的精神，借助肉欲的诱惑而轻易地摧毁它。我开始以为自己是天下唯一的哲学家，不用惧怕任何人、任何事，就此向肉欲屈服。在此之前，我实行彻底的禁欲，但现在我在哲学和神学上钻研得越深，我那龌龊的生活距离哲学家和神圣先知们就越是遥远。众所周知，哲学家们是靠了坚贞不渝而蒙受特别的荣耀的，而先知们，也就是说那些终生致力于教授《圣经》的人，就更是如此了。因此，由于我已经被自负和淫荡彻底俘虏，上帝开恩送来了解决之道，以弥补我的这两种罪孽，尽管这方法并不是我自己的选择：对于淫荡，夺去了我施淫的器官；对于在学习中滋长的自负——因为如使徒（Apostle）所言，“知识教人自高自大”[②]——则让我遭受了自己引以

① 根据圣母院的手稿，阿伯拉尔后被接纳成为大教堂修士，但这并不意味着他被任命为神父。此时他已经是一名 clerius——即“见习修士”，还不是神职人员——当时 clerici 和 scholares 同义，因为学校都是附属于教堂的机构。师生皆削发着僧袍。

② 《哥林多前书》第 8 章第 1 节。阿伯拉尔和爱洛伊丝常常引用《圣经》。译者（指英译者。——中译者）在他们的语言只是近似拉丁通俗译本《圣经》中的拉丁文时方予翻译，其余则直接引用《现代英语圣经》、诺克斯译本或耶路撒冷圣经。

为豪的著作被焚这样的羞辱。[①]

现在，我想要把这两次事变的真相原原本本地告诉你，而不是拉扯一些道听途说。我一向把持自己不与娼妓有什么下作勾当，由于长期潜心向学，我也不能常常和名门贵妇来往：事实上，我对俗世生活所知甚少。正如谚语所说，乖张的命运把我当作了拨弄的对象，并且轻而易举地让我从显赫的高位上跌落了下来；更准确地说，虽然我狂妄不可一世，对上帝的慈爱视而不见，他却凭着悲悯之心，让我在他面前俯首认过。

当时，巴黎居住着一位少女，名叫爱洛伊丝。[②] 她的叔父菲尔贝是一位教士，对她百般疼爱，想方设法要让她接受最好的文学教育。她的容貌算得上俊俏，学识渊博更是鲜有匹敌。一般女子少有辞章之才，因而她显得愈发动人，美名传遍了举国上下。我把一般情人所看重的种种长处都思量了一遍，认定她便是我理想的枕边人。我自信能轻取她的芳心，因为当时我青春年少，容貌出众，名声赫赫，具有极大的优势；女子能博得我的青睐乃是一种荣耀，我不用担心会遭到拒绝。而且，我知道这位姑娘文采出众又十分好学，更应当高兴地接受我的求爱；即使两地相隔，凭借鸿雁往来，我们也能彼此相伴，而且比当面交谈更加坦率，和促膝谈心一样愉快。

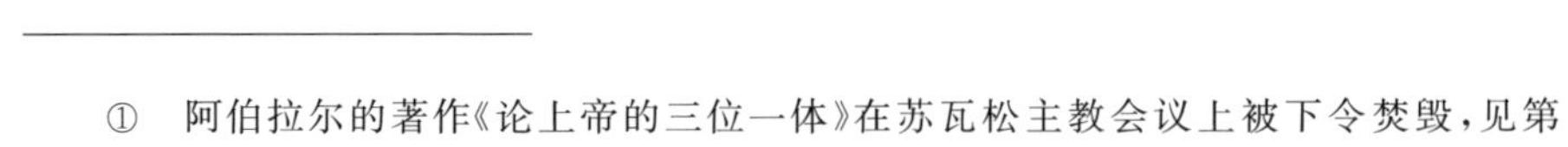

① 阿伯拉尔的著作《论上帝的三位一体》在苏瓦松主教会议上被下令焚毁，见第83页。

② 关于爱洛伊丝的身世有种种猜测，但都无法证实。她当时尚是少女（adolescentula），只能猜测她大约17岁，出生于1100年或1101年。讣闻录中记载她的母亲名叫赫辛德，父名不详。她可能是私生女，在她的书信中两次暗示自己的社会地位不如阿伯拉尔。参见麦克劳德《爱洛伊丝》第8页后及第287页后，注解219。菲尔贝似乎居住在教堂领地中，位于圣母院东北，一般认为是坐落在花港。

对这姑娘的渴望在我心中熊熊燃烧，为了更好地了解她，更顺利地打动她，我寻找机会和她每天私下见面。为了达到目的，我在她叔父的一些朋友的帮助下，和菲尔贝教士说定让他纳我为房客，因为他的住所就在学校附近，不管房租多少我都愿意答应。作为托词，我还假称料理家务影响我的研究，费用也过于高昂。菲尔贝生性贪财，更热心于增进侄女的文学知识，这两个弱点使我轻易地赢得了他的同意而如愿以偿：他迫不及待要拿到这笔钱，同时深信侄女会得益于我的教诲。于是他恳切地向我提出一个要求，这更是我想都不敢想的事，使我的爱火更炽：他让我全权管教这个姑娘，讲学之余我可以白天黑夜用全部时间来教导她，如果她不用功，我可以严厉地责罚她。菲尔贝这样愚蠢，我十分吃惊——就算他把温顺的羔羊托付给贪婪的豺狼，也不会更令我诧异了。他把她交付给我，不仅由我教导，还任我责罚，这岂不是让我全无顾忌地实现我的愿望？岂不是为我提供了一个机会，好让我即使不能劝服她，还可以用威胁和暴力逼迫她就范，虽然这一点我不曾利用，不过，有两个特别的原因，可以解释他为什么没有一点这种阴暗的疑心：一是他深爱侄女，二是我向有洁身自好的名声。

难道还需要多说什么吗？我们结合了，先是朝夕共处，继而心意相通。在讲课的伪装下我们完全投身爱河。借她上课的机会，我们像情侣所向往的一般私室独处；书卷虽然打开，我们之间倾诉的更多的却是温柔言语而不是经书的诠释，交换的更多的是亲吻而不是教导。我的双手不常翻动书页，却总在她的胸口流连；我们的眼睛不常阅读书本，却总是凝视着对方。为了避免猜疑我有时责打她，但是这样的责罚是出于爱怜而不是恼怒，因此比香膏更加甜蜜。总而言之，在爱欲驱使下我们试过了各种缠绵缱绻，如果能发现新的恋爱方法，我们也愿意尝试。正因为以前从未体验过，我们享受每种快乐都更加热烈，更不知餍足。

当时，我越是沉湎于这些欢乐，越是无暇顾及哲学研究，在学校事务上也越是疏懒。到校讲学令我感到索然无味；因为夜夜缠绵，白天整日授课也令我十分疲惫。我的兴致低落，心不在焉，因此讲课也了无生气，只是老调重弹；我只能重复早已讲过的内容，灵感萌发时我写下的不是哲学的秘密而是爱情的诗篇。如你所知，这些诗歌中有不少仍然在各地流传，[①]深得那些生活方式与我相同的人喜爱。但是，学生们觉察到了我的心事，或者说是我的心有旁骛，他们为此感到的悲伤和惋惜难以衡量。事实上，我觉得几乎人人都觉察到这种明显的迹象，除了和此事名誉攸关的那个人——爱洛伊丝的叔父。有几个人不止一次提醒他，可他不愿相信，因为正如我说的那样，他对侄女无限疼爱，而我此前的名声一直白璧无瑕。我们总是难以对自己的至爱产生恶感，而猜忌的阴影也不能和爱的温暖并存。正如圣哲罗姆给萨比尼安(Sabinian)的信中所写的："自己家里的恶行，我们总是最后一个知道；妻儿的过错也许已经成为街谈巷议的话题，却到不了我们的耳朵。"[②]

但是，那最后知道真相的人也有知道的那一天，人人皆知的事情也瞒不过一个人。几个月以后，这终于落到了我们的头上。请想想吧，那做叔父的发现真相以后是多么痛心，而我们

① 这些情诗已经散失殆尽，法国北部也没有发现这样古老的爱情诗。

② 《书信集》，第147篇，第10节，手稿题为"致卡斯特利安"。

这双情侣眼看要被拆散，又是多么悲伤欲绝！看到姑娘身处困境，我是多么羞愧难当；想到我蒙受屈辱，她又是怎样肝肠寸断！我们哀叹和悲伤，只是为了对方的痛苦，而不是为了自己。两处分离使我们的心靠得更近，重重阻隔反而使爱火燃烧得更旺。我们更加不顾一切，抛却了所有羞耻感；何况我们愈是频频找机会见面，羞耻感也愈是淡薄。终于，我们像诗人笔下的战神玛尔斯和爱神维纳斯一样，在缠绵床笫时被撞了个正着。[①] 此后不久，姑娘便发现自己怀上了身孕，她马上写了一封充满喜悦的信给我，问我该怎样做。于是，一天晚上，趁她叔父不在家，我按照计划秘密地带她离开了他的家，直接送到了我的故乡。她在那里和我的妹妹做伴，后来生下一个男孩，她为他起名叫作阿斯特拉波(Astralabe)。[②]

姑娘的叔父回来后，几乎气得发狂——若非亲身体验，很难想象他心中巨大的悲伤和羞辱。他能怎样来对抗我呢？他能设下什么陷阱呢？他想不出。如果他杀了我或者伤害我，他所深爱的侄女在我的家乡可能会因此吃苦受难。要抓住我或强行把我监禁起来是没有用的；何况我知道，要是他有这个胆量或者本事的话，一

① 玛尔斯和维纳斯在床上被维纳斯的丈夫伏尔甘发现。今多以此段文字出于荷马(《奥德赛》第 8 卷)；阿伯拉尔则是通过奥维德的《爱的艺术》和《变形记》熟悉这个典故的。

② 在第 4 封信中，阿伯拉尔说明爱洛伊丝当时假扮成一名修女。此处提到的妹妹很可能是迪奥尼西娅，又名迪奥尼西亚，她的名字载入抚安堂亡人录，同时载入的还有阿斯特拉波，又名阿斯特罗波。我们只能猜测爱洛伊丝隐居在勒帕莱，没有确切事实能证明她是在风光旖旎的克里松。参见《导言》。据阿伯拉尔称，这个奇怪的名字是爱洛伊丝挑选的，原因至今不明。

定会毫不犹豫地袭击我，所以非常小心地提防着这一着。

末了，我不禁对他那无限悲惨的境地动了恻隐之心，便去见他，并谴责自己为了爱情犯下欺妄之罪，简直是最卑劣的背叛。我乞求他原谅我，并许诺付出他要求的一切补偿。我辩白说，任何体验过爱情力量的人，都不会认为我的行为出格；我还追述了自人类诞生，女人就不断毁灭最高贵的男人这一事实。为了进一步安抚他，我提出一个建议让他满意，这是他不敢指望的：我愿意迎娶那被我羞辱了的姑娘。我只声明，为了不毁坏我的名誉，这桩婚事应该保密。[①] 他同意了，以他自己和他支持者的名义作了承诺，并以一吻接受了我所希望达成的和解。然而，他只是想以此为将来背叛我埋下伏笔。

我立刻赶往布列塔尼去接我的情人，好让她成为我的妻子。但是她强烈地反对这个提议，而且提出两个理由同我激烈地辩论起来：一是其中风险太大；二是这会令我声名扫地。她断定任何和解之道都不能使她的叔父息怒，正像我们后来发现的那样。她争辩说，如果这桩婚事败坏了我的声誉，使我们两人都蒙受羞辱，那么她又能因此获得什么荣耀呢？如果她从世人中间夺走这样一盏明灯，他们一定会义正词严地责罚她。想想看，这件婚事公开以

① 关于阿伯拉尔此时是否已出家，目前意见不一。但即使答案是肯定的，当时教会也只是刚刚开始禁止神父和高级教士结婚。以阿伯拉尔的地位，若不保持独身就会被认为不自爱，并进而影响他在教会里的晋升，而只有在教会里他才能施展自己的抱负。爱洛伊丝的论点之一是他如果结了婚，将会是教会的损失；她的主要论点是这样做意味着对哲学理想的背叛。不过秘密结婚显然无法满足菲尔贝的要求，他希望能为侄女所受的委屈得到公开的补偿。阿伯拉尔在第 2 封信中透露了想要结婚的真正动机。

后，人们会发出怎样的诅咒，教会将遭受怎样的损失，哲学家们将怎样痛心啊！造化是为了全人类而养育了我——如果我把自己束缚在一个女人身边，屈从于这种卑下的奴役，将会是一件可悲的丑闻。她断然拒绝接受这桩婚事，因为它只会给我带来羞辱和负担。除了名誉上的损失，她还向我指出婚姻生活的种种难处，使徒保罗曾这样规劝我们避免涉足其中："你没有妻子缠着呢，就不要娶妻。若你已经成亲，并不是犯罪；处女若出嫁，也不是犯罪。然而这等人肉身必受苦难，我却愿意你们免这苦难。"他还说："我愿你们无所挂虑。"[①]

她还争辩道，就算我既不愿接受使徒的忠告，又无视教父对于婚姻的枷锁所发出的规劝，那么我至少应该听从哲学家们的话，看看他们在这个问题上写下了怎样的文字，或者留下了怎样的事迹——因为教父们训导我们时常常采取这种谨慎的行动。比如，圣哲罗姆(St Jerome)在《反约韦拿辩》[②]第一卷中追述了泰奥弗拉斯托斯(Theophrastus)怎样详细地描写了婚姻中无法忍受的烦恼和无穷无尽的忧虑，用最明白的论证说明男人不应娶妻；圣哲罗姆借哲学家们的劝诫得出这样的结论："听到泰奥弗拉斯托斯这样的论辩，有哪一个基督徒会不脸红呢？"哲罗姆接下去说："西塞罗休弃特兰霞后，贺修斯提议把自己的妹妹嫁给他，但他坚定地拒绝了，理由是他不能专心于妻子如同专心于哲学一般。他并不单单说：'专心'，而加上了'如同'，意思是不愿做任何可能和哲学研究

① 《新约·哥林多前书》，第7章，第27、28、32节。

② 《反约韦拿辩》，第47节。

相匹敌的事。”

然而，她又说道，除了对哲学研究的种种阻碍，还要考虑高贵的生活方式所需要的真正条件。学生和保姆之间，书桌和摇篮之间，书本、刻写板和女红之间，笔和纺锤之间，能有什么和谐可言呢？谁能一边专心思考着《圣经》或哲学问题，一边忍受着婴儿不住地啼哭，保姆哼唱着摇篮曲，男男女女乱哄哄地进进出出？他怎能忍受家里有了小孩后没完没了的混乱和邋遢？你也许会说，富人可以做到这一点，因为他们宅院宽敞，可以有独处的空间；而且家境富裕不用顾虑花销大小，不用操心日常的用度。但是，哲学家的生活和富人迥然不同，那些为钱财动心、为俗务奔走的人不会有时间投身于《圣经》和哲学。因此，昔日的哲学大师们都鄙视尘俗，与其说他们谴责它，不如说是逃避它；他们摒弃了一切享乐，只有在哲学的怀抱中才寻到了安宁。最伟大的哲学家之一塞内加(Seneca)这样忠告路奇利乌斯(Lucilius)：[①]“哲学不是消闲的学问。我们必须忽略一切献身于它，因为再长的时间对它也不够。你若是将它抛开一分一秒，不如就此彻底抛开，因为一旦打断它就无处可寻。我们必须抵抗所有其他的牵挂，不仅仅摆脱它们，而且摒弃它们。”

今天，我们中间那些真正当得起僧侣[②]之称的人，凭了对上帝的爱，正是这样做的，异教徒中那些追求哲理的杰出的哲学家也是如此。因为不论是异教徒、犹太教徒还是基督徒，其中总有一些虔

① 《致路奇利乌斯》，第 72 节，第 3 行。

② monachus(僧侣)，本义指选择孤独生活的人。

诚正直之士,凭着纯粹的坚贞和苦修精神超越众人之上。在古代犹太人中有拿撒勒人(Nazirites),[1]他们按照律法献身于上帝;还有先知之子,以利亚的追随者,如哲罗姆证实的那样,[2]《旧约》把他们称作僧侣;近代则有约瑟夫斯在《上古犹太史》第18卷中记述的三派哲人:[3]法利赛人(Pharisees)、撒都该人(Sadducees)和艾塞尼人(Essenes)。今天有一些僧侣或是像使徒们共同生活,或是效仿更早的约翰独自修行。我曾说过,哲学家在异教徒中;因为过去智慧或哲学之名更多的是与某种宗教生活方式而不是与学问的获得联系在一起,我们可以从"哲学"这个词最早的用法以及圣徒们的亲口证词中了解这一点。圣奥古斯丁(St Augustine)在《上帝之城》第8章中这样区别不同的哲学家:

> 意大利学派乃由萨摩斯的毕达哥拉斯创立,他最早使用哲学家一词。在他之前,那些采取令人赞美的生活方式而显得出类拔萃的人,被人们称为"智者"。但是,当有人向毕达哥拉斯询问他的职业,他却回答自己是一名哲学家,意思是献身或热爱智慧的人,因为他觉得自称智者过于狂妄了。[4]

"令人赞美的生活方式而显得出类拔萃",这种说法清楚地表明,异教徒中有些人被称为智者,即哲学家,是为了褒扬他们的生

① 参见《旧约·民数记》第5章和《旧约·士师记》第56章第17节(参孙)。
② 参见《旧约·列王纪》第5章第1节和哲罗姆《书信集》第125篇第7节。
③ 参见《上古犹太史》第18卷第1、2章。
④ 《上帝之城》,第8章,第2节。

活方式，而不是他们的学识。毋庸举例来说明他们高尚严肃的生活——那不啻于是在教密涅瓦(Minerva)。然而，如果连不受职业信仰约束的异教徒和俗人都能这样生活，那么，您这样一位神职人员，大教堂的教士，难道没有更大的责任，不要让卑俗的享乐僭越神圣的职责，提高警惕不要被这个卡律布狄斯旋涡(Charybdis)彻底吞没，丧尽廉耻，永远陷入这罪恶的旋流？即使你不为教士的天职着想，至少还应该捍卫作为哲学家的尊严，如果上帝应得的崇敬对你无足轻重，也应借助对正直行为的热爱来抑制无耻的愿望。要记得苏格拉底的婚姻和那段不堪的插曲；至少，他借此告诫了后来人，总算抹去了哲学因此而蒙受的污点。哲罗姆在《反约韦拿辩》中也提到了苏格拉底的这件逸事："有一次，他刚刚忍受了妻子从他头上的窗子里倾出一连串没完没了的怒骂，就从头到脚被脏水浇了个透湿。他只是擦了擦额头，说道：'我知道雷鸣之后接着就是暴雨。'"

接着，爱洛伊丝又说到我若是把她带回去，会承受怎样的风险；她争辩道，"情人"的称呼比"妻子"对她更珍贵，对我更荣耀——要留住我，她只会靠无拘无束的爱情，而不是婚姻的种种羁绊。如果我们不得不暂时分离，那么相聚的欢乐将更加甜蜜和宝贵。但是，她终于明白在我愚蠢的固执面前，她试图说服或劝阻我的种种努力都无济于事，而她又不愿拂逆我的心意，于是她带着深深的叹息，含泪说出了最后的话语："我们两人都会被毁掉。留给我们的只是和我们的爱情一样深切的苦难。"在这一点上大家都知道，她表现出是一个真正的先知。

儿子出生以后，我们把他托付给我妹妹照看，然后秘密回到了巴黎。几天以后，我们在一座教堂里举行了私人的守夜祈祷，天明时分就在菲尔贝以及他和我们的几个朋友的见证下结成了夫妇。然后，我们秘密地分手，悄悄去往各自不同的方向。此后，我们只是偶尔偷偷地相会，为的是尽可能隐瞒两人的所作所为。然而，菲尔贝和他的奴仆们为了弥补他所蒙受的羞耻，开始四处散播我们结婚的消息，违背了对我许下的保密的誓言。爱洛伊丝斥责了他们，并且发誓这完全是谎话；菲尔贝暴怒之下，好几回对她横加辱骂。我一发现此事，就把她送到了巴黎附近阿让特伊（Argenteuil）城的女修道院去。她就是在那里度过少女时代并接受教育的。我还请人为她缝制了一件见习修女式样的长袍，只是没有头巾，叫她穿在身上。[①]

听到这个消息，她的叔父和他的亲朋以为我作弄了他们，想出让爱洛伊丝出家的办法来，好轻而易举地摆脱她。在狂怒之下他们密谋要加害于我；一天晚上，当我在住处的内室安然沉睡时，他们买通了我的一个仆人，潜入屋里对我施行了残忍的报复，其手段之野蛮足以震惊天下：他们砍去了我身体上犯下过错招致他们怨恨的那一部分。然后便逃之夭夭，但其中有两人被捉住，双眼被刺瞎，并遭到了和我一样的惩罚，其中之一就是那个为我服务却利欲熏心背叛了主人的奴仆。

① 爱洛伊丝后来在出家时戴上了头巾，但是她原本不穿僧袍也可以待在修道院里。阿让特伊的圣玛丽修道院的前身是7世纪晚期由贵族荷曼里库和他的妻子努玛建立的一家男修道院，建成后两人将其赠给圣丹尼大修道院。9世纪早期查理曼将其收回并使其成为独立的修道院，并任命他的女儿西奥德拉达为修道院院长。她临终前希望将其归还圣丹尼，但修道在内战和诺曼人入侵中毁于战火，荒废达150年之久。10世纪末，休斯·加培的妻子阿德莱德皇后将其重建，给予慷慨捐赠并指派众多本笃会修女入住。

第二天早晨，全城的人都聚集在我的门前，那充满恐怖和震惊的场面，掺杂着哀叹、叫喊和窃窃私语，难以形容，不，简直是无法形容；令我愤怒而痛苦。尤其是教士们，特别是我的学生们那令人不忍卒听的哭泣和哀号，不断折磨着我，直到我觉得他们的同情比伤痛更难承受；而我遭受的羞辱也比身体的创伤更惨痛。[①] 各种各样的想法在脑海中翻腾——我曾拥有过多么辉煌的声名，而一个罪恶的瞬间之后，它的光芒多么轻易地黯淡甚至完全熄灭了；上帝的决断是多么公正，击中了我借以犯罪的器官；我自己背叛的人施行了这样的报复又是多么公平。我想到对手们将怎样庆贺我遭到了应得的报应，这个沉重的打击将使父母朋友遭受怎样长久的悲伤和痛苦，这种闻所未闻的羞辱将怎样飞快地传遍全世界。我现在能往何处去？我怎能在公开场合露面，沦为千夫所指、万人共诛的对象，让所有见到的人都把我当作骇人听闻的怪物？我又惶恐地想到，根据律法中的苛刻文字，上帝憎厌阉人，因此禁止阳具遭割除或伤残的阉人进入教堂，好像他们散发着恶臭，龌龊不堪；就连阉过的牲畜都没有资格作为祭品。“肾子损伤的，或是压碎的，或是破裂的，或是骟了的，不可献给耶和华。”“凡外肾受伤的，或被阉割的，不可入耶和华的会。”[②]

我承认，我之所以要避居修道院中，与其说是出于皈依天主的虔诚心，不如说是出于哀恸和痛苦中的羞耻感和不知所措。爱洛伊丝已经同意照我的意思出家为尼，进了一家修道院。这样，我们

① 现存有一封蒙特默伦西附近德伊的圣本笃会隐修院院长佛克写来的慰问函。

② 《旧约·利未记》，第 22 章，第 24 节；《旧约·申命记》，第 23 章，第 1 节。

两人都披上了僧袍，我进了圣丹尼(St Denis)修道院[①]，她则入了我曾提到的阿让特伊修道院。我记得，当时有许多人怜惜她青春年少，想要劝阻她不要担当这样过于严酷的惩罚，委身于苦修的枷锁，但她对此充耳不闻。她一边抽泣着，一边喊出了科妮莉亚(Cornelia)那著名的哀叹：

啊高贵的丈夫，
我怎配做你的妻子，难道命中注定
我要使这高尚的头颅低垂？是什么促使我
嫁给你，教你失足？
来讨还你的债吧，我乐于偿还……[②]

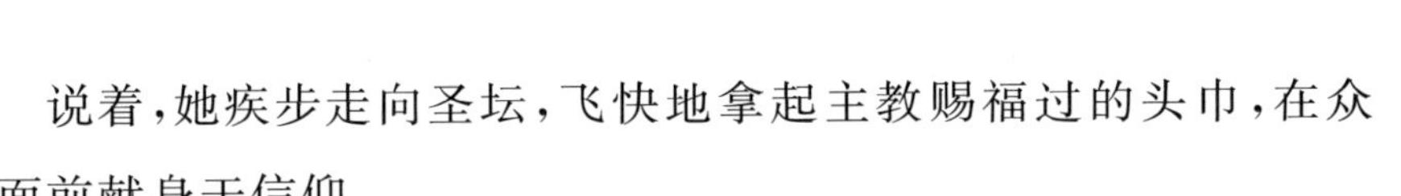

说着，她疾步走向圣坛，飞快地拿起主教赐福过的头巾，在众人面前献身于信仰。

我的伤口还没有痊愈，教士们就纷纷涌来，反复央求修道院院长和我，要我继续从事研究工作。过去这只是我追逐名利的手段，现在则可以凭着对上帝的爱重新开始。他们殷殷规劝我，上帝寄托于我的才华，我应该连同利息一同回报给他；从前我置身于富人圈中，现在应该致力于贫穷者的教育；我应该认识到，主的手这样

① 圣丹尼本笃会修道院，原为纪念巴黎第一任主教所建，与法国皇室联系密切(有诸多法王在此加冕并葬在这里)。当时(1119)该修道院仍“未经改革”，许多国家事务仍在此处理。后来，在明谷的圣伯尔纳指导下，苏杰院长根据圣本笃订立的教规对其进行了华丽的装修，重整了风纪。参见《圣伯尔纳书信集》第80篇，B. S. 詹姆斯译。

② 卢坎：《法萨利亚》，第8章，第94节。

触摸了我，为的是一个明确的目的，即把我从肉体的诱惑和俗世的纷扰中解放出来，好教我全心全意从事研究，从而证明我自己是一名真正的哲学家，不属于俗世，而属于上帝。

然而，我所隐居的修道院，却是一个卑俗堕落之地，院长的地位显赫，他那邪恶的生活和龌龊的声名也同样广为人知。在私下和公开的场合，对他们那种种令人发指的下作行径，我曾好几回直言不讳，加以批评，他们因此把我视为眼中钉，肉中刺，便以我的学生每日纠缠不休为由，迫不及待地要把我赶出去。在持续的压力和要求下，修道院院长和僧侣们插手干预，我便退居一家小修道院[①]。在那里，我像从前一样全心全意地进行讲学；学生们蜂拥而至，以至于容纳不下，而当地的出产也不够维持他们的生活了。

我主要进行《圣经》的研究，这也更符合我现在的身份，然而我没有完全放弃讲授俗世的学问，在这方面我的经验最丰富，人们也于我期望最高。事实上，我把这样的学问做钓钩，把哲学的况味作饵，引导听讲者去接近真正的哲学——根据优西比乌(Eusebius)的《基督教教会史》[②]，最伟大的基督教哲学家奥利金正是这样做的。显然，上帝赋予我的不仅是讲解世俗文献的才华，还有诠释《圣经》的本领，于是来向我学习这两种知识的人数都增加了，而别处的学生则迅速减少。这引起了其他校长对我的嫉恨；他们千方百计地贬低我，其中更有两个[③]不断在背后攻击我，说我从事世俗

① 在香槟郡普罗万附近的美松塞尔恩布里。

② 《基督教会史》，第 6 章，第 8 节后。

③ 据认为是阿尔贝里克和洛托夫。

文献的研究[①]完全不符合一个修道士的身份；还说我自己不曾有过老师，却自诩为讲授神圣知识的老师。他们意在把我排斥在所有教学形式之外，为此他们要不断地说服各个主教、大主教和修道院院长，事实上就是要说服他们在教会里能接近的所有人。

此时，正巧我刚刚开始将我们的信仰和人的理性进行类比，并以此为基础开始讲学，还写了一篇神学论文——《论上帝的一体性和三位一体》，因为有些学生对这个题目上的人的理性和逻辑理性有疑问，他们希望得到深刻智慧的指点，而不仅仅是空谈。事实上，他们说，如果智性不能理解文字，那么文字也毫无用处；只有先理解，才能相信，任何人如果教授的内容不能为自己或者学生们理解，就是荒谬的：主曾亲口批评过这种“盲人领路”的做法。[②] 这篇文章被广为传诵，许多人都表示赞许，因为它看来能够解答这方面所有类似的问题。人们普遍认为，这些问题具有特殊的复杂性，是极为重要的，我所提出的解决方法也极为精深完善。

我的敌人们因此非常气恼。在我的两个老对头阿尔贝里克和洛托夫的唆使下，他们召开了一次会议来反对我。这二人的导师威廉和安塞尔姆已经去世，他们正试图取而代之，成为后者的唯一继承人。他们当时都已经是兰斯学校的校长，并在那里凭着反复的挑拨离间影响了拉尔夫(Ralph)大主教的看法，促使他采取行动反对我，和当时任教皇驻法国使节、帕莱斯特里纳(Palestrina)[③]主教科农

① 在本笃会教规中，圣本笃从未提到过是否应研究世俗文献，我们也不知道当时这种研究是否普遍。

② 参见《新约·马太福音》第15章第14节。

③ 今意大利中部的普拉内斯特。

(Conan)联手，在苏瓦松召集了一次会议，他们称为主教会议，邀请我带着那篇关于三位一体的论文出席。但是这事安排好以后，在我到会之前，我的两个仇敌在教士和人民中间散布了许多恶毒的谣言，以至于我在几个学生的陪同下到达苏瓦松的当天，差点遭到石块的攻击，因为(人们听说)我在传教和讲学时声称有三个上帝存在。

我一进城就去拜访教皇使节，送给他一份论文阅读并提出意见，并说明如果文中有和天主教信仰不合之处，我乐意接受意见进行修正。但是他立刻叫我将这本书交给大主教和我的对头，让指责我的人自己作出判断，在我身上实践"敌人即法官"①的话。然而，他们把书读了一遍又一遍，就是找不出任何他们敢于在公开听证会上指控我的地方，于是他们把迫不及待要横加给我的谴责推迟到了最后一次会议上进行。而我，则在会议之前，每天根据我的文章就天主教信仰进行公开演讲，所有的听众都对我的阐述和诠释大加赞赏。人民和教士们见到之后，就开始说："'他在这里，在公开地讲道'②，没有人反对他。这个大会，人家说是特地为了反对他而召开的，很快就要结束了。法官们是不是已经发现犯错误是他们自己而不是他？"天天如此，更燃起了敌人的怒火。

于是，一天阿尔贝里克带着几个门人找到了我，为的是对我进行攻击。寒暄几句之后他就说，我的书中有些内容令他十分困惑，即虽然上帝生上帝，而只有一个上帝，我却否认上帝生育了他自己。我立刻说，如果他们希望我解释，我可以对这一点作出说明。

① 《旧约·申命记》，第32章，第31节。

② 《新约·约翰福音》，第7章，第26节。

“我们不要理性的阐述，”他说，“也不要你来解释这些事情；我们只承认权威的论断。”“那么翻开书吧，”我说，“你会找到权威的话的。”当时他正巧带了一本我的书在身边，我便翻到了我自己很熟悉但他不曾看到的那一段——或许他只注意能诋毁我的那些部分了。上帝相助，我立刻找到了我想要的：以“奥古斯丁《论三位一体》第一卷”开始的一句话：“凡以为上帝有力量生育自己的人是错误的，特别是因为不但上帝，任何精神和肉体的生灵都没有这种力量。根本不存在自己生育自己的事物。”

阿尔贝里克的门人站在一旁听到了这番话，不禁窘得满面通红，但他竭力掩饰自己的错误，说应该正确地理解这段话。我答道，这不是什么新鲜的内容，但是此时无关紧要，因为他现在要的是权威论断而不是诠释。不过，如果他愿意听听一种诠释和理性的论辩的话，我可以凭他自己的话证明他认为圣父乃自己的圣子，已经陷入了异端。他听到这话就大为恼怒，开始威胁我，叫嚷说这一回我的阐述和我的权威都解救不了我，然后便离开了。

大会最后一天，会议继续之前，教皇使节和大主教开始和我的敌人和其他人进行长时间的讨论，看该对我和我的著作作出怎样的决定，因为这正是举办这次会议的原因。无论是在我的言论里还是我的著作中，他们都找不出丝毫可以用来反对我的地方，有的人沉默地站着，有的开始撤回对我的指控，直到一向因虔诚和执掌重要教区而受人尊敬的夏特尔(Chartres)主教杰弗里(Geoffrey)[①]说出了这一番话：

① 列维的杰弗里，公元1115—1149年任夏特尔主教。

今天在座的诸位都知道，不管其内容如何，此人的讲课，以及他的心智能力，已经在他进行研究的所有地方都赢得了许多追随者和支持者。他已经大大削弱了他自己和我们导师的声名，他的藤蔓已经从此岸延伸到了彼岸。[①] 如若你们凭着偏见而不利于他，虽然我认为你们不会这样做，你们必须明白，即使你们的判断有理有据，也会冒犯许多人，会有很多人聚集起来为他辩护，尤其是我们在论文中又没有发现任何足以构成公开谴责的地方。哲罗姆曾说过："不加掩饰的勇气常招致嫉妒，闪电常打击山的巅峰。"[②]要当心不要让你们的暴力行为给他带来更高的声誉，我们因嫉妒而受的害，要比他因正义的指控而受的害更严重。哲罗姆还提醒我们："谬误的传言很快会销声匿迹，人在以后的作为会为他的从前作证。"[③]不过如果诸位坚持要以教会的名义惩罚他，就让他自由地回答各种诘问，这样如果他被定了罪，或承认了自己的错误，他就会永远缄默。至少，这样做符合虔诚的尼哥底母（Nicodemus）的话，他在表示希望释放主的时候说："难道我们的律法允许我们不听过他的辩解，了解了事实，就可以定他的罪么？"[④]

我的对头们立刻叫喊道："真是个高明的主意，叫我们同这个

① 参见《旧约·诗篇》第 80 篇第 8—12 节。1141 年在桑斯会议致英诺森二世的信中用了同样的话评论阿伯拉尔。

② 参见贺拉斯：《颂歌》，第 2 章，第 10、11 节。

③ 《书信集》，第 54 篇，第 13 节。

④ 《新约·约翰福音》，第 7 章，第 51 节。

巧舌如簧的人辩论！他的辩才可以征服全世界！”（可是要和基督辩论必定要困难得多，但尼哥底母还是要求按照法律允许他作出辩解。）然而，杰弗里主教见不能说服他们接受他的意见，便试图用别的方法消除他们的敌意，他说当时在座的人太少，不足以讨论如此重大的事件，此事还需要更多时间考虑。他因此进一步提出建议，让当时在场的我的修道院院长带我回到圣丹尼修道院去，在那里由更多更博学的人开会深入调查此案，决定下一步的行动。教皇使节同意了最后这条意见，别人也都认可了。不久，使节就站起来主持会议前的弥撒。他通过杰弗里主教给我送来了特许：我应该回我的修道院去等待裁决。

此时，我的对头们觉得，如果此事在他们的教区之外去决定，他们就一无所获，因为那样他们就无法动用武力——显而易见，他们对自己的目的正义与否没有什么信心——他们因此说服大主教，如果此案被转到他处审理，就是对他的尊严的侮辱，我如果因此逃走就会造成严重的威胁。他们急忙找到使节，让他收回成命，并说服他不顾理智的决断，不经问讯就为此书定罪，在公众面前将其焚毁，并责令我终身拘禁在另一家修道院。他们声称，我胆敢公开宣读我的论文，肯定又不经教皇或教会的权威特许让许多人抄写过，这两个事实已经足以定罪；将我做例子来杀一儆百，以免后来的人仿效，对教会必定大有裨益。使节本身并不像应该的那样是一名学者，因此他非常依赖主教的意见，主教则依赖这些人。夏特尔主教一看到将要发生的事情，就立刻告诉了我他们的计谋，并再三敦促我不要过于激愤，因为到了这个地步，人人都看得出他们的行为过于严苛了。他说，我应该相信，这种粗暴行径明明是出于嫉妒，只会令他们

声名扫地，使我得益。他还告诉我不要担心会被拘禁在修道院里，因为他知道教皇使节现在的举动是迫不得已，他离开苏瓦松几天之后就会释放我的。他这样竭尽所能地安慰我，两人都潸然泪下。

于是，我蒙召来到会议上，不经任何询问和讨论，他们就逼我亲手将我的书投入火中，书就这样被焚毁了。为了找些话说，我的敌人之一喃喃说道，据他所知，书中提到只有圣父上帝是无所不能的。使节听到后大为吃惊，回答道，连小孩子也不大可能犯这样的错误，因为圣父、圣子、圣灵三者无所不能是我们共同信仰的一条原则。此时一位叫作第埃里的校长[①]闻听此言便笑了出来，并引用了圣亚大纳西(Athanasius)的话："然而并无三者无所不能，无所不能者只有一位。"[②]他的主教厉声呵斥他，责备他蔑视教廷，但他毫不畏缩，反而又引但以理(Daniel)的话[③]说："以色列人，你们难道是这样的愚人，以至于不经审慎确实的调查就为一个以色列女子定罪么？重新审判罢，诸位选出法官是为了树立信仰，纠正谬误，那么请来评判一下法官本人；他没有下什么决断，反而亲口为自己定了罪。显然，慈悲的上帝今天已经澄清了这个无辜者的罪名，正如当年他将苏撒拿(Susanna)从她那些虚伪的指控者手中拯救出来！"

接着，主教站了起来，重申了使节的意见，只是不得不换了字眼。"我主明察，"他说，"圣父无所不能，圣子无所不能，圣灵无所

① 通常认为是自1141年起负责夏特尔主教管区秘书室的教士第埃里，但并无证据表明他当时是夏特尔学校的校长。参见R. W. 撒生的《中世纪人文主义及相关研究》(1970)中的《人文主义和夏特尔学校》第68页后。

② 引自《亚大纳西信经》。

③ 外典《苏撒拿传》，第48—49节。

不能，凡不信服者无疑都是谬误的，不应发言。现在，蒙您准许，应该让我们的兄弟在众人面前宣布他的信仰，由我们给予认可，或推翻或加以改正。”我便站起身来要充分阐明我的信仰，并用自己的话加以解说，然而我的敌人们却宣布我只需要背诵《亚大纳西信经》——就像任何小男孩都会做的那样。他们甚至把这一节文章放在我的面前，以免我声称记不得了，好像我不熟悉这些文字似的。我泣不成声地勉强读完。然后，我就像罪人一样被交给在场的圣美达尔（St Médard）修道院[①]院长，像入狱一般被送到他的修道院里去。会议立刻结束了。

圣美达尔的院长和僧侣们给了我最热忱的欢迎和无微不至的照顾，他们认为我从此就会留在这里。虽然他们竭力要安慰我，却无济于事。公正决断的上帝，我曾带着怎样愤激的心情和痛苦的思绪在疯狂的时候责难过您，在激怒之中攻击过您啊！我不断重复着圣安东尼（St Antony）的悲叹：“善良的耶稣，你在哪里？”我所遭受的悲伤、愤怒、热辣辣的羞辱和痛苦难忍的绝望无法言表。我把自己当下的困境和过去肉体上的苦痛相比照，断定自己是世界上最不幸的人了。和我现在必须忍受的冤屈相比，过去遭到的背叛显得无足轻重，我为名誉的伤害而流泪，更多过为身体的损伤；因为后者是我咎由自取，现在这公开的暴行却只是因我意图纯洁，热爱信仰，也正是信仰促使我从事写作。

---

① 圣美达尔修道院是苏瓦松的一所克吕尼派小修道院。此处提到的杰弗里院长后任马恩河畔沙隆的主教。苏瓦松会议对阿伯拉尔的判决违反了教会法，同时有失公正，因为他没有机会为自己辩护。

但是消息散布开去,所有人听说之后都激烈地谴责这一无法无天的残酷行径,在场的人想推诿责任,以至于我的敌人们也都否认自己曾出谋划策,教皇使节也公开谴责法国人在此事上表现出的嫉妒。他很快就为自己的行为感到后悔。过了些日子,他觉得自己身不由己地满足了他们的嫉妒心,便叫人带我离开圣美达尔,送回到我自己的修道院去;而那里的僧人,如我所说,几乎个个都已成了我的仇敌;因为他们过着放荡可耻的生活,难以忍受我对他们的批评,因此对我疑心很重。

几个月后,他们找到了陷害我的机会。有一天,我在读书的时候偶然看到圣比德(Bede)在《使徒行传笺注》中的一段话,[①]其中断言亚略巴古的狄奥尼修斯(Dionysius the Areopagite)是科林斯(Corinth)而不是雅典的主教。这和他们声称该院的守护圣徒丹尼斯即著名的亚略巴古的说法是自相矛盾的,因为后者曾任雅典主教。我半开玩笑地给当时在场的几个修道士看了我发现的这段文字,作为圣比德反对我们的证据。他们颇为恼怒,称圣比德是彻头彻尾的谎言家,他们自己的希尔敦(Hilduin)院长可以提供更可靠的证词,[②]他曾长时间周游希腊调查此事;是他发现了事实真相,

① 《使徒行传笺注》,第 17 章。圣比德和圣丹尼的僧侣们都错了。亚略巴古的狄奥尼修斯(见《新约·使徒行传》第 17 章第 34 节)被认为是雅典主教,另有一位名叫狄奥尼修斯的科林斯主教。但是法国和该修道院的守护圣徒,烈士狄奥尼修斯生活在公元 3 世纪,也并无证据表明他来自希腊。第四位狄奥尼修斯被称为伪狄奥尼修斯,大约生活在公元 5 世纪,有重要的哲学著作传世。

② 公元 814—840 年间任圣丹尼修道院院长,虔诚者路易(路易一世。——中译者)的牧师,受后者之命撰写圣丹尼传记。他最早坚持认为亚略巴古的狄奥尼修斯和巴黎的圣丹尼为同一人。

驱散了这位圣徒身世上笼罩的疑云，记述了他的生平事迹。接着，其中一人突然问我怎样看待圣比德和希尔敦之间的分歧。我答道，圣比德的著作为整个拉丁教会所接受，我更相信他的权威性。

他们听了这个回答大为光火，叫嚷说我现在是公然与修道院为敌，更是整个国家的叛徒，因为我否认他们的守护圣徒是亚略巴古，企图破坏国家特殊的骄傲和荣誉。我说，我不曾否认这一点，他是不是来自亚略巴古也并不重要，因为在上帝的眼中他已经赢得了辉煌的冠冕。然而，他们匆忙找到院长[①]，把他们加给我的罪名告诉了他。院长本来就迫不及待地要找机会诋毁我，因为他自己的生活比其他人更放浪不羁，他也更有理由畏惧我。他召集了自己的高级教士会议，并把所有修道士都召集在一起，严厉地谴责了我，并说要把我直接送交国王，以图谋损害王室尊严和觊觎王位的罪名惩罚我。在送交国王之前，他令人严密地监视我。我提出如果我行为有失，情愿接受教规处罚，但无济于事。

长久以来我不断遭受命运的打击，已经深深绝望；此时面对他们的邪恶行径，又恐惧万分，觉得整个世界都联合起来密谋反对我。于是靠着几个同情我的兄弟的帮助和几个学生的支持，我趁着黑夜秘密逃走，躲避到了附近提奥波德（Theobald）公爵[②]的领

① 时为亚当，1122 年由苏杰继任。阿伯拉尔随后给他写了一封信讲和（库赞，第一卷，第 682—686 页；《拉丁教父文集》，第 178 卷，第 341—344 页），也许是为了争取苏杰支持他的建议，让他自己选择地点过僧侣生活。

② 提奥波德二世，特鲁瓦和香槟公爵，还继承了其母征服者威廉之女阿黛拉的布卢瓦和夏特尔。为英王亨利一世的侄子。他独立于法王统治其领地达 30 年，其人较为虔诚公正。圣伯尔纳曾以亲切口吻写信给他，见书信第 39—46 封及 341 封（B. S. 詹姆斯译本）。

地上，从前我曾在这里的一家修道院中居住过。我和公爵本人有数面之交，他听说了我的不幸遭遇，很同情我。我便在普罗万城里的一群修道士中间住了下来，他们来自特鲁瓦[①]，院长是我的好友，非常敬重我。他为我的到来欣喜异常，为我提供了一切生活所需。

但是有一天，圣丹尼的院长因为私人事务来到此地和提奥波德公爵会面。我听说以后就去见公爵和这里的院长，请求他为我斡旋，向圣丹尼的院长取得宽恕，并让他允许我可以在任何适宜的地方过僧侣生活。院长便和他的随从一起商议，好在当天离开之前就给出答复。考虑之后，他们认为我是想转到另一个修道院去，而这对他们会是一种谴责，因为他们认为我当初选择了圣丹尼而不是其他的修道院开始修道生涯，是一种极大的荣誉，现在如果我抛开他们另谋去处，就会令他们声名扫地。因此，关于此事他们不愿意再听到一个字，不管是出自公爵还是我的口中。而且，他们还威胁说，如果我不尽快回去，就将我驱逐出教；他们还勒令禁止容我避难的院长继续收留我，否则就让他分担驱逐出教的惩罚。

听到这些，我和院长都十分警惕。圣丹尼的院长怀着同样的情绪离开了，几天以后便撒手人寰。他的继任者接受任命后，[②]我和莫城（Meaux）主教一起去见他，希望他能给予我曾向他的前任要求的东西。他开始也不情愿，但我的几位朋友干预之后，我向国王和他的顾问请求，终于如愿以偿。当时国王的总管斯蒂芬（Ste-

① 普罗万城南的圣阿约尔修道院，其教堂至今尚存。

② 苏杰院长于1122年3月接受任命，莫城主教为波查德。

phen)[1]把修道院院长和他的支持者们召来，询问他们为什么要强迫我留下，这样做会轻易地卷入丑闻，绝无益处，因为我和他们的生活永远合不到一起。我知道国王的顾问们认为，修道院愈是行为不当，愈是应该将其收归国王管辖，为国王牟利，至少在利用其世俗财物方面；故此我感到自己能轻易地赢得国王和顾问们的同意——果然如此。为了不使修道院失去因我居住而获得的荣誉，我可以任选地方隐居，但不能接受任何别的修道院的管辖。双方在国王和顾问们面前对此表示同意并予以确认。

于是，我独自去往一个荒凉的所在，我从前在特鲁瓦(Troyes)曾经到过那里。经当地主教允许我得到了一块地，用茅草和芦苇造了一所简陋的讲经堂，命名为“神圣三位一体”。[2] 在这里只有一个助手陪伴我，我可以过孤独的隐居生活，并真正向上帝发出全身心的呼唤：“主，我远远地逃离开去，在荒野里找到了避难所。”[3]

不久消息就传播开去，学生们开始从四面八方聚集到那里，匆匆离开城镇来到荒原上居住；他们抛下了堂皇的屋宇，为自己搭起了茅棚；吃的不是珍馐美味而是野菜和粗面包；垫的不是柔软的床榻而是芦苇和稻草，用泥土和草做桌子。可以说他们是在效仿早年的哲学家，在《反约韦拿辩》第2卷中，哲罗姆曾这样描写他们：

---

① 加兰的斯蒂芬，圣母院执事，领班神父，皇室总管。圣伯尔纳在写给苏杰的信中(书信第80封)曾指责他：“既做执事侍奉上帝，又做廷臣侍奉钱财。”时为路易六世当政时期。

② 讲经堂坐落在昆西教区，诺让东南4英里处的阿杜松河岸边。主教为特鲁瓦的何托，是和圣伯尔纳和彼得有书信往来的朋友。

③ 《旧约·诗篇》，第55篇，第7节。

感官好像窗户,恶习从窗户里进入灵魂。只有当敌军从城门进来的时候,精神的领地和城堡才会陷落。如果有谁喜欢马戏和体育竞赛,爱好艺人的模仿表演、女子的美色、灿烂的珠宝衣裳或其他诸如此类的事物,他那灵魂的自由就由眼睛的窗攫住了,这正验证了先知的预言:"死从窗户里爬进。"[①]因此,当扰人心神的力量都集结起来大步穿越这些城门进入了灵魂的城堡,它怎能有什么自由和坚决的抵抗?它怎能还把上帝放在心上?尤其当感官中描画出昔日的享乐情形,对过去恶行的回忆促使灵魂重蹈覆辙,并且做了不曾做的事。正是出于这些考虑,许多哲学家才离开拥挤的城市和城外的园林,那里的水滨芳草鲜美,树木繁茂,百鸟啭鸣,春水中倒影荡漾,小溪淙淙,满布着惑人耳目的陷阱;他们担忧锦衣玉食的生活会玷污和软化纯洁坚贞的灵魂。常常看着有朝一日会诱惑你的东西,接触你难以抗拒的诱惑,是毫无益处的。事实上,毕达哥拉斯学派的人就曾避开这种接触,独自在沙漠中生活。柏拉图自己家境富裕(第欧根尼曾用泥足踩过他的长榻)[②],但是为了把全部时间用于哲学,他决定把学园建在城外一个肮脏偏僻的地方,好让对于疾病的持久忧虑击退欲望的进攻,学生们也就不知享乐而专心学习了。

这也是先知之子们、以利沙(Elisha)的追随者们曾遵循的生

① 《旧约·耶利米书》,第4章,第21节。

② 第欧根尼·拉尔修:《哲人生平》,第6章,第26节。犬儒主义者第欧根尼说,他这样做是践踏了柏拉图的骄傲,柏拉图则反唇相讥,说他表露了另一种骄傲。

活方式。[①] 哲罗姆在给僧侣拉斯提库斯(Rusticus)的信中,曾以议论同时代人的口吻提到过他们:“旧约中称作僧侣的先知之子们在约旦河边为自己搭建起了茅屋,抛弃了城市的人群,仅靠麦粉和野菜为生。”我的学生们在阿杜松河边造起了同样的茅屋,模样更像隐士而不是学者。

但是聚集在那里的学生人数愈是众多,他们在我的教导下生活愈是艰难,我的敌人愈是觉得这增添了我的荣誉,加深了他们的耻辱。他们为了伤害我,使尽了浑身解数,现在不能容忍看到事情向着有利于我的方向发展,于是,正如哲罗姆说的那样:“虽然我远离城市和公共事务,躲开法庭和人群,嫉妒[如昆体良(Quintilian)所说[②]]却将我从隐居之地寻了出来。”他们为自己的种种恶行暗自担忧,接着便开始抱怨:“‘唉,全世界的人都跟着他走’[③]——我们迫害他却一无所获,只增加了他的声望。我们意在熄灭他声名的光焰,但我们的所作所为只使它燃烧得更炽烈。瞧,学生们在城市里应有尽有,但他们无视文明世界的种种享受而争先恐后地来到这一无所有的荒原,心甘情愿地选择了这种悲惨的生活。”

此时,我决定开设学校,这纯粹是因为贫困的压力,因为我“体弱不能耕,心高不能乞”[④];于是我利用我的雄辩而不是劳作重操旧业。学生们则主动供给我的一切需要,从衣食耕作到筑屋的开支,不让任何家务妨碍我从事研究。我的小礼拜堂容不下几个学

① 参见《旧约·列王纪》第 5 章第 1 节和哲罗姆《书信集》第 125 篇第 7 节。

② 参见《旧约·耶利米哀歌》第 13 章第 2 节。

③ 《新约·约翰福音》,第 12 章,第 19 节。

④ 《新约·路加福音》,第 16 章,第 3 节。

生，所以他们只好进行扩建，用木材石料加以改造。这座礼拜堂原是为神圣三位一体之名而建，但因为我是在极度绝望的时候逃亡到此地，是慈悲的上帝赐给我些许安慰，为了纪念这份恩赐，我便以抚安堂(Paraclete)为此地命名。许多人听到这个名字都惊诧不已，有几个对我大肆攻击，罪名是无论我把教堂献给圣父上帝还是献给圣灵，都同样是不允许的，必须按照古老的习俗，将它单独题献给圣子，或者整个三位一体。

提出这种不实的指控，无疑是因为他们错误地以为这“抚安”二字和圣灵之间没有区别。事实上，可以把整个三位一体或其中任何一位称为上帝和庇佑者或者抚安者，同样是正确的，正如使徒所言：“赞美归于上帝，我主耶稣之父，无比慈悲的父。”[①]整个教会都是奉献给圣父、圣子和圣灵的，那么为什么主的殿堂不能以圣父、圣子和圣灵的名义接受祝福呢？谁会觉得应该把主人的名字从他的屋门上抹去呢？或者，当圣子把自己作为祭品奉献给圣父，而我们因此在弥撒当中专门为圣父献上祈祷和圣体时，为什么这祭坛不能专属于那应得祈祷和祭祀的人呢？难道说祭坛属于那被牺牲的，这种说法比认为祭坛属于那接受牺牲的更好吗？有谁能声称祭坛应该以上帝的十字架、耶稣墓、圣米迦勒、圣约翰、圣彼得和其他既不曾牺牲于此，也不曾接受牺牲，更没有属于自己的祈祷词的圣人命名，认为这样做更合适呢？无疑，即使是崇拜偶像的人，他们也认为祭坛和寺庙只属于那接受牺牲和礼拜的。也许有人会说，不应该把教堂或祭坛用来供奉圣父，因为他并没有什么事

① 《新约·哥林多后书》，第1章，第3、4节；《新约·约翰福音》，第14章，第16节。

迹需要纪念而设立特别的节日。但是这种论点减损的是整个三位一体的价值，却没有削弱圣灵，因为圣灵降临而有了自己的降灵节(Pentecost)，[①]正如圣子降临而有了圣诞节；因为圣灵降临到使徒中间，正如圣子降临人世。

事实上，若是我们仔细研究使徒的权力和圣灵自身的功绩，那么比起三位一体的其他成员来，以圣灵为教堂命名似乎更为适宜。除了圣灵，使徒没有为三位中的任何一位指定一个特别的祭坛，因为他在给哥林多人(Corinthian)的第一封信中，既没有提到圣父也没有提到圣子的祭坛，只提到了圣灵："但那把自己同基督联系在一起的，在精神上是同他一起的。"[②]还说，"岂不知你们的身体是上帝的殿堂，上帝的灵住在里面，这灵是上帝赐你的礼物？你们不属于自己。"同样，人所共知，教会施行圣事而得到的神助是明确地归于圣德的效力，亦即圣灵。因为在洗礼中，我们借助水和圣灵重生，于是，首先我们就成为了供奉上帝的特殊的殿堂；在坚信礼中，我们被赋予圣灵的七种德行，上帝的殿堂便得了装饰和祝福。那么，对于这使徒专门奉献了精神的殿堂的，我们献上一座物质的，难道有什么可惊异的吗？还有什么比将教堂敬献给那一切教会圣事的福祉的归属更合适的呢？然而，将礼拜堂命名为抚安堂之初，我并不曾想到要宣布把它献给三位一体中的某一位；如上所述，我这样做的原因很简单——是为了纪念我在此地寻找到的慰藉。不过，即使我这样做是出于大家认为的目的，也不应算作不合理，虽然不为习

① 参见《新约·使徒行传》第2章第1节后。

② 参见《新约·哥林多前书》第6章第17、19节。

俗所理解。

同时，虽然我的身体隐居在此地，我的声名却传遍了全世界，像诗中所说没有形体却声音嘹亮的厄科(Echo)一般四处回荡。[①]我从前的敌人自己无能为力，便挑动几个世人深信的新使徒来反对我。[②] 其中之一吹嘘自己改革了律修会(Canons Regulon)修士的生活方式，另一个说自己改革了修道士的生活方式。他们在国内四处奔忙，在布道中竭力对我进行无耻的诬蔑，一时间，我在教会和世俗权威的眼中声名狼藉；他们还散布邪恶的谣言攻击我的信仰和生活方式，使我的几个主要的朋友也与我反目成仇，而那些本来对我还怀有些许旧谊的人，在恐惧之中千方百计加以掩饰。上帝作证，每次听说修士们举行集会，我就以为是为了定我的罪名。我像是恐惧地等待雷击一般，等待着被带到主教会议或教会会议上，接受异端或亵渎上帝的指控；如果我可以像把跳蚤比作雄狮、把蝼蚁比作大象那样打一个不恰当的比方，那么可以说，我的仇人对我进行的迫害，和当年异教徒迫害圣亚大纳西的残酷程度不相上下。上帝明察，我陷入了极度的绝望，以至于我想过放弃基

① 奥维德:《变形记》，第 2 章，第 259 节。

② “从前的敌人”多半指阿尔贝里克和洛托夫，但传统上认为“新使徒”指的是普雷蒙特雷修会的创始人，圣伯尔纳的朋友赞腾的圣诺尔贝(约 1080—约 1134)和伯尔纳本人，则令人难以接受。目前没有诺尔贝攻击阿伯拉尔的文字传世，且 1126 年他被选为马格德堡大主教，不在法国。伯尔纳则似乎是在 1139 年左右收到圣第埃里的威廉的信以后，才对阿伯拉尔显示出敌意，此信导致了桑斯主教会议的召开。除非伯尔纳批评阿伯拉尔或他的一名学生的讲学内容的《洗礼》一文(约 1125 年)的写作年代能提前。见《伯尔纳书信集》第 236 封(詹姆斯译本)。阿伯拉尔此时尚在抚安堂，据我们所知，亦即在 1128 年修女们从阿让特伊来到此地之前。详论请见穆克尔《中世纪研究》第 7 期附录第 212—213 页。

督教世界，投奔到异教徒那一边去，[①]在基督的敌人中间，付出他们所要求的报酬，换得一种安静的基督徒的生活。我告诉自己，因为我受到种种指控，他们不会疑心我是基督徒，因此会以为可以轻易说服我皈依他们的异教。

我日夜遭受这些焦虑的折磨，在穷途末路时，还想到在基督的敌人中寻求基督庇护。正当此时，我得到一个机会，我相信可以借此暂时摆脱反对我的种种阴谋；我利用了这个机会，却陷入了野蛮邪恶远胜于异教徒的基督徒和修道士中间。布列塔尼的瓦讷教区有一家圣吉尔达(St Gildas de Rhuys)修道院，院长去世后无人主持。在僧人们一致要求下，经过当地贵族[②]的同意，我接受了邀请，我自己的修道院的院长和僧侣们也很爽快地应许了。就这样，法国人的嫉妒驱使我去向西方，正如当年罗马人的嫉妒迫使圣哲罗姆去向东方。[③] 上帝明察，若不是我希望逃离那如我所说不断困扰我的种种攻击，我是绝不会接受这个邀请的。当地十分荒凉，语言不通，[④]居民又残忍野蛮，僧人们桀骜不驯，人人皆知他们过着

① 指撒拉森人。阿伯拉尔暗示由于基督教权威的偏见和迫害使他不能再继续讲学。但根据阿伯拉尔离开抚安堂时学生奚拉里所写的哀歌，学校关闭是因为聚集于此地的大批学生纪律散漫，行为不检。奚拉里事迹见鲁斯康《彼得·阿伯拉尔的学校》，第 55 页；《哀歌》见《拉丁教父文集》，第 178 卷，第 1855—1856 页以及库赞，第 1 卷，第 708 页和《牛津中世纪拉丁诗歌选辑》，第 243—245 页。

② 指科农三世，布列塔尼公爵，或某个当地封建贵族。圣吉尔达修道院的罗马式教堂和部分房舍今天仍然矗立在吉伯隆湾边。

③ 圣哲罗姆曾任教皇达马苏一世的秘书，教皇鼓励他修订拉丁文《新约》，但 385 年教皇去世后罗马人对他深怀敌意，圣哲罗姆被迫去往伯利恒，陪同他的有保拉、埃乌斯塔乔等愿意在他指导下遵循简朴刻苦的生活方式的罗马女子。

④ 勒帕莱毗邻法国边境，阿伯拉尔家族也许是操法语的。当地还有几种布列塔尼方言。

放荡的生活。我好像头顶悬剑而在恐惧中奔向悬崖，才逃出一劫，又遇一劫，我任性地让自己从一个险境进入另一个险境，在那咆哮的海浪边，世界的尽头处，我已无处可逃，我在祈祷中重复着《诗篇》中的文字："当我的心在大苦痛中，我从地之尽头向你求告。"[①]

我想，现在人人都知道，当我想着我的灵魂和身体面临的危险时，我这历尽折磨的心灵，在我指导的桀骜不驯的教众手里，是怎样日夜遭受着煎熬。无论如何，我坚信如果自己试图使他们改邪归正，回到他们宣誓遵从的生活方式，必定会牺牲自己的生命；然而，若我不竭尽全力达到这个目标，则将堕入地狱。而且长久以来，修道院一直受某个有势力的贵族控制，他利用内部的混乱把修道院所属的土地据为己有，还向僧众榨取高额税收，比犹太人的贡赋还要繁重。[②] 僧众不断为日常生活所需向我发难，提出种种要求，虽然我手中并没有公共的津贴可以发放，而他们除了养活自己，个个都拿得出自己的钱供养情妇和儿女。他们在这一点上对我百般阻挠，从中取乐，还肆无忌惮地偷窃财物，好教我山穷水尽，迫使我放弃整顿纲纪的努力，或者干脆一走了之。当地未开化的百姓同样无视法纪，顽劣不羁；我找不到一个可以帮助我的人，因为他们的道德观统统不合我的心意。在修道院墙外，那个暴君和他的爪牙不断骚扰我；院墙之内，僧人们终日设计陷害我，以至于先知的这句话看来是专门为我的处境而写的："我们四周争斗不

① 《旧约・诗篇》，第 61 篇，第 2 节。

② 显然，此时格利高里七世为保护教会财产而进行的改革尚未影响到布列塔尼。当地犹太人需缴纳特殊的税赋，不过阿伯拉尔很可能只是泛泛而言。

休，心中充满不安的预感。”

想到我这悲惨无用的生活，于人于己都毫无助益，我曾常常饮泣；我曾为文人学者贡献良多，而今我抛弃了他们出家修行，我对他们正如对僧人们一般毫无用处。我的所有努力都付诸流水，再没有人比我更适合这种责备了：“看，这人着手建造，却无力成就。”[①]每次忆及自己逃离了怎样的处境，现在又落到了什么地步，我便深深地绝望；回想起来，从前的种种挫折简直不值一提，我常常一边嗟叹，一边告诉自己我抛弃抚安堂，抛弃了那安抚者，自己落到这无望的境地，理该遭到眼下的磨难——我急于逃脱潜在的威胁，却陷入了真切的危险。

最使我痛苦的是，我抛弃了自己的礼拜堂，并没有留下充足的储备来行供奉上帝的礼，那里一贫如洗，几乎不能供给一人所需。然而，真正的安慰者又一次亲自为忧患重重的我送来了真正的慰藉，并供给了抚安堂适当的食粮，因为它原是属于他的。正巧，我在圣丹尼的修道院院长设法接管了阿让特伊修道院，爱洛伊丝——如今是我在基督中的姐妹了——正是在那里修行。这位院长声称，这里自古以来便属于他的修道院，[②]强行驱散了那里的修女，而爱洛伊丝正是她们的院长。于是这些修女便四处流散。我认识到这正是主赐予我的机会，可以安排为我的礼拜堂提供必要的照料，便回到这里，并邀请她和其他不愿离开她的几个同院修女

① 《新约·路加福音》，第14章，第30节。

② 苏杰称曾见过赋予圣丹尼修道院所有权的教皇敕令，并指责修女们品行不端——其根据不详。1129年，教皇洪诺留二世和法王路易六世同意阿让特伊修道院划归圣丹尼名下。详见埃尼德·麦克劳德《爱洛伊丝》，第93页。

到抚安堂来;她们聚集来后,我便把抚安堂作为礼物赠送给了她们,[①]连同所有的附属财产。后来,经当地主教的支持并从中斡旋,教皇英诺森二世(Pope Innocent Ⅱ)发表敕令,[②]认可我将抚安堂永久地捐赠给修女们及其后来人。

起初,她们在那里的生活充满艰辛,一时间几乎一贫如洗,然而不久,她们虔诚侍奉的上帝便送来了慈悲的安慰;他显示出自己正是一位真正的安慰者,使当地百姓对她们抱着同情和蔼的态度。事实上,我猜想她们的财产在一年中便翻了数倍,若是我留下来,一百年也达不到这个数目,因为女子生来柔弱可怜,更需要帮助,因此能够轻易激起人们的同情,她的美德在上帝的眼中,比在男子的眼中更可欣喜。上帝的确把所有人的好感都赐予了我这掌管其他修女的姐妹,主教们爱她如女儿,院长们爱她如姐妹,[③]俗人们爱她如母亲;个个都敬慕她的虔诚和智慧、不偏不倚的温和态度和一成不变的耐心。她愈是深居简出不愿见人(为的是在紧闭的小室中全心全意地祈祷和默想神圣的事情),外界便愈是热切地要求她能现身,以精神的对话指点他们。

但是,附近的人们开始猛烈地抨击我,说我没有尽自己的能力和责任满足修女们的需要,因为(他们说)我无疑是完全有能力这么做的,即使只是通过布道也能对她们有所帮助;于是我开始常常造访她们,看有什么可以帮忙的地方。这又激起了恶意的冷嘲热讽,我的反对者们一如既往地顽固乖戾,竟然无耻地指责我,称这

① 这是阿伯拉尔和爱洛伊丝分别 10 年后第一次见面。

② 敕令的落款日期为 1131 年 11 月 28 日。当地主教时为特鲁瓦的海图。

③ 后来明谷的伯尔纳和彼得都曾造访过她。

种出于真正的虔诚的行为，是因为我仍然是肉欲的奴隶，几乎或者永远都离不开我曾爱过的女子。我常常对自己重复圣哲罗姆给阿赛拉(Asella)的信中一段关于虚伪的朋友的话："在我身上唯一挑出来的错就是我的性别，也只有在保拉来到耶路撒冷时才有这种挑剔。"[①]他还说："我认得圣洁的保拉(Paula)的屋宇之前，全城上下都对我大加颂扬，几乎人人都认为我当得起最高的教职。但是我晓得，我们必须跋涉过良言和恶语，才能到达天国。"

如我所说，想到这样一位伟人曾经遭受这样不公的诽谤，我心中感到不小的安慰。"如果我的敌人能在我身上找到有力的证据来怀疑我，"我说，"那么他们的谣言将使我遭到多么大的折磨！"但是如今靠了上帝的慈悲，我已经摆脱了这种怀疑，犯罪的力量已经从我身上除去，这种猜疑怎能长久呢？最近这番穷凶极恶的攻击是为了什么？我的处境足以使所有人都完全消除对我作恶的疑心，因此，那些想要密切监视妻子的男子才雇用阉人，正如圣史中关于以斯帖(Esther)和亚哈随鲁王(King Ahasuerus)的其他侍妾的记述。[②] 我们还读到，先知腓利(Philip)按照天使的指示皈依和授洗的，正是埃塞俄比亚女王坎德斯(Queen Candace)的一名宦官。[③] 这种男子常常在谦逊可敬的女子家中执掌贴身要职，正是因为他们远离这种猜疑。而根据《基督教教会史》第6卷的记载："伟大的基督教哲学家奥利金，为了使女子也来向他学习神圣的知

① 《书信集》，第45篇，第2节。

② 参见《旧约·以斯帖记》第2章第3节。

③ 参见《新约·使徒行传》第8章26节后，更准确地说，《现代英语圣经》的译文是："埃塞俄比亚的坎达喀，即女王……"

识，对自己下了毒手，也正是为了摆脱这种疑心。”[①]但是，我觉得上帝在这一点上对待我比对他更加仁慈，因为据称他原是一时冲动，后来因此受到了严厉的责罚，而我的遭遇并不是我亲手所为，但也使我能自由地从事类似的工作；事情突如其来，如电光石火，痛苦也较轻，因为我是在熟睡中受到攻击的，几乎没有什么感觉。

然而，虽然当时我在肉体上的苦痛可能较轻，现在不得不忍受种种诽谤却更难受。比起身体的损害，名誉的毁伤更使我痛苦难当，因为“好名声比财富更值得追求”[②]。在《布道词》“论修士的生活和道德”[③]中，圣奥古斯丁说道：“依赖良知而不顾名誉的人是虐待自己。”早些时候他还说：“如使徒所言：‘我们的目标不仅在上帝的眼中是光荣的，在人的眼中也是如此。’[④]为我们自己，我们心中的良知便足够了，为了你们起见，我们的名声在你们中间不应被压抑，而应彰显。良知和名声不同，良知关乎自身，名声关乎你的邻人。”但是若我的仇敌生活在基督及其追随者、先知、使徒或其他教父生活的年代，见到他们这些完整的男子和女子亲密无间地来往，将怎样对他们恶言相向呢？圣奥古斯丁在《论僧侣之行》中证明，女子也是我主耶稣基督和先知们不可分离的同伴，甚至在他们讲道时也跟随左右：

为此，那些拥有世俗财产的忠诚女子跟随他们，侍奉他

① 优西比乌：《基督教教会史》，第 6 章，第 8 节。

② 《旧约·箴言》，第 22 章，第 1 节。

③ 《布道词》，第 355 节。

④ 《新约·哥林多后书》，第 8 章，第 21 节。

们，好教他们在此世的生活不致匮乏。若有人不相信先知们在宣讲福音时曾将皈依圣教的女子带在身边，只要聆听福音就可知道他们是跟随基督的榜样而这样做的。因为福音书中写着："此后耶稣周游各城各乡传道，宣讲上帝国的福音。和他同去的有十二个门徒，还有被恶鬼所附、被疾病所累、已经治好的几个妇女；内中有称为抹大拉的马利亚……又有希律的家宰苦撒的妻子约亚拿，并苏撒拿和好些别的妇女，都是用自己的财物供给耶稣和他的门徒。"

利奥九世(Leo the Ninth)在回复斯达第厄斯(Studius)修道院的帕米尼恩(Parmenian)的信中亦称：

我们坚决声明，任何主教、长老、助祭、副助祭都不可以宗教的名义放弃照料妻子的责任，不供给她衣食，但可不与她发生肉体关系。如圣保罗所说，这正是虔诚的使徒的做法："难道我们没有权力娶信主的姊妹为妻，带着一同往来，仿佛其余的使徒和主的弟兄，并矶法一样吗？"[①]你这愚人，留意他说的不是"拥抱妻子"而是"生活在一起"，意思是他们应该以布道所得赡养妻子，而不是继续和她们发生肉体关系。[②]

---

① 参见《新约·哥林多前书》第9章第5节。

② 现存利奥九世的著作中不见此信，本段引自亨伯特斯主教针对君士坦丁堡的斯达第厄斯修道院的僧侣尼希塔撰写的一本小册子作的答复。见《中世纪研究》第7卷，第207—208页注释73。

法利赛人(Pharisee)曾这样推想耶稣:“这人若是先知,必知道摸他的是谁,是个怎样的女人;乃是个罪人。”[①]其实,他本可以想得更容易些,凭着人类的判断力,[②]认为主犯下了恶行,比我的仇敌想象我的作为更甚;因为,主的母亲被托付给一位青年男子,先知们受到寡妇们热情的款待,并和她们交谈;见到这些情景的人,个个都要生出更可信的怀疑了。况且,如若我的反对者们看到圣哲罗姆笔下[③]受擒的僧人马尔库斯和妻子同处一室,又会说些什么呢?在他们眼中,这将是严重的罪行,虽然那著名的医师对所见所闻只有高度的赞扬:“那里有一位名叫马尔库斯的老人……他是当地人,在他的茅舍里住着一位老妇人……两人都一心信仰上帝,踏破了教堂的门槛,若不是旁边没有约翰,你会以为他们是福音书中的撒伽利亚和伊丽莎白[④]。”

最后,他们为什么不索性谴责神圣的教父们?我们常常读到看到,他们仿效那七个受命照应餐桌并照料女宾的助祭,同样为女子修建修道院,并在那里为她们履行牧师的职责。[⑤] 较弱的一性需要较强的一性帮助,因此先知才规定男子必须永远在女子之上,做她的首脑,为了表示这一点,他命令女子必须蒙头。[⑥] 因此,我看到长久以来的传统,让女院长像男院长统领男子一般统领修女,

① 参见《新约·路加福音》第7章第39节。

② 参见《新约·约翰福音》第14章第27节以及《新约·列王纪》第17章第10节。

③ 见《马尔库斯传》。马尔库斯为撒拉森人所擒,被逼娶一位同样希望独身的女子为妻。

④ 撒伽利亚和伊丽莎白是施洗者约翰的父母。——中译者

⑤ 参见《新约·使徒行传》第6章第1—3节。

⑥ 参见《新约·哥林多前书》第11章第5节。

并以同样的教规约束修女，不免大为惊诧。因为教规中有许多内容，包括权威和顺从方面，女子都不能实行。我们还看到在有些地方，自然等级被彻底推翻，以至于修士管理着众人，女院长和修女们统领着一班修士，[①]有机会将他们引向同她们的主宰地位相当的恶欲，将他们置于沉重的车辕之下，事实也的确如此。讽刺诗人这样写道："再没有比富家女子更教人不能忍受的了。"[②]

反复考虑之后，我决定尽我所能来照料抚安堂的姐妹们，管理她们的事务，并亲自督导她们，好教她们更尊敬我，我就能更好地照料她们的需要。此时，我所管理的僧人们对我的迫害变本加厉，比我从前在我的兄弟们手里受的折磨更甚。因此我想转向修女们，把她们当作安宁的港湾，躲避咆哮的风浪，暂时歇息一会儿，我虽然在僧侣那里失败了，至少可以试着在修女中间有所作为。事实上，她们愈是因为势单力薄而需要我，就愈能够帮助我。

但是，撒旦已经在我的道路上布满了重重阻碍，以至于我无处歇脚，甚至无以为生；我背负着该隐的诅咒四处逃亡流浪，"四周的争吵、心中不祥的预感"[③]不停折磨着我（像我说过的那样），更确切地说，这争吵和预感既有外来的，也有内在的。我手下的僧人们仇视我，他们远比我的敌人更无情和危险，因为我和他们朝夕相

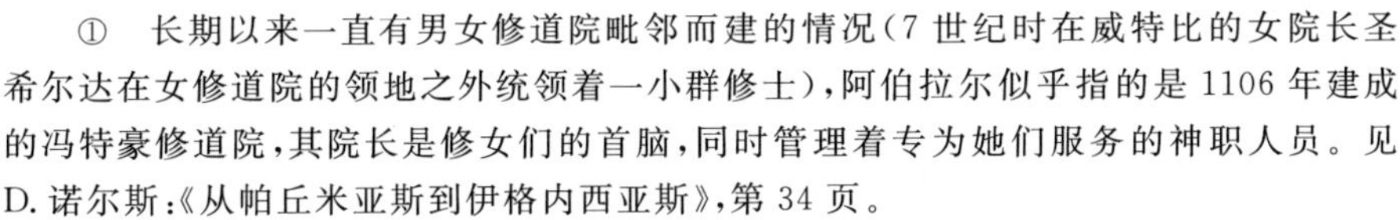

① 长期以来一直有男女修道院毗邻而建的情况（7世纪时在威特比的女院长圣希尔达在女修道院的领地之外统领着一小群修士），阿伯拉尔似乎指的是1106年建成的冯特豪修道院，其院长是修女们的首脑，同时管理着专为她们服务的神职人员。见D. 诺尔斯：《从帕丘米亚斯到伊格内西亚斯》，第34页。

② 尤维纳利斯：《讽刺诗》，第6章，第460节。

③ 《旧约·创世记》，第4章，第14节；《新约·哥林多前书》，第7章，第5节。

处，必须时刻警惕着他们的背叛行径。在修道院之外，我看得见敌人的粗暴行为对我构成的人身威胁；但是在修道院内我不得不面对无休止的攻击——不仅粗暴，而且狡猾——它们来自我的儿子们，我受托照看这些僧人，做他们的父亲和院长。他们曾多少次企图毒害我——正像圣本笃(St Benedict)的遭遇一样！[①] 使他离开那些堕落僧众的理由，完全可以促使我也追随这样一位伟大教父的榜样，以免把自己暴露在危险之中，教人以为我鲁莽地招引麻烦，而不是真心地敬爱上帝，甚至认为我是自取灭亡。我自己准备饮食，尽量防备他们的日夜攻击，他们则企图在圣餐杯中下毒，要在做圣事的时候杀害我。[②] 还有一回，我到南特探望病中的公爵，借住在弟弟家中，他们又想借陪伴我的仆人之手毒杀我，无疑，他们觉得这样的阴谋我难以提防。多亏上帝干预，我碰巧没有动为我准备的食物。但是随行的一个修士对他们的阴谋一无所知，吃了以后便倒地而死；那斗胆下毒手的仆人自知有罪，且证据确凿，出于恐惧而逃之夭夭。

从此他们的恶行尽人皆知，我也开始毫无掩饰地处处躲避他们的陷阱；甚至离开了修道院，和几个同伴住在斗室之中。但是无论我去往何处，僧人们一听到消息，便买通劫匪，埋伏在大小路口谋害我。正当我和这些艰难困苦挣扎的时候，偏偏上帝之手又给了我沉重的一击，我从马鞍上摔了下来，折断了一根颈骨。[③] 比起

① 这一事件见于格列高利的《对话录》第2章第3节。本笃应邀离开他在罗马附近的隐居之地苏比阿科出任维科瓦罗一家小修道院的院长，修道士群起反抗他的严格教规并企图给他下毒。

② 此时阿伯拉尔主持弥撒，则必定已经正式被任命为神甫。

③ 彼得在自己 *Et me nocte* 的页边补充道，他是在1345年2月从马上跌下的。

从前受的伤，这回骨折痛苦得多，使我大为衰弱。有时，我想要用驱逐出教的手段阻止他们无法无天的反叛行为，迫使我最畏惧的那几个僧人以名誉担保，或者当着其他僧人立誓，要离开修道院，永不再打扰我。然而他们随即便恬不知耻地公开违背了这些许诺和盟誓，直到最后借助教皇的权威，专门派来使节，[①]逼他们在公爵和主教面前重新为此和其他诸事立誓。

即便如此，他们仍不愿安宁。最近，我提到的那些修士被驱逐以后，我回到修道院，把自己托付给那些我以为较为安全的弟兄们。我发现，他们比其他人更不堪。他们用的不是毒药，而是刺向我脖颈的一柄匕首，多亏当地一位贵族的保护，我才得以逃生。我仍然身处险境，每天，我都觉得有一柄利剑悬在头顶，以致进餐时我几乎不敢呼吸。我像书中写到的那人一般，曾以为狄奥尼修斯拥有权势和财富，就等于拥有了至高无上的幸福，直到他抬头看到一根细线系着一把利剑悬在自己头顶上，才意识到世俗的权势伴随着怎样一种幸福。[②] 这是我毕生的体验；作为一个被提升为修道院院长的可怜僧人，我愈是富有，便愈是悲惨，为的是给那些雄心勃勃选择了类似道路的人树立前车之鉴。

亲爱的基督里的兄弟，我亲密的朋友，多年的伙伴，这就是我的不幸遭遇，自从离开襁褓，一直缠绕着我；我是为了你心中遭到的痛苦和伤害而写下这些文字的，希望这一点能使你（正如我在信

---

① 指夏特尔主教，列弗的杰弗里，他曾在苏瓦松主教会议上为阿伯拉尔辩护。

② 取自著名的达摩克利斯之剑的典故。见西塞罗之 *Tusculanae Disputationes*, V. 20—21。请注意本段的时态，写作时阿伯拉尔仍在圣吉尔达。

的开始所说）觉得，你的苦恼比起我的来无足轻重，或者微不足道，并从这种更准确的角度，更有耐心地承受它们。我主曾对他的信徒这样评价魔鬼的信徒，希望你能从中得到安慰："他们要像迫害我一般迫害你们。如你们所知，如果世人憎恨你们，他们必先憎恨我。如果你们属于这世界，它便爱它所有的了。"[①]使徒说："凡立志在基督耶稣里敬虔度日的也都要受逼迫。"还说："我岂是讨人的喜欢呢？若仍旧讨人的喜欢，我就不是基督的仆人了。"[②]赞美诗的作者说："那要讨人欢心的人毁灭了，因为上帝遗弃了他。"[③]正是怀着这种想法，圣哲罗姆在给奈伯提安（Nepotian）的信中这样写道："使徒说：'若仍旧讨人的喜欢，我就不是基督的仆人了。'他不再讨人的欢心，而成为了基督的仆人。"[④]他还写信给阿塞拉，这样评论虚伪的朋友："感谢上帝，我赢得了世人的仇恨。"[⑤]他还对僧人赫略多罗斯（Heliodorus）说："兄弟，你错了，如果你以为基督徒有一天能免于迫害，你就错了。我们的对手'像咆哮的狮子四处觅食，寻找吞噬的对象'，你想要和平吗？'他和富人埋伏在一起'。"[⑥]

那么，就让我们牢记这些例证和榜样，我们越是深知受到了不公正的冤屈，越要积极地承受它们。让我们深信不疑，就算这些冤

① 《新约·约翰福音》，第15章，第20、18、19节。

② 《新约·提摩太后书》，第3章，第12节；《新约·加拉太书》，第1章，第10节。

③ 疑指《旧约·诗篇》第52篇，但文字极不确。

④ 《书信集》，第52篇，第13节。

⑤ 《书信集》，第45章，第6节；第14篇，第4节。

⑥ 《新约·彼得前书》，第5章，第8节，参见《旧约·诗篇》第10章第9节。

屈不能增长我们的美德，至少有助于涤荡我们的罪孽。既然一切都由天意决定，在面对考验时，每个忠诚的灵魂都必须至少能了解，凭上帝的至善，没有任何事在他的计划之外，任何错误的开端，都能由他亲自归于最好的结局。因此，在万物之中，我们只应该对他说："愿你的旨意能实行。"[①]最后，请想一想，那些敬爱上帝的人能得到怎样的慰藉，他们相信使徒的话[②]："我们晓得万事都互相效力，叫爱上帝的人得益处。"正是怀着这样的思想，世上最智慧的人在《箴言》中说过这样一句话："义人无论遭遇什么都不会沮丧悲伤。"[③]这清楚地表明了那些因为被个人伤害激怒的人，虽然深知这是天意的安排，却还是偏离了正义的道路，听从了自己的而不是上帝的意志；他们在心灵深处背叛了"愿你的旨意能实行"的话，把自己的意志置于上帝的旨意之上。再见。

① 《新约·马太福音》，第 6 章，第 10 节（主的祈祷词）。

② 《新约·罗马书》，第 8 章，第 28 节。

③ 拉丁文圣经《旧约·箴言》，第 7 章，第 21 节，题为 *Contristabit*。《现代英语圣经》译作："义人不会遭到厄运。"

附录一

阿伯拉尔与爱洛伊丝书信精选

信函一　爱洛伊丝致阿伯拉尔[①]

致她的主人，或毋宁说她的父亲，
她的丈夫，或毋宁说她的兄长；
她是他的仆人，或毋宁说他的女儿，
她是他的妻子，或毋宁说他的姐妹；
写给阿伯拉尔，爱洛伊丝

亲爱的，前不久碰巧有人带给我一封你寄给一位友人的慰问信。我一眼便看出信封题字是你的笔迹，于是便急不可待地想读到它，因为其作者是我如此挚爱之人。我希望至少能从作者的文字中获得新的力量源泉，因为这些文字应该能够为我描绘出我已失却的现实感。但是，我记得，你在讲述我们皈依宗教之门的可悲故事和你——我唯一的爱人——至今仍在承受的无尽痛苦时，怨恨和耻辱感充盈在字里行间。

你在信中的确实现了你在开头时向朋友许下的诺言，即与你所遭遇的一切不幸相比，他会觉得他自己的苦难无足轻重或无关紧要了。首先，你揭露了你的老师们对你的迫害，以及由此造成的

① “信函一”及以下内容由岳丽娟翻译。

对你人格的极大损害，然后描述了你的同窗学友们，兰斯的阿尔贝里克和伦巴第的洛托夫，对你的恶毒嫉妒和疯狂攻击。[①] 由于他们的怂恿而造成的对你杰出神学著作的损害，或使你锒铛入狱的后果，你也详细诉说了。之后你进一步诉说了修道院院长及假教友们如何阴谋迫害你，两位假信徒如何四处散布你的丑闻。这一丑闻令许多人感到不安，因为你违反传统，竟以"圣灵"之名命名你的教堂。然后你描述了你在那位残酷的专制者和你称为儿子的罪恶修士的手下仍然遭受着的永无休止和难以忍受的迫害，至此，你的悲惨故事宣告结束。

我以为读到或者听到这个故事的人没有会不落泪的；你事无巨细的叙述也重新勾起了我的痛苦回忆，尤其当你谈到你的死期临近时，我的痛苦更是不堪忍受。我们大家在这里为你的生命感到绝望，每一天我们都在恐惧中等待着，一提到"死亡"这样的字眼总会颤抖不已。因此，以基督的名义——他毕竟在一定程度上保护着你，我们恳请你以你认为合适的频率经常给我们，他的仆人，也是你的仆人——写信，告诉我们遭受着死亡威胁的你的近况。你现在只有我们了，所以至少让我们来分担一下你的痛苦或欢乐。

处在悲痛中的人得知有人在帮他分担悲痛时，会感到些许宽慰，而当负担由几个人共同承受时，负担会有所减轻，或完全解脱。如果这次风暴能够暂时平息，你一定要立即给我们寄信来，那样我们将再高兴不过。但不论你写什么，都会让我们感觉到你心中有我们大家，它会给我们带来巨大安慰。不在身边的朋友写信来总

① 参见《劫余录》。

是非常受欢迎的，塞内加[1]本人就给我们树立了一个很好的榜样，他在给他的朋友路奇利乌斯的信中有这样一段：

> 谢谢你常写信来，这是让我感到你仍在我身边的唯一方式，因为每次我接到你的信时，总会有一种我们仍然在一起的感觉。如果说不在身边的朋友的画像能给我们带来快乐、唤起我们的记忆、减轻离别之苦——即使它们仅仅是在以空洞的安慰欺骗我们——的话，那么能见到这样一位朋友的亲笔信该是多么让人快乐的事呀。[2]

感谢上帝，这至少是一种让我们感受到你在我们身边的方式，任何敌意或阻碍都无法拦住它，因此，我恳请你一定不要忘记给我们写信。

由于朋友的不幸你给他写了长长的安慰信，但实际上你在讲述你自己的不幸。你详尽的叙述本是为了安慰你的朋友，但同时也让我们极大地感受到了一种凄凉；你在设法抚平他的创伤的同时，不但戳痛了我们的旧伤，还给我们造成了新的创伤。因此，我请你在医治别人留下的伤痛时，也治疗一下你自己受到的伤害。你已尽了对朋友和同道应尽的义务，还了你对朋友和同道所负的债，但你对我们欠下了更大的债，因为我们不仅称得上是你的朋友，而且应该是最亲密的朋友，不仅是挚友同道，而且还是女儿或

① 塞内加（公元前4—公元65年），古罗马哲学家、政治家和剧作家，曾任皇帝尼禄的老师。主要著作有《论天命》《论愤怒》《论幸福》等，悲剧《美狄亚》《俄狄浦斯》等。

② *Epistulae Lucilium*，40.1.

其他更温柔神圣的名字。你对我们所欠下的债既不需要证据,也不需要证人,如果有人怀疑的话;即使整个世界保持沉默,事实本身也会站出来说话。因为除了上帝之外,你是这个地方的唯一奠基人,这一修道院的唯一建造者,这一群体的唯一缔造者。你丝毫没有依赖别人的成果,全部都是你的创造。这里曾是野兽和盗匪出没之处,是渺无人烟的荒郊野岭。在这个野兽栖居、盗匪藏匿、甚至连上帝的名字都从未听说过的地方,你一手建起了这座与上帝沟通的圣殿,并以圣灵之名举行了献礼。为建这座圣殿,你没花国王和王子们的一分一毫,尽管他们拥有无比的财富;并且如果你要求的话,他们也会给你的:这里的一切都归功于你一个人。教士和学者们蜂拥而至,迫切希望聆听你的教诲,并乐于满足你的一切需要;就连那些享受教堂圣俸、只知接受礼物而不会提供礼物、双手只会索取而不会施舍的人,也开始慷慨地提供帮助。

因此,这片为上帝而开辟的新种植园完全属于你,属于你自己,但刚刚种下的植物还太嫩太弱,要想让它们茁壮成长,还需要不断地浇灌它们。种植园所具有的女性气质使它即使不再是新生事物,也显得非常脆弱,因此它需要更加仔细、更加经常的呵护与培植。正如使徒所说:“我播种,阿波罗浇灌,但上帝让它成长。”[①]使徒通过他的学说奠定了人们对哥林多的信仰——他正在给哥林多写信。之后,使徒自己的徒弟阿波罗以他的神圣布道继续浇灌着这一信仰,然后上帝的光辉哺育着他们的美德茁壮成长。你培植了一个葡萄园,但园中的葡萄并非你亲自播的种,如今葡萄长大

① 《新约·哥林多前书》,第3章,第6节。

了却开始对抗你，给你带来痛苦，结果，你的意见经常毫无作用，你的圣言也徒然无效。你悉心照料别人的葡萄园，以为这是你欠自己的。你几乎徒然地教导并劝诫那些反对你的人，每次你的无比圣明的言论都等于对牛弹琴。在你花大量时间在那些冥顽之徒身上时，也请想一想你对顺从者所欠下的债；你对敌人是如此慷慨，但你也应反省一下你对你的女儿们所亏欠的一切。最重要的是想一想你与我们之间的这种不同寻常的关系，你欠我们这样一个忠实于上帝的女人群体很多，应当对她——她完全属于你自己——负起更多的责任，以此来偿还你所欠下的债。以你超群的智慧，你肯定比我们更清楚，圣人们曾留下众多关于对圣女进行教导或劝诫甚至安慰的严肃文集，这些文集的编纂是如何小心谨慎。所以，很久以前，在我们入教后最初的不稳定的那些日子里，对于你的健忘我丝毫不感到奇怪和不安——我们对上帝的共同敬仰、我们的相互爱恋以及圣人们的榜样，都没有让你想到应当安慰我，安慰我这样一个在长期痛苦的折磨中徘徊、身心疲惫的人。当我们在一起时，你从未说过一句安慰的话，我们分开后，你也从未写过一封安慰的信。但你必须知道，你对我是有义务的，而且因为我们的婚约和我对你的不渝的爱情，你更加义不容辞。正如大家所知，我对你的爱情是任何阻碍和束缚也挡不住的。亲爱的，你知道，一如整个世界知道的那样，我对你是多么迷恋，公然的背叛行为让我失去了你，这好比丧失了我自己一样；我所失去的一切让我感受到的剧痛，与失去你让我感受到的痛苦丝毫无法比拟。当然，痛苦越大就越需要安慰，而这只有你能够做到；你是引起我痛苦的唯一根源，因而你也是唯一能赐我以安慰的人。只有你有能力让我悲哀、给

我带来幸福或安慰；只有你欠我的债是如此之大，特别是现在，在我不折不扣地执行了你所有的命令以后，我感到无力在任何事情上反对你，但如果你命令我，我却可以找到自毁的力量。我所付出的更多，说起来很奇怪——我对你的爱让我近乎疯狂，结果自己剥夺了自己最想得到的东西，而且毫无挽回的希望：当在你的要求下我褪去我的衣服时，一切便无可挽回了，一同褪去的还有我的思想，我这样做仅仅是为了向你证明，我的身体和我的灵魂都属于你。有上帝为证，除了你本人之外我从未想要你的任何东西；我只想要你，而不是你的什么东西。我可以不要婚约，不要嫁妆，我努力寻求的并不是我的欢乐和愿望，而是你的，这一点你很清楚。妻子的名义似乎更神圣或更有约束力，但“情人”一词于我将永远感觉更甜蜜，或者如果你允许的话，叫作小妾或妓女。我相信，我越为你而轻贱自身，越应得到你的感激，也尽量减少对你的名誉的损害。

你本人也完全没有忘记这一点，在我上面提到的你写给友人的安慰信中，你自己就曾提起；[①]在信中，你陈述了我劝阻你不要以一种不适合的婚姻来约束我们自己时所讲的一些理由。但对于我所坚持的爱情胜过婚姻、自由，胜过枷锁的理论，你却保持沉默。神主在上，即使统治全世界的君王奥古斯都愿意娶我为妻，并将所有的土地赠予我，我仍更愿意做你的情人而不是他的王后。

因为一个人的价值并不体现在他的财富或权力上——后者靠的是运气，前者仰赖的则是他的品质。作为一个女人，如果她愿意

① 这表明爱洛伊丝相信阿伯拉尔的《劫余录》是写给一位真实人物的真实信件，而不是惯常的书信文章，除非她是从嘲讽意义上讲。

嫁给富有的人胜过嫁给贫穷的人，渴望得到她丈夫的财物胜过得到他本人，那么她等于在出卖自己。当然，任何出于这种愿望出嫁的女人理应得到的是工资而非感激，因为很明显，她的心思在他的财产而非他本人身上，如果可能的话，她会乐意委身于一个更富有的人。埃希涅斯·苏格拉底库斯[①]所著的谈话录中记载的阿斯帕齐娅[②]安慰色诺芬(Xenophon)及其妻子的话就明确地表明了这一点。为了设法让他们和解，她最后说道："除非你相信在这个星球上再没有更好的男人或更有价值的女人，否则你会一直寻找你所认为最好的——做最好的妻子的丈夫或最好的丈夫的妻子。"

这些圣明之言不仅仅带有哲理性，事实上用"智慧"而非"理性"一词来形容它更合适。完美的爱情不以生理的节欲而是以精神的贞洁维系婚姻的纽带，这是男人和妻子之间的一种神圣的错误和崇高的错觉。允许其他女人犯下的错误却事实上发生在我身上，而她们对自己丈夫的想法，人们相信或者说知道，也就是我对你的想法；所以我对你的爱是真挚不渝的，已不仅是一种错误。有哪一位国王或哲学家能与你相提并论呢？哪个地区、城市或乡村的人不渴望见到你呢？当你出现在公共场合时，哪一个人不是匆匆赶去只是为看你一眼，或曲颈瞠目地追随你离去的背影呢？每一位妻子、每一个年轻女人在见不到你时都会思念你，当你出现在面前时都会热血沸腾；王后、贵妇人们则嫉妒我的快乐和我的房事。

① 埃希涅斯·苏格拉底库斯(Aeschines Socraticus)为苏格拉底的一个学生，撰写过一些对话，仅有残篇传世。

② 阿斯帕齐娅(Aspasia)是古希腊雅典城邦的一个妓女，著名政治家伯里克利的情妇。

此外，我承认，你有两种能够立即令所有女人倾心的特殊才能——写诗和作曲，很少有其他哲学家能在这两方面取得像你那样大的成功。这对你而言，仅仅是为摆脱繁重的哲学工作的一种消遣，但你留下了许多广受欢迎的爱情诗歌，其用词和曲调之优美令你的名字被众人传颂。[①] 优美的旋律让即使不识字的人也无法忘怀，更重要的是，它让女人们为你发出爱的叹息。而因为这些歌曲大多写的是关于我们两人的爱情佳话，我的名字也很快为众人所知，且招来了许多女人对我的嫉妒。既然你的男人气概为每一位有教养之士和每一位嫉妒我的女人所崇拜，那么，对于我因丧失这种快乐而忍受的不幸，又有谁会不同情呢？至于那些我曾经的敌人，无论男人还是女人，有谁现在对我不怀有怜悯——这是我理应得到的——呢？虽然我完全罪有应得，但如你所知，我也是完全无辜的。行为者的企图而非行为本身构成犯罪，司法应更多考虑产生行为的动机而非既成的事实。我对你的情感始终如一，只有你最清楚，也只有你能够作出评判。一切等待你来审判，一切依赖你的证言。

请向我讲明一件事，如果可以的话。为什么在我们皈依宗教之门——这也是你个人的决定——以后，你这般忽视甚至忘记我的存在？为什么当你在我身边时没有给我一句安慰的话，而当你不在时也没有一封表示安慰的信？如果可以，请告诉我——或者让我来告诉你我的想法，事实上这也是别人所怀疑的。你与我之间的感情仅仅是一种欲望而非情爱，仅仅是欲火而非爱情。所以当欲望得到满足后，你过去怀有的情感也随之而终止了。亲爱的，

① 参见《劫余录》。阿伯拉尔的世俗诗无一流传至今。

这并不只是我个人的观点，所有人都这样认为。因而对此毫无个人或隐私性可言，这是普遍的想法。我只希望这仅是我个人的观点，希望能够有人为你承诺的爱情辩护，那样会让我痛楚的心灵感到稍许安慰。我希望我能找到一些理由可以让我原谅你，可以掩饰你轻贱我的过错。

因此我请求你倾听我的要求——你会发现，这是一个你非常容易办到的小小要求。在我无法见到你时，请至少让我见到你的文字——对此你拥有的足够多但很吝啬——以弥补我对你本人的思念。在你连文字都不舍得赐予我时，要求你作出别的慷慨举动也是徒然的。到目前为止，我还认为我理应得到你的关心，因为我所做的一切都是为了你，而且直到此时此刻仍完全服从你的意志。作为一个女孩，我并非出于喜欢，而完全是出于你的要求，而接受修道院的艰苦生活的，对此如果我不值得你感激的话，那我的努力等于是徒然的，你可以想象我的感觉。为此我不应期盼上帝的报答，因为至今我还没有因爱他而做出什么。在你匆匆追随上帝而去时，我也紧跟上了你的步伐，事实上，我先你一步当了修女——你在自己皈依上帝之前先让我接受宗教并发誓忠于它，这也许是因为你想到了罗得之妻不听劝告回头一望所造成的遗憾。[①] 在这件事情上你表现出的对我的缺乏信任，让我感到莫大的痛苦和侮辱。上帝可以作证，在你的要求下我会毫不迟疑地追随你或先你而踏上地狱之门的。我的心已不属于我自己，它与你同在，现在比

① 这一典故出自《旧约·创世记》第19章第23—26节。罗得在带领其妻离开将毁灭的城市所多玛时，其妻因回头探望而变成一根盐柱。

以往任何时候更是如此,如果它不属于你,那它将无所归属;的确,没有了你,它将无法独存。与你同在,我的心会感觉好过些,我敢肯定,如果你能善待它,以善意还报善意,[①]以小德还报大德,以言辞还报行动,它会非常感激。亲爱的,要是你对我的自信少一点就好了,那样你就会更关心我啦!但正像事实所说明的那样,我越是让你对我感到放心,越是要忍受被你忽视之苦。

恳请你想一想我为你做过的一切,想想你欠我多少。当我与你享受肉体的快乐时,我究竟是被爱情所趋还是被欲望所趋,在这一点上,有许多因素都很难确定,但如今的结局证实了最初的行为。为服从你的意志,我放弃了所有的快乐,除了向你证明我现在甚至比以往任何时候更加属于你之外,我一无所有。那么请想一想你对我有多么不公平!当我理应从你那里得到更多时,你给我的却越来越少,或者干脆不给,特别是考虑到我的要求很小很容易满足。因此,以你信奉的上帝的名义,我请求你以你目前能够做到的方式,让我感受你的存在——写信给我,寄一些宽慰之词,让我至少获得一些服务于上帝的力量和意志。过去在你为寻求罪恶的快乐追求我时,你的信总是写得又快又长,你创作的歌曲让你的爱洛伊丝尽人皆知、家喻户晓。现在来召唤我走近上帝不是比过去满足我的欲望更好吗?我请求你看在你欠我的一切的份儿上,听一听我的请求。最后,我将以一句简短的结束语封缄这封长信:再会,我唯一的爱人。

① 参见《新约·约翰福音》第1章第16节:“从丰满的恩典里,我们都领受了,而且恩上加恩。”

信函二　阿伯拉尔致爱洛伊丝

致爱洛伊丝，他挚爱的基督姐妹，
阿伯拉尔，她的基督兄长

如果说自从我们从世俗皈依上帝以来，我没有给你写过任何安慰的信，或给你提过任何建议的话，那并不是由于我的漠不关心，而是因为我相信你的良知，对此我一直非常自信，因而觉得没必要再多说什么；上帝赋予你所有实质性的能力，因而你知道怎样通过自己的言行指正有过错者、安慰弱者和鼓励怯懦者，而你自任修道院院长以来的确也一直在这么做。因此，如果你能像以前小心看护你的姐妹一样仔细照看你的女儿们[①]，我可以完全相信我的任何教导或劝告都是多余的。另一方面，如果你非常谦虚地以为，在有关上帝的事情上你需要我写信给以指导，那么，请写信告诉我你需要什么，以便我能在上帝允许的情况下回答你的问题。同时，感谢上帝让你们的心为我逼近的死亡而焦虑，让你们分担我的痛苦；但愿在你们的祷告下，上帝会可怜我、保护我，让我们很快将撒旦击败于足下。为此，我会尽快将

① 此处指修女。

你索要的诗集寄给你[①]——你是我在世俗世界的亲爱的姐妹——也是如今我在基督世界的最亲爱的姐妹，以便让你能为我们曾经有过的许多越轨行为和每天都在威胁着我的死亡不断祈祷。

我们确实有过许多例子可以证明，衷心的祈祷——尤其是女人代表她们所爱之人或妻子代表她们的丈夫所做的祈祷，常常能赢得上帝及其圣徒高度的重视。使徒在要求我们不断祈祷时[②]就是在严格履行这一信条。我们可以读到，上帝这样对摩西说："你且由着我，我要向他们发泄烈怒。"[③]上帝对耶利米说："不要为这百姓祈祷，不要为他们呼求祷告。"[④]上帝说的这些话表明虔诚的祈祷可以在一定程度上阻止他的愤怒，使它不致全面爆发在罪有应得的罪人身上；这就好比一个出于正义感而准备采取报复行动的人，可以在他的朋友的请求下改变主意，强迫自己不按意志行事。因此，当上帝对正在或将要祈祷的人说"你且由着我"时，他是在禁止人们代表对他不敬者向他祈祷；然而尽管如此，正直的人仍要祈祷，直到得到他所祈求的、改变愤怒的法官的宣判。于是《圣经》中有关摩西的一段继续写道："于是耶和华，不把所说的祸降与他的百姓。"[⑤]书中其他部分写了有关上帝创世的内容，"他说有，

① 爱洛伊丝的信中没有提到这一点，这一要求或许是阿伯拉尔仍在造访圣灵修道院时当面向他提出的。

② 《新约・帕撒里尼迦前书》，第 5 章，第 17 节。

③ 见《旧约・出埃及记》第 32 章第 10 节。下文为："……将他们灭绝，使你的后裔成为大国。"（本书中所引《圣经》文字参据中国基督教协会印发的《新旧约全书》，南京爱德印刷公司，1989 年。——中译者）

④ 《旧约・耶利米书》，第 7 章，第 16 节。

⑤ 《旧约・创世记》，第 31 章，第 14 节。

就有了”。但在这一节中还记载了：上帝曾说到人们应该受到折磨，但人们祈祷的力量使得他没有兑现自己的诺言。

所以想一想祈祷的巨大魔力吧，如果我们能把祈祷当作一项命令而不断为之，那么既然有先知因祈祷而赢得了他本被禁止祈求的东西，我们也应能设法让上帝收回成命。另一位先知对上帝说：“在发怒的时候请以怜悯为念。”[①]世间地球之主宰应当听到这些话并作下笔记，因为他们在执行审判时常常是固执多于公正；他们不愿因慈悲而显得执法不严，不愿因改变一项缺乏远见的宣判或拒绝执行缺乏远见的决定而显得不够诚实，即使他们可以通过自身的行动改变他们的言辞。这种人可比作耶弗他，耶弗他因愚蠢地起誓而不得不更愚蠢地还愿，最终害死了自己的女儿。[②] 但渴望成为“基督的手足”的他对大卫王说：“主啊，我要歌唱慈爱和公平。”[③]《圣经》中写道：“慈悲超越审判。”“那不怜悯人的，也要受无怜悯的审判。”[④]大卫王本人在迦密人拿八之妻乞求他慈悲时也反复考虑了这一点，他因慈悲为怀而违背了自己刚刚立下的惩罚她的丈夫和摧毁他的房屋的誓言。这样，由于他将祈祷看得高于公正，拿八的罪行由于他妻子的哀求而被饶恕了。

上帝是我们之父，他对他儿女的爱肯定高于大卫王对于一个

---

① 《旧约·哈巴谷书》，第 3 章，第 2 节。

② 《旧约·士师记》第 11 章第 30—39 节：“耶弗他向耶和华许愿，说：‘你若将亚扪人交到我手中，我从亚扪人那里平平安安回来的时候，无论什么人，先从我家门出来迎接我，就必归你，我也必将他献上燔祭。’”结果他获胜后第一个迎接他的是其独生女儿。

③ 《旧约·诗篇》，第 101 篇，第 1 节。

④ 《新约·雅各书》，第 2 章，第 13 节。

向他发出恳求的妇人的爱，既然这个女人能为她的丈夫做到那么多，这个例子可以让你——我的姐妹相信，你为我所做的祈祷会极大地说服上帝的。大卫王被认为是虔诚而慈悲者，而上帝本身即代表着虔诚和慈悲。恳求大卫王的女人仅是一个非神职的普通女人而已，她没有担任任何致力于服务上帝的圣职；而且，如果你个人的祈祷尚不足以赢得上帝的答复的话，修道院中姐妹们的共同祈祷肯定会取得你个人无法取得的成功。因为当上帝对其圣徒们说："无论在哪里，有两三个人奉我们之名聚会，那里就有我在他们中间"[①]；"若是你们中间有两个人在地上同心合意地求什么事，我在天上的父必为你们求全"[②]；如此我们可以看出，宗教会众的集体祈祷对上帝起着多么大的作用。如果如使徒雅各所说，"义人祈祷所发出的力量是大有功效的"[③]，那一个庞大的会众的集体祈祷该有多么大的力量啊！如你所知，亲爱的姐妹，圣格列高利的第三十八次讲道后，他的教友们的共同祈祷如何迅速地为他们的一个弟兄赢得了众多的支持，尽管他并不愿意甚至拒绝这种支持。他所经历的深重苦难，令其灵魂备受折磨的死亡让他感到恐惧，对生活的极度绝望和疲惫感，令他不愿接受他的教友们的祈祷——你肯定会理解这一切的。

但愿这个例子会增强你和你的姐妹们祈祷的信心，以让我为你们而活下来，就像保罗亲眼所见的那样，女人们通过他、从他那

① 《新约·马太福音》，第 18 章，第 20 节。

② 《新约·马太福音》，第 18 章，第 19 节。

③ 《新约·雅各书》，第 5 章，第 16 节。

里赢得了所失去的亲人的复生。[1] 因为，在《旧约》和《新约》中你会发现，复活这种最伟大的奇迹仅仅或多数时候显灵于女人，为她们而发生或发生在她们的身上。《旧约》中就曾记载了两个这样的例子，在他们母亲的恳求下，以利亚及其门徒以利沙令两个已死之人复生。[2] 福音书中的确仅有三处上帝令死者复生的例子，但因为这种奇迹仅因女人而发生，它们实际上再次证实了我上面所引用的使徒之言："有妇人赢得了自己失去的亲人的复活。"出于怜悯，上帝挽回了奈恩城门口一位寡妇之子的性命，[3]在拉撒路的姐妹马利亚和马大的恳求下，上帝也让他的朋友死后复活了。[4] 当上帝在一位会堂堂主的乞求下，以同样的慈悲还给他死去的女儿以生命[5]时，再次证实了"有妇人得自己失去的亲人复活"这一理论，因为重新复活的她是从死神那里赢回了自己的身体，这同其他女人赢回她们已死去亲人的身体是一致的。

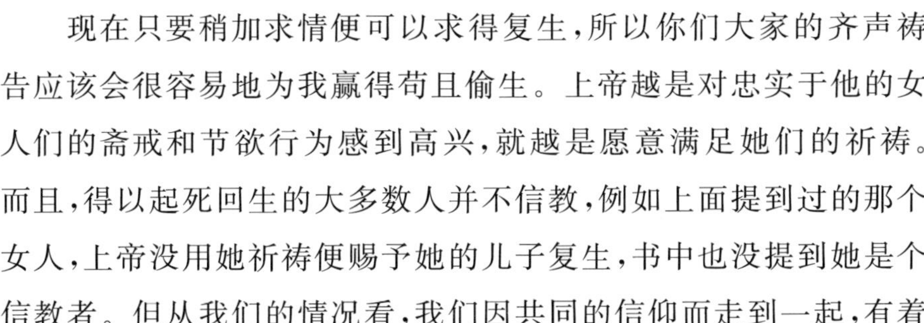

现在只要稍加求情便可以求得复生，所以你们大家的齐声祷告应该会很容易地为我赢得苟且偷生。上帝越是对忠实于他的女人们的斋戒和节欲行为感到高兴，就越是愿意满足她们的祈祷。而且，得以起死回生的大多数人并不信教，例如上面提到过的那个女人，上帝没用她祈祷便赐予她的儿子复生，书中也没提到她是个信教者。但从我们的情况看，我们因共同的信仰而走到一起，有着

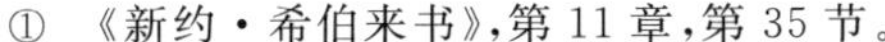

① 《新约·希伯来书》，第 11 章，第 35 节。

② 《旧约·列王纪上》，第 17 章，第 17—23 节；《旧约·列王纪下》，第 4 章，第 32—35 节。

③ 《新约·路加福音》，第 7 章，第 15 节。

④ 《新约·约翰福音》，第 11 章，第 1 节以下。

⑤ 《新约·马可福音》，第 5 章，第 22 节以下。

共同的宗教人生。

在你的修道院中，众多姐妹仍在继续致力于为上帝服务，现在让我从你们神圣的集体转而谈谈你个人，你的虔诚在上帝的眼中一定最有影响，你也一定会为我而做一切可能的事，特别是现在，在我身陷如此困境的时候。因此，在你祷告时永远别忘记为他——属于你的他——而祈祷；以更大的自信去等待和祈祷，只要你认识到自己的事业是正当的，这样上帝也会更愿意接受你的祷告。我请你以你的灵魂之耳去倾听你的肉体之耳经常听到的一切。《箴言》中这样写道："才德的妇人是丈夫的冠冕"[①]，"得着贤妻的，是得到好处，也是蒙了耶和华的恩惠"[②]；下面又写道："房屋钱财是祖宗所遗留的，唯有贤惠的妻子是耶和华所赐的。"[③]《便西拉智训》中也有这样的记载："贤妻能给丈夫带来快乐"，"贤妻意味着幸福生活"。使徒也留下了这样权威的名言："不信的丈夫因着妻子成了圣洁。"[④]在我们法国也有这样一个特殊的例子，国王克洛维在更大程度上是由于他妻子的祷告而非仅是那些神职人员的传道而皈依基督教的；之后其整个王国尊神法为上，卑贱者以高尚者为榜样，学习他们坚持祈祷的毅力。[⑤] 的确，上帝在一篇寓言中热情推崇这种毅力，他在其中说道："如果一个人坚持不懈地搅扰

---

① 《旧约·箴言》，第12章，第4节。

② 《旧约·箴言》，第18章，第22节。

③ 《旧约·箴言》，第19章，第14节。

④ 《新约·哥林多前书》，第7章，第14节

⑤ 克洛维(Clovis，481—511)，法国墨洛温王朝的创建者，于496年在战胜阿拉曼尼人(Alamanni)后皈依基督教，其妻克洛蒂尔德(Clotild)在此前已是一位天主教徒，早就劝他放弃异教生活方式。事见格列高利的《法兰克人史》。

他，即使不出于友谊，仅出于这种情词迫切的坚持，他也会起身满足他的需要的。”[①]如此，我想正是因为这种情词迫切的坚持，摩西的祷告（如我上面所说）打动了大法官，因而改变了他的宣判。

亲爱的，你知道，我在你身边的那些日子，你们姐妹以她们的祈祷对我显示了大慈大悲。在每天的礼拜结束时，她们都会特别代我向上帝祈祷；在随牧师唱和后，她们追加了如下祷文和短句：

> 应答：主啊，求你不要抛弃我；我的神啊，求你，不要远离我。[②]
>
> 短句：主啊，求你快快搭救我。[③]
>
> 祷告：我的上帝啊，救救你的仆人，他的希望全在于你；主啊，求你听我的祷告，容我的吁求达到你面前。[④]
>
> （全体祷告：）上帝啊，你的仆人很高兴以你的名义将你的婢女们聚集起来，通过你的仆人，我们恳请你赐福他与我们这些坚持执行你的意志的人。通过我们的主，等等。

现在我不在你的身边，死亡的危险越是迫近，就越需要你的祈祷。所以我请求你，特别是现在我不在你身边的情况下，请你在每小时的祈祷结束时追加如下特殊的祷告，以此向我证明你的慈悲：

> 应答：主啊，我生命的主宰，请别抛弃我，别让我在困难面

---

① 《新约·路加福音》，第 11 章，第 8 节。

② 《旧约·诗篇》，第 38 篇，第 21 节。

③ 《旧约·诗篇》，第 70 篇，第 1 节。

④ 《旧约·诗篇》，第 102 篇，第 1 节。

前跌倒，以免我的敌人幸灾乐祸。[①]

短句：拿起大小的盾牌来帮助我，别让我的敌人幸灾乐祸。

祷告：我的上帝啊，救救你的仆从吧，他的希望全在于你了。主啊，从你神圣的殿堂送他以帮助，从你的天国送他以关注。主啊，请在他的敌人面前给他以力量。请听听我的祈祷吧，主，愿我的呼救声能送抵你的耳畔。

（全体祷告：）上帝啊，你的仆人很高兴以你的名义将你的婢女们聚集起来，通过你的仆人我们恳请你保护处于困境中的他，将他安然无恙地还给你的婢女们。通过我们的主，等等。

但如果主愿意将我交给我的敌人，让他们征服我，杀死我，或者我碰巧不在你身边时像别人一样死去，那么，不论我的身体入土或者没入土，不论它位于何处，请你把它运回你们的墓地，让我们的女儿，或毋宁说我们的基督姐妹们能够更经常地见到我的坟墓，因而也鼓励她们代我更虔诚地向上帝祈祷。我想，对于一个因犯罪而痛苦、因违反戒律而绝望的灵魂，没有什么地方比特别奉献给真正的圣灵的坟墓，特别是以他的名义指定的坟墓，更安全更有益的地方了。而且，我认为再也没有比葬在一群忠于基督的女人身旁更好的地方，更适于一位死去的基督徒了。女人们很关心我主耶稣基督的坟墓，她们走来又离去，带来珍贵的慰藉，密切看护着这一坟墓，为"新郎"的死去而恸哭。《圣经》中这样写道："女人们坐在坟墓前恸哭，哀悼我主的亡灵。"正是在我主的坟前，她们见到

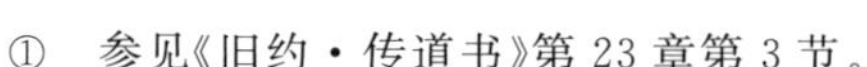

① 参见《旧约·传道书》第23章第3节。

了以天使面目出现的我主的化身，天使的出现及天使留下的话语向她们传递了他将复活的消息；后来，我主因觉得值得让她们品尝他复活的快乐而再次出现在她们眼前，并让她们亲手感触他的存在。最后的也是我对你最重要的请求：目前你过于担心我的身体方面的危险，但你最应关心的是超度我的灵魂，你必须向我主不断进行特殊的祈祷，以此来向死者表明你是多么爱戴活着的人。

好好活着，你和你的姐妹们，再见。

活着，但请别忘记我。

信函三　爱洛伊丝致阿伯拉尔

他是除基督外她心目中的唯一

她只属于信仰基督的他一个人

亲爱的，我感到惊讶，你竟一改我们通信的习惯，或者说事实上一改我们通信的自然顺序，在你来信开头的称呼中将我的名字放在你的名字之前，这样就等于女人先于男人、妻子先于丈夫、仆人先于主子、修女先于修士、女执事先于教士、女修道院院长先于男修道院院长。当然，给一位尊者或同级者写信时，将他们的名字放在自己的名字之前是适当而正确的，但当给位卑者写信时，称呼的先后顺序应以尊卑为序。

让我们同样感到极大惊讶的是，你不但没有带给我们安慰，反而增加了我们的忧伤，让你本应为我们擦干的泪水继续涌流不止。因为当我们听到你在信的末尾所写的这些话时："但是如果主愿意将我交给我的敌人，让他们征服我，杀死我……"谁又能够让双目不再湿润呢？亲爱的，你怎么能有这样的想法呢？你怎么能说出这样的话呢？上帝不至于疏忽到让他的地位卑下的仆人们活得比你还长久，他也不会让我们去过一种比任何形式的死亡更难以忍受的生活的，因此，正确的方式应当是由你来为我们主持葬礼，由你把我们的灵魂交托给上帝，让那些被你召集起来服侍上帝的人先你而去——这样你就不必再为我们而焦虑，而会更从容地在我们之后而去，因为此时的你已不必再为我们的超度而操心。我恳请你，主人，免去那些只会加剧我们现有的不幸的话语；不要在我们死前剥夺我们赖以生存的唯一寄托。“一天的难处一天当就够了”。[①] 为痛苦所笼罩的那一天将给它碰到的一切带来足够的悲伤。塞内加这样问道：“有什么必要要召唤魔鬼，要在死亡来临之前毁掉生命呢？”[②]

亲爱的，你要求我们，若你碰巧不在我们身边时死去，将你的身体运送回我们的墓地，以便你能听到我们怀念你的祷告。但是你何以认为我们对你的怀念有可能会逐渐淡漠呢？并且，当极端的悲伤让我们不得安宁，当灵魂失去理智、口舌失去言语的能力时，还有什么时候会比这种时候更适合祈祷的吗？或者说当疯狂的灵魂无所畏忌地（如果我可以这样说的话）向上帝发泄愤怒、以抱怨代替祈祷的时候？我们在痛苦中只有流泪的时间而没有祈祷的能力，我们只会急于追随你而去而不是去埋葬你，这样我们就可以与你共享坟墓而不是我们将你独留其中。如果我们失去活在你身上的那部分生命，我们就会无法活下去。我甚至不愿意活着看到那一天，因为如果仅仅提到你的死即意味着我们的死去，若发现我们还活着该是怎样的现实呢？上帝也同意，我们无法活着去履行这一义务，不能提供给你我们期待从你那里得到的服务；因此，

① 《新约·马太福音》，第 6 章，第 34 节。

② 塞内加，*Epistulae ad Lucilium*，24.1。

我们要先你而去，而不是随你而去！

因此，我恳请你不要再讲这种话，不要再这样伤害我们——至少不要再伤害她，只属于你一个人的她。这些话像死亡的利剑一样刺痛我们的心，所有先于死亡而来的一切比死亡本身更令人痛苦。被痛苦折磨得疲惫不堪的灵魂无法找到安宁，焦虑的心事实上也无法致力于服务上帝。因而我恳请你不要妨碍你特别托付给我们的对上帝的服务。我们必须面对的痛苦应当是突然降临的，是不可预见的，在此之前，请不要折磨我们：

> 不论你的计划如何，它的到来是突然的；未来对于人们是茫然的。让他在恐惧中继续怀抱希望吧。[①]

但是如果我失去你，我还有什么希望可言呢？我已被剥夺了你所能带给我的其他乐趣，甚至被禁止见到你，而只有你能时常让我恢复真正的自我。你是支撑我继续我生命历程的唯一力量支柱，而关于你生命的消息却少之又少，这让我还有什么理由继续苟且偷生呢？噢，上帝——斗胆说一句——在各方面对我都是如此残酷！噢，无情的慈悲！命运之神仅仅是不幸之神，她已经将她攻击人类所用的利箭无数次刺伤我，以至于她已再无余箭向别人发泄愤怒了。她的箭囊已空，因此今后别人再也无须惧怕她的屠杀，即使她还余有一箭，她也无法再在我遍体鳞伤的身上找到一处可发泄威力的地方。她唯一的担心是我的累累伤痕最终带给我死

① 出自古罗马诗人卢坎的《法萨利亚》，2.14—15。

亡，从而结束我的痛苦；虽然她永无休止地迫害我，但她仍然害怕她匆忙带来的毁灭。

在所有不幸的女人中我为之最，在所有幸运的女人中我亦为之最。你的偏爱使我有幸位高于其他女人，而这样，我的跌落以及你带给我的痛苦也就越大；俗语说，攀得越高，摔得越狠。命运之神可曾将其他任何伟大或崇高的女人置于我之上，或与我相当，然后同样让她重重摔落而痛苦不堪吗？她让你带给我莫大的荣耀，而又让你带给我多么大的毁灭！总是疯狂地走极端的她在对待善与恶的问题上丝毫没表现出折中的态度。为让我成为最悲哀的女人，她首先让我成为最幸运儿，结果当我回想起我失去的一切时，我感受到的强烈痛苦同我毁灭性的损失一样巨大，被剥夺一切后的痛楚感要比以前拥有时的快乐感强烈得多；所以极端的幸福将以极端的痛楚告终。

而且，除了对你所遭受的一切痛苦感到愤怒之外，尤其让我愤怒的是，就我们的情况而言，所有公平法则都被颠倒了。因为，在我们享受来之不易的爱情带给我们的快乐并放纵自己发生淫乱行为（请允许我用这种丑陋但能表达含义的字眼）时，上帝并未惩罚我们。而当我们试图以合法手段弥补我们的非法行为、以体面的婚姻补偿淫乱的耻辱时，盛怒之下的主却开始惩罚我们，不允许这种正当的结合，虽然他曾长时间纵容过不正当的结合。你所遭受的惩罚对于公开通奸而被捉住的人而言是适当的。而你却是在试图以婚姻来弥补以前的过失时，遭受到了通奸者才应得的惩罚；通奸的女人们给她们的爱人所带来的一切，如今你自己的妻子带给了你。我们从前放纵自己时，我们没有被惩罚，而当我们已经分手并重新过起纯洁的生活时——你在巴黎主持一所学院，我在你的要求下与阿让特伊的修女一道生活——我们却开始受到惩罚。我们相互分开为的是让你把更多的时间献给你的学生，而同时也给我更多的自由去祈祷，去思考《圣经》之精髓，我们两人都过着神圣而又纯洁的生活。而在这个时候，你以自己的身体为我们两人犯下的罪行接受了惩罚。我们两人皆应为此而受罚，而你一人独自承担了全部罪责，事实上你理应承担的部分要小得多。你为了我而委屈自己，你赎罪和补偿的行为已经超过了必要的限度，这样你已经把我和我的姐妹提高到了与你本人相同的高度——而在上帝和背叛你的那些人眼中却远非如此，他们竟然认为你理应受到如此惩罚。

这对我该是多大的痛苦啊——我竟生来成为这种罪恶的起因！难道女人命中注定要给伟大的男人带来彻底毁灭吗？《箴言》篇中这样警告人们提防女人："众子啊，现在要听从我，留心听我口中的话。你们心不可偏向淫妇的道，不要入她的迷途。因为被她伤害仆倒的不少，被她杀戮的而且甚多。她的家是在阴间之路，下到死亡之宫。"[①]《传道书》中如是说："我曾用智慧试验这一切事……我得知有此等妇人，比死还苦：她的心是网罗，手是锁链。凡蒙神喜悦的人，必能躲避她；有罪的人，却被缠住了。"[②]

人之初是第一个女人先引诱了伊甸园中的男人，结果，主本意创造她是作为男人的助手，如今却成了他彻底堕落的工具。上帝

① 《旧约·箴言》，第 7 章，第 24—27 节。
② 《旧约·传道书》，第 7 章，第 25—26 节。

创造的巨人（力士参孙），这位由天使传达其思想的修行者，大利拉独自征服了他，将他出卖给了他的敌人，毁掉了他的双目。参孙在备受煎熬后与敌人同归于尽。[①] 而对于所罗门王这位所有人类的大智者，只有他与之同眠的女人能够愚弄他；这个女人令他着魔至疯狂的程度，以致尽管主宁愿选择他而非他的父亲大卫——一个正义之士——来建设圣殿，他却因对她的盲目崇拜而不可自拔直到生命的尽头，结果放弃了他曾大力宣扬、以口头或书面形式宣讲的对上帝的崇拜。[②] 约伯，人类的大圣人，与他的妻子进行了最后也是最艰难的斗争，她曾敦促他诅咒上帝。[③] 狡猾的大魔王撒旦凭借多次的经历清楚地知道，毁掉男人最容易的方式是通过他们的妻子，所以他也向我们施用他通常的伎俩，当他无法以通奸毁掉你时便通过婚姻的方式来攻击你。因为他被剥夺了以恶施恶的能力，于是他只能以善施恶。

至少我可以为这一点感谢上帝：魔王并未诱使我像我所提到的女人那样犯同样的错误，虽然最终他使我成了他恶毒攻击的工具。但即使我的良心由于无辜而免于不安，也没有那种过错让我负疚，但早期犯下的太多罪行仍让我完全无法免除负罪感。很久以前我屈从于肉欲之快乐，犯下了我今天为之哭泣的罪行。继而发生的事情是对我以前所犯罪行的合理惩罚，罪恶的开端注定要有一个不幸的结局。为了这一罪行，首先给我以足够的力量进行

① 参见《旧约・士师记》第 13—16 章第 3 节。
② 参见《旧约・列王纪上》第 11 章第 1—8 节。
③ 参见《旧约・约伯记》第 2 章第 9—10 节。

适当的自罚，以便我至少可以通过长期的忏悔来弥补一下你为我遭受的伤害；你在肉体上曾经遭受的痛苦，将让我的灵魂终生为之经受煎熬，这样可以让我至少向你——如果不能说向上帝的话——做些补偿。

因为如果我确实承认我不幸灵魂的软弱性，我则无法以忏悔之情来取悦上帝，因为我一直为他如此发泄愤怒而谴责他的残忍。由于不服从他的命令，我表现出的愤慨愈加冒犯了他而没有以忏悔作为补偿设法取悦他。不论多么强烈地控制肉欲，如果思想中仍然存在着犯罪的意念，它就会随着旧的欲望而燃烧，这又怎么可能称之为悔过呢？任何人要忏悔、要谴责自己或以告解圣事的外在方式控制肉欲并非难事，但要从一个人的心中夺走他最渴求的快乐是很困难的事。那么，当圣人约伯说“我大声地忏悔自己的罪恶”[①]，也就是说，“我将放声忏悔、谴责自己的罪恶”，他还马上补充道：“我将带着痛苦的心灵去忏悔。”圣格列高利这样评论道：“一些人大声地忏悔自己的过错，但不知道该如何对此感到悲哀——他们愉快地说出那些本应为之悲痛的事。所以那些悔恨自己的错误并为之忏悔的人，一定要保证在灵魂深处感到痛苦，从而忏悔自己，这样才能保证他在大脑指使下的大声忏悔真正对他加以惩罚。”[②]但是正如圣安布罗斯[③]所言，这种真正的悔过是很难得的，

① 参见《旧约·约伯记》第 10 章第 1 节。

② 见其 *Moralia*，9.43。

③ 圣安布罗斯（St Ambrose，339？—397），意大利米兰主教（374—397），任内竭力维护基督教会的权力。他多才多艺，在文学、音乐方面造诣颇深。

他讲道："我发现保持自己的无辜要比真正悔过来得容易。"[①]

就我而言，我们的恋情带给我极大的快乐和甜蜜——这种甜蜜的感觉总是让我感到愉悦，一直萦绕于我的脑海中。不论我走到哪里，这种感觉总是浮现在我的眼前，带给我苏醒的渴望和幻觉，令我无法入睡。即使在做弥撒时——在这个我们本该更加纯洁地祷告的时候，那种淫荡的快感却牢牢抓住了我不幸的灵魂，让我的思想恣意放荡而无法集中于祈祷。我本该为我犯下的罪过忏悔，却只能为我失去的一切叹息。我们所做的每一件事、共同度过的每一个时光、去过的每一个地方，连同你的影子都深深铭刻在我的心里，每每重温则仿佛昨日重现。即使在睡眠中这种感觉也丝毫不会减弱。有时我身体的动作或者不经意间突然冒出的言语会暴露出我的想法。在极端的落魄中，我痛楚的灵魂发出如此的呼号："我该是多么悲惨的生灵啊！谁能挽救我、帮助我摆脱注定该判死刑的肉欲的罪恶呢？"如果有人能够挽救我，我就可以说："这是上帝通过我主耶稣的赐福。"亲爱的，这种赐福降临到了你的头上而无须你的刻意追求——肉体上的一处伤口可以帮你治愈你精神上的众多伤口，从而帮你摆脱众多的精神折磨。在你看来上帝充当了你的对手的时候，事实上他是在善意地帮助你：就像一位诚恳的医生不会因为怕给你带来剧痛而不施行可以为你治愈伤口的手术。但对我而言，青春、激情和快乐的体验加剧了我肉体上受到的折磨和我的欲望，当它们袭击的对象是弱者时，这种打击就会尤为沉痛。

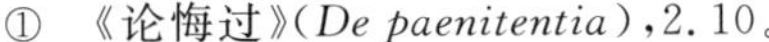

① 《论悔过》(*De paenitentia*)，2.10。

人们认为我是贞洁的，他们不清楚我是个伪善者。他们把肉体的纯洁看作是美德，然而美德不应属于肉体而应属于灵魂。我可以赢得人们的赞扬，但上帝不会如此，因为他可以看透我们的心灵及下身，[①]看到我们阴暗的一面。在一个宗教几乎完全沦为虚伪的代名词的时代，我被判定是信仰宗教的。然而，假如一个人不论抱有何种企图，只要其外在的行为不冒犯教堂，在听到不信教者的言语时不要亵渎主的名誉，也不要有辱主在尘世从事圣职的教会，只要能做到这些，也许就可以算作具备了一些美德，就似乎是上帝所能接受的。这也是上帝慈悲的一种体现，他通过慷慨的方式播撒慈悲——这样做不仅仅是为了行善，也是为了杜绝行恶——虽然如果前者无法做到后者则是徒然的，如下面这句话所言："你当离恶行善。"[②]而如果不是出于对上帝的爱，则两者皆是枉然的。

在我生命的每一阶段，直到今天为止，我一直害怕冒犯你，害怕冒犯你甚于害怕冒犯上帝，努力取悦你甚于取悦上帝，这一点上帝可以作证。出于对你的命令的遵从而不是出于对上帝的爱，让我决定成为修女。看看我所经历的一切不幸，比任何人都更可怜，难道我必须在这个世界上忍受如此的痛苦而没有在将来得到回报的任何希望？长期以来，我的伪装欺骗了你，也欺骗了许多人，你错把虚伪当作虔诚；因此你完全相信我的祈祷，问我还希望从你那里得到什么帮助。我恳请你不要太过相信我，而不再通过你自己

① 《旧约·诗篇》，第 10 篇，第 10 节。

② 《旧约·诗篇》，第 37 篇，第 27 节。

的祈祷帮助我。不要以为我恢复了健康而不再为我疗伤。不要以为我一无所需而在我需要帮助时不在我的身边。不要以为我很坚强,没有你的支撑时我会摔倒。虚假的赞扬已伤害过许多人,让他们失去了所需要的支持。主借以赛亚之口大声疾呼:“噢,我的孩子们！那些认为你幸福的人会引你误入歧途,让你对应当选择的道路感到迷茫。”[①]他还借以西结之口说:“那些以充满魔力的绷带捆住男人手腕、夺去他们性命的女人,那些给老人孩子头上盖上面纱的女人,是带给你们灾难的源头。”[②]另一方面,所罗门曾讲过:“慧人的言语好像刺棍,会中之师的言语又像钉稳的钉子。”[③]也就是说,钉子不可能只留下轻轻的擦伤,而只可能是深深的伤口。

我请你不要再赞扬我了,以免你落得个阿谀奉承或散布谎言的恶名。我的自负足以抵消你在我身上见到的任何值得称道的功德。任何稍懂医学知识的人都不会仅仅依靠检查外部表象来诊断内部的疾患的。无助于区分该入地狱还是该上天堂的事物,无法赢得上帝的青睐:往往伪君子比圣人要更热衷于外在的行为。“人心比万物都诡诈,坏到极处,谁能够识得呢?”[④]还有:“有一条路人以为正,至终成为死亡之路。”[⑤]应该留待上帝来审验的事物,人们不应草率地作出判断。《便西拉智训》中写道:“不要在一个人的有

① 《旧约·以赛亚书》,第 3 章,第 12 节。

② 《旧约·以西结书》,第 13 章,第 18 节。上面几处引文出处与常见《圣经》版本不同。

③ 《旧约·传道书》,第 12 章,第 11 节。

④ 《旧约·耶利米书》,第 17 章,第 9 节。

⑤ 《旧约·箴言》,第 14 章,第 12 节;第 16 章,第 25 节。

生之年赞扬他。”[①]这话的含义是：如果你称赞了他，你可能会使他变得不再值得称赞。

对我而言，你的称赞更为危险，因为我喜欢听你的赞扬。我越是急于在一切事情上表现得让你高兴，我就越是容易接受这些赞扬并为之兴奋。我请你一直保持对我的担心，而不要对我过于信任，这样我便可以经常从你的忧虑中获得帮助。现在你尤其应该为我担心，因为你不再在我的身边，我无法再为我不能自制的情感找到释放的出口。我不希望你劝我追求美德，召唤我同自己斗争，说什么“我要喜欢夸自己的软弱，好叫基督的能力覆庇我”[②]，“人若在物上比武，非按规矩，就不能得冠冕”[③]。我并不追求胜者的王冠，只要能避免危险对我来说就足矣，这比卷入战争要更安全。不论上帝将我置于天堂中哪个角落，我都知足。在那里没有人会嫉妒别人，每个人的所得都会令他知足。还是借用权威人士之言来增加一下我这些话的分量吧——圣哲罗姆曾言：“我承认我的软弱，我不想为胜利而战斗，这样也就免得我会面临战斗失败的一天。放弃确定的东西，而去追寻不确定的东西，有必要吗？”[④]

① 《便西拉智训》，第11章，第28节（不见于常见版本）。

② 《新约·哥林多后书》，第12章，第9节。

③ 《新约·提摩太后书》，第2章，第5节。

④ 见其 *Contra Vigilantium*。圣哲罗姆（347—420），早期西方教会教父，俗拉丁文本《圣经》译者。

信函四　阿伯拉尔致爱洛伊丝

致基督的新娘和仆人

你的前一封信全部在陈述你所受到的委屈给你带来的痛苦。我注意到这主要可归结为以下四点：第一，你抱怨说我没有按照通常的写信习惯，或者说完全违反世俗的自然顺序，在信的开头将你的名字置于我的名字之前。第二，在我本应给你安慰、帮你医治创伤时，我却实际上增加了你的绝望感，让我本应为你擦干的泪水愈加涌流不止。这一点我的确承认，因为我曾这样写道："如果主愿意将我交给我的敌人，让他们征服我，杀死我……"第三，你再次旧话重提，因我们的皈依宗教和我遭受的残酷背叛行为对上帝不满。最后，你不断自责，而不允许我赞扬你，甚至恳求我不要再赞扬你。

我已决心就每一点答复你，我这样做并不是为了替自己辩解，而是为了开导和鼓励你，以便让你理解我的请求是有道理的，从而更愿意接受它们。对于你所提出的恳求，我想你在发现我不该为我的请求受到太多的责备后，会更认真地听我的话，在明白我不应被过多谴责后，不会再轻易拒绝我。

关于你所说称呼的非自然顺序，如果你认真考虑一下就会发现，这是既符合你自己的观点也符合我的观点的。因为正如你自己所讲的那样，写信给一位尊者时应该将他们的名字放在前面，这是常识，而你必须认识到，从你开始成为我主的新娘、我的女主人的那一天开始，你便位尊于我；圣哲罗姆可以为此提供证明，他在给尤斯托钦的信中写道："我之所以写作'我的女主人尤斯托钦'，是因为我必须把我主的新娘称作'我的女主人'。"[①]这是一种幸福的婚姻状态的转变，因为以前你只是一位穷人的妻子，如今你却上升至上帝的床畔。鉴于你地位的优越性，你不仅处于你的前夫之上，而且处于上帝每一位仆人之上。因而，如果我把自己的生命托付给你们，希望你们能像我已离开人世般为我祈祷，请不要感到奇怪，因为通常妻子的恳求比其他家人更易于为上帝接受，她们是女主人而并非仆人。以下例子可以证明这一点：《诗篇》的作者在谈到上帝的王后和新娘时这样写道："在你的右侧站着王后。"[②]这似乎在明确地声明她离她丈夫最近、紧靠在他的旁边、同他并肩前行，而其他所有人则站在一边或跟在后面。《所罗门之歌》中谈到一位埃塞俄比亚新娘（摩西娶的妻子[③]）对她的特殊位置颇以为荣，她说道："耶路撒冷的众妇女啊，我虽然黑，却很秀美；因此国王爱上了我，把我带进了他的内室。""不要因日头把我晒黑了，就轻看我。"[④]一般来讲，这些话，特别是所谓的基督的新娘，是用来描述沉思默想、潜心修行者的，但你们外在的习惯表明它们对你们有特别的意义。你们皆身着粗布黑衣，就像善良的寡妇哀悼她们逝

① 见其 *Epistulae*，22.2。

② 《旧约·诗篇》，第 45 篇，第 9 节。

③ 《旧约·民数记》，第 12 章，第 1 节。

④ 《旧约·雅歌》，第 1 章，第 4—6 节。

去的爱人时所穿的孝袍，这表明你们——用使徒的话讲——真正守寡而悲伤绝望，教堂理应为你们提供支持。[①]《圣经》中也如此记载着这些寡妇们如何为她们被害的夫君忍受巨大的悲痛："女人们坐在墓前痛哭失声，不停地哀悼我主的亡灵。"[②]

那位埃塞俄比亚女人的皮肤是黑色的，就外表而言，她看上去不如其他女人美丽；然而她在内里却与她们无异，甚至在某些方面，要比后者更洁白、更美，如在骨骼或牙齿方面。的确，她的丈夫也因其牙齿的洁白而受到赞扬——"他的牙齿比牛奶还要洁白。"[③]所以她的外表虽黑但内里却是美的，她黑色的肌肤是无数的苦难摧残她肉体的结果。使徒便这样讲过："凡立志为基督耶稣敬虔度日的，也都要受逼迫。"[④]既然白色标志着成功与幸运，那么黑色就可以用来标志苦难和不幸。她在骨子里是洁白无瑕的，因为美德使她的灵魂强大坚固，正如《诗篇》所言："国王的女儿内里无比美丽。"[⑤]在血肉包围下的内在骨骼是支撑肉体的力量源泉，可以在一定意义上代表给予肉体生命和养分、赋予并指导其行动、为其提供各种必需品的灵魂。其洁白或美丽是装点它的美德之极致。

她黑色的外表也是由于她在朝圣的途中不断让自己变得谦卑而造成的。她这样做是为了来生在她回到自己的家乡后，可以提

① 《新约·提摩太前书》，第 5 章，第 16 节。
② 不见于福音书。
③ 《旧约·创世记》，第 49 章，第 12 节。
④ 《新约·提摩太后书》，第 3 章，第 12 节。
⑤ 《旧约·诗篇》，第 44 篇，第 14 节。

高自己的位置，而来生是由信仰上帝的基督掌握着的。的确，真正的太阳改变了她的肤色，因为来自新郎的天堂之爱以这种方式让她感到卑微，或以苦难折磨她，免得幸运与成功让她骄傲。他改变了她的肤色，让她不同于那些充满世俗的渴望、追求世俗的荣耀的女人们，以此让她通过其谦卑的地位真正成为山谷中绽放的百合，而不是像那些愚蠢的处女那样，成为高地上生长的百合——后者常以肉体的纯净或外在的自我克制为荣，而在诱惑之下，其花朵常被灼人的火焰烤得枯萎不堪。她告诉天堂的女儿们——信徒中较弱的一方，她们理应被称作女儿而非儿子——"不要因日头把我晒黑了，就轻看我。"她甚至可以更公开地讲："我之所以以这种方式让自己感到卑微，或者之所以能够如此勇敢地忍受苦难，不是因为我自己有多么崇高的美德，而是因为我所服务的他的恩典。"这并非是异教徒和伪君子的方式，他们（至少在别人在场时）为了获得世俗的荣耀而贬低自己到过分的程度，而且毫无目的地忍受许多苦难。他们忍受的悲惨境况或苦难的确令人吃惊，他们是最可怜的人，既无法享受此生，也无法享受来生的种种好处。新娘正是考虑到这一点才讲道"不要对我这样做感到奇怪"，但对于那些为了赢得世俗的赞扬而徒然地听凭欲火焚烧的人，那些强迫自己拒绝世间的一切好处的人，我们不能不感到奇怪，他们的来生将同此生一样不幸。这种自我克制是那些被拒于圣殿门外的愚蠢贞女们的行为。[1]

她讲到她皮肤虽黑——如我们所言——但很秀美，国王选择

① 《新约·马太福音》，第 25 章，第 1 节以下。

了她，把她带进了内室——即祥和和思索之隐蔽处所，也带到了床上——她在别处讲过："我一夜复一夜地躺卧在床上，寻找我所爱的。"[1]她确实说得不错。的确，肤色的缺陷使她选择了隐蔽的、秘密不为人知的方式，这样的妻子渴望与她的丈夫分享私下的而非公开的乐趣，宁愿在床上相知而不愿在餐桌旁被人见到。而且，黑人女性的肉体尽管通常看上去不够吸引人，但感觉起来却是最柔软的，正是出于这个原因，她们带来的快乐更强烈，也更适合于私下的而非公开的享受，她们的丈夫宁愿将她们带进卧室欣赏她们，而不愿向世人展示她们。照此比喻，当上帝的新娘说"我虽然黑，却很秀美"时，她马上补充道："因此国王爱上了我，把我带进了他的内室。"她的说法前后相关：因为她可爱他才爱上了她，而因为她肤色黑他把她带进了内室。如我们前面所讲，她的确是可爱的，她内在的美德为新郎所爱，她黑色的外表是由于肉体受到的折磨造成的。这样的肤色易于使信徒的思想远离世俗之杂事，而致力于追求永恒之生命，常常可以引导他们从尘世的喧嚣中退而思索生命的意义。因此圣哲罗姆写道，我们自己的修道院生活发端于保罗。[2]

粗布衣裳的卑微正是着眼于退隐静修而非公众生活的需要，它将代表谦恭和退隐的生活方式——这特别适合我们的职业——加以保留。昂贵的服装最容易引起人们公开展示的欲望，人们追求华丽的服饰也仅为空虚的展示和世俗的仪式，如圣格列高利明

① 《旧约·雅歌》，第 3 章，第 1 节。

② 见其 *Vita Pauli primi eremitae*，5。

确指出的:“人们在私下里不会去装扮自己,只有在别人能够见到他的地方才会这么做。”[①]至于新娘的卧室,新郎本人在福音书中邀请祈祷者到房间中来,并对他们说:“你祷告的时候,要进你的内室,关上门,祷告你在暗中的父。”[②]也还可以加上一句话:“与伪善者不同,他们是在街角和公共场所祷告。”因而所谓内室,是指远离喧嚣和尘世的僻静处所,如修道院这样能够让人独处的所在,祈祷者在此才可能关起门来,断绝与外界一切联系,避免自己在祈祷时受到打扰,也避免他们不幸的灵魂被分散。然而,许多奉行祈祷习惯的人对这一建议——或者说神圣戒律——不屑一顾,他们在做礼拜时听凭修道院或唱诗坛全部开放,暴露于男男女女众目睽睽之下而不知羞耻,特别是在做弥撒时,他们身着昂贵的饰物,看上去与其周围的世俗之士没什么两样。这些都令我们难以忍受。在他们看来,主持斋戒的最好方式是准备丰盛的祭典礼品和饮食。对此最好保持沉默,因为谈起他们极具盲目性的行为会让人感到羞愧,那是完全背离属于贫苦大众的基督教之宗旨的。他们在灵魂深处仍是犹太人,遵循的是自己的习俗而非戒律,他们的所作所为是在歪曲践踏上帝的戒律,他们注重的是沿袭风俗而非承担义务;尽管,如圣奥古斯丁所提醒我们的,[③]上帝说过“我是真理”[④],不是“我是习俗”。任何人只要愿意,可以将自己托付给这些敞开大门祷告的人,但上帝本人将你带入他的房间,让你在他的怀抱中

① 见其 *Homilia in Lucam*,40.16。

② 《新约·马太福音》,第 6 章,第 6 节。

③ 见其 *De baptismo*,3.6.9。

④ 参见《新约·约翰福音》第 14 章第 6 节。

安歇，在大门一直紧闭的房间中你把自己完全交给了他，更加密切地与他联系在一起，用使徒的话讲："与主联合的，便是与主成为一员。"[①]人与他在精神上是统一的。因此，我越是相信你祷告的纯洁和有效，我就越迫切地需要你的帮助。我相信，你代表我进行祈祷会更为虔诚，因为我们相互之间的爱情已将我们紧紧联系在一起。

如果说我在信中提到困扰我的危险境况，或者说我所担心的死亡让你感到悲哀的话，这却是应你的要求或者说恳求而做的。因为在你给我的第一封信中有这样一段话："因此，以基督的名义——他毕竟在一定程度上保护着你，我们恳请你以你认为合适的频率经常给我们，他的仆人，也是你的仆人，写信，告诉我们遭受着死亡威胁的你的近况。你现在只有我们了，所以至少让我们来分担一下你的痛苦或欢乐。处在悲痛中的人得知有人在帮他分担悲痛时，他会感到些许宽慰，而当负担由几个人共同承受时，分担会有所减轻或完全解脱。"由此，我是按照你本人的吩咐才这样做的，所以你为何又谴责说是我让你来分担我的忧愁呢？在我为生命绝望时，你又怎么可能感到快乐呢？难道你只想与我同甘而不愿共苦，只想与人同欢而不愿共悲吗？[②] 真正的朋友和虚伪的朋友之间最大的区别便在于前者可以彼此分担忧患，而后者只能分享荣华。

我请求你不要再这样抱怨了，这会让你距离真爱越来越远！

① 《新约·哥林多前书》，第 6 章，第 17 节。

② 参见《新约·罗马书》第 12 章第 15 节。

即使这样说会冒犯你，但我还是得说，我的处境非常危险，我每天都处在对生命的绝望中，因此，对我来说，考虑一下灵魂的安宁，在我还能为它作些准备时尽力而为是应该的，也是适当的。如果你真的爱我，你也不应反对我的这种预见。的确，如果你觉得有希望看到上帝宽恕我，你也会更为急切地盼望我摆脱此生的烦恼，如你所见，这些烦恼都是令人无法忍受的。至少你应该懂得，任何帮助我解脱此生的人等于在帮助我摆脱最大的痛苦。以后的命运仍是未知的，但我可以从当前的痛苦中解脱出来，这是毫无疑问的。不幸的生命总会有一个幸福的结局，那些真心同情他人、为他人的忧虑不安者，也会希望看到这一切早日结束，即使他们自身不得不为此承受莫大的损失；假如他们真正为那些遭受着巨大痛苦的人考虑，更多地为他们的朋友而不是为自己考虑的话。因此，当一位母亲看到自己的儿子长期患病不起，她会迫切希望他的痛苦能够结束，即使要为此付出死亡的代价。因为她会觉得无法忍受，故而宁愿忍受丧亲之痛，也不愿让他分担她的痛苦。特别喜欢有朋友陪伴在身边的人宁愿见不到他而使他幸福，也不愿见到他而让他不快乐，因为他发现无法减轻的痛苦是不可忍受的。就你的情况而言，你甚至被禁止见到我，尽管我很不幸，所以，你能够为我所做的一切对你本人一样有益，我看不出你有什么理由宁愿要我极为痛苦地活着，也不愿让我快乐地死去。如果你为自己考虑而宁愿延长我的痛苦，那么你就只会是我的敌人而非朋友。但如果你不愿以这种面貌出现，那么请你，如前所述，停止你的抱怨。

但是，我同意关于停止赞美你的要求，因为你提出这一要求本身更加证明了你是值得称赞的。《圣经》中记载道："先行自责的人是正当的”[①],“自谦的人是高尚的”[②],但愿这些文字确确实实是你心灵的写照!若果真如此,你的话就是真正的自谦,不论我说什么都不会有损它的真实。但请你千万注意,不要表面上回避实际上却在追逐赞扬,不要口头上拒绝内心却渴望听到赞扬。关于这一点,圣哲罗姆在写信给贞女尤斯托钦时讲道:“我们受本能邪念的支配,总是愿意听别人的阿谀奉承。尽管我们可以回答对方说我们不配受到他的称赞,满脸通红地装作不敢当,然而我们的灵魂深处却常常为此欣喜若狂。”[③]古罗马诗人维吉尔通过轻率的伽拉忒亚描写了这种虚伪:伽拉忒亚通过佯装逃跑而上演了一出欲擒故纵的戏,以假装拒绝的方式牢牢地抓住了她情人的心:

她希望在逃进柳树林之前有人见到她。

她希望在藏身之前有人见到她逃跑,这样她的逃跑似乎表示她拒绝那位年轻人,而事实上却保证了她真正得到他。同样的,在我们似乎回避人们的赞扬时,我们实际上是在为自己争取它,当我们假意以躲藏来避免人们发现我们的可赞扬之处时,我们等于是在促使那些警惕性不够的人来赞扬我们,因为那样做会让我们似乎显得更值得赞扬。我之所以提到这一点,是因为这是非常普遍的事,而不是因为我对你有所怀疑;我充分信任你的谦逊品质,但

① 《旧约·箴言》,第 18 章,第 17 节。

② 《新约·路加福音》,第 18 章,第 14 节。

③ 见其 *Epistulae*,xxii,24。

我希望你不要再讲这样的话，以免让那些不熟悉你的人怀疑你是在“以退为进”，如圣哲罗姆所言。我对你的赞扬不会让你骄傲，只会促使你更加高尚；你越是希望让我高兴，就越是应该接受我的赞扬。我的赞扬并不代表你有多么虔诚，后者才是你赖以自豪的基础，事实上，我们应当宁可相信敌人的恶言恶语，也不应轻信朋友的赞叹之词。

最后，谈谈我所谓的你恒久的怨言。你为我们皈依宗教的方式斗胆责备上帝，而你本应为此而感激他。我本以为这种心灵的苦痛早已消退，因为很显然，那是上帝对我们的慈悲。这种苦痛对你越是危险，越是让你的身体和灵魂疲惫不堪，也就越是让我不安，也更令人同情。你声称自己渴望在一切事情上让我快乐，至少以此结束我的痛苦，或给予我最大的快乐，果真如此，就请你务必摆脱这种想法。不然的话，你既无法让我快乐，也无法与我达到共同的幸福。你已声明愿意追随我赴汤蹈火，哪怕下地狱也在所不惜，那么你又怎能忍心让我没有你的陪伴而独自前行呢？至少保持一颗虔诚的心，免得让自己完全与我这个急于追随上帝的人分离，请在这么做时态度更积极一些，因为只有如此，我们追求的目标才会得到上帝的保佑，我们之间的伴侣关系才会因为我们的乐观态度更易于被接受。记住你所说过的话和所写过的文字——即就我们皈依上帝的方式而言，上帝似乎更是我的敌人，就此，你说过，他显然已够仁慈的了。至少出于这一点，你也一定要接纳他的意愿，如果你能在经历不堪忍受的痛苦时保持理智，那不仅对我，而且对你也是非常有益的。你不应感到痛苦，因为是你促成了如此的善事，毫无疑问，你是上帝特别创造的产物，对此你不应怀疑。

你也无须痛哭不止，因为我必须忍受这一切，只有为那些经历百般磨难的殉道者祈祷以及我主耶稣基督亡故时才值得你流泪。如果说这一切对我来说没什么不公平的，这是否会让你的痛苦减轻一些呢？若事实上果真如此，那对我将是莫大的耻辱，而我的敌人会因此而荣光，因为如果说对我是公平的，他们便会因此而得到赞许，而我的罪过会让我受人蔑视，没有人会再冷悯我而谴责他们所做的一切。

然而，如果我能证明这些对我们来说是公平的，并且对我们是有益的，如果说上帝选择我们结婚以后而不是在我们罪恶地共同生活时来惩罚我们是正当的话，这也许会减轻你的痛楚。我们结婚后，当你还在阿让特伊修道院与那里的修女们住在一起时，有一天我私下去拜访你，你清楚当你就在我的眼前时，我那无法控制的欲火会让我做出什么事，事实上，我们就待在膳室的一角，因为我们别无去处。我必须重申，在这种神圣的地方，在这样一个本应属于最圣洁的贞女们的场所，我们的行为是何等地可耻。即使我们已结束了其他可耻的行为，仅为这次行为我们就该受到更严厉的惩罚。还需要我再追述我们婚前的荒淫和妄为吗？还需要我再重复我应你叔父邀请居住他家里时，如何可耻地欺骗他，这是多么不可饶恕的背叛行为啊！任何人都会认为是我首先背叛了你的叔父，因而他再背叛我也没有什么不公平的。你以为这种创伤的一时之痛对我的惩罚便足够了吗？或者说对我这种罪大恶极之人岂能如此便宜处之？亵渎上帝献给母亲的圣所，对这种罪行的惩罚绝不应是指那种从各方面讲都有益于犯罪者的伤痛，而是指我现在正在经历着的无尽折磨。

你也知道，在你怀孕期间，我将你带到我的家乡，让你以一袭修女服掩饰自己，这种伪装对于你现在的信仰而言是莫大的讽刺，也是极大的亵渎。那么想想吧，上帝的公平法则或者上帝的慈悲让你违心地皈依了宗教的大门，而你甚至可以毫不犹豫地嘲弄它；同时，却也让你再次穿起同样的服装自愿地去赎补自己的亵渎之罪。实际的结局应当能弥补你欺骗的罪行，纠正你的背信弃义。如果你能够认为我们得到的优待是上帝的一种慈悲，你就应当将上帝对我们所做的一切看成是一种慈悲而非公平。

由此可见，上帝用他慈悲的罗网将我们从危险的海洋中网回，从坠落的卡律布狄斯旋涡中救起，尽管我们并不情愿。因此，我们每一个人都可以大声疾呼："主仍顾念我。"[①]反复考虑一下我们危险的处境吧，是主把我们从中救起；我们今后应该永远怀着深深的感激之情，传颂主为拯救我们的灵魂所做的一切，以我们自身为榜样去安慰那些不再信仰上帝慈悲的不义之士，让所有人都懂得上帝会善待那些真心祈祷者，对于这些不情愿的罪人，他竟能给予如此的宽容。想一想上帝赐予我们的无限慈悲吧，想一想主在惩罚我们时显示出的同情心，以及他聪明地利用罪恶本身慈悲地宽恕我们的不敬，通过让我身体的一个部分遭受伤痛——这完全是我应得的——而同时医治两个灵魂。比较一下我们面对的危险和得到解脱的方式，再比较一下我们的疾病和医治的良药。研究一下起因和我们生活的荒野，你会惊叹于最终的结果和他的慈悲。

① 《旧约·诗篇》，第 40 篇，第 17 节。

你最清楚我那无法遏制的欲火带给我何等的耻辱，甚至在我主的受难日，对圣规和上帝的虔敬甚至食用圣餐，都无法阻止我满足肉欲的渴望。[①] 即使你不情愿、极力反对，甚至试图说服我，我却常常以威胁和打击迫使你屈从。无比强烈的欲火将我推向你，促使我去追求那淫亵可耻的快乐，将这种快乐的满足置于服侍上帝之上，这一点我们真正羞于启齿；即便是仁慈的上帝，也只能完全禁止我享受这些快乐，让我不再抱任何幻想。所以我现在得到的惩罚是完全公平的，是上帝对我的慈悲，尽管是由于你叔父的背叛，我身体的那个部分，那个引起欲望的唯一源泉被拿掉了，而这样才能让我在许多方面得到升华；让这个器官为它犯下的罪行得到应有的惩罚，让它为追求一时之乐赎罪；也让我完全从泥沼中脱胎换骨，我曾从肉体到灵魂深陷于这种泥潭中，唯其如此，我才能更有资格走近圣坛，如今再也不会有肉体上的不洁让我远离圣坛了。他仅仅让我的那个器官遭受苦痛，在这一点上可以说他对我已够仁慈了，失掉它将有助于我灵魂的超度，让它不再玷污我的身体，也不再妨碍我履行自己的职责！的确，失掉它等于将我从肉欲的重轭下解脱出来，让我得以更加体面地服务上帝。

所以，当仁慈的上帝清理而不是剥夺我身上的那个器官时——它们由于猥亵的行为被称作“耻辱的器官”，并没有自己适当的名字——他除了清除掉那个污浊的瑕疵以保持完全的纯洁外还能做些什么呢？我们都曾听说过，一些圣贤极其渴望具有这种

① 在大斋节、耶稣受难日和大型节日的守夜，就连合法夫妻间同房也是教会所不允许的。

纯洁的品质，他们为了彻底摆脱欲望和耻辱而宁愿阉割自己。使徒就曾恳请主取掉他身体上的这一苦恼的根源，但主没有答应他。[①] 伟大的基督教哲学家奥利金就是一个很好的例子，他为了彻底熄灭体内的欲火而不怕阉割自己。[②] 他似乎只从字面上理解了为天国阉割自己的人会真正得到上帝的保佑这话的含义[③]，认为阉割而后扔掉那个器官的人才是在真正履行主有关那个器官的指示[④]；他似乎把以赛亚的预言当作了历史事实而非神化的象征，在以赛亚预言中，主更青睐信徒中那些阉人："那些谨守我的安息日、选择我的喜好、持守我约的阉人，我必须使他们在我的殿中、我的室内得到纪念，得到名号，让他们享受比有儿女者更高的荣誉。我将赐给他们永恒的美名。"[⑤]然而奥利金应受到严厉指责，因为他以惩罚自己肉体的方式寻求补偿，这种补救的方式是应受到谴责的。的确，他对上帝满怀激情，但这是一种扭曲的激情，[⑥]我们可以将他的自残指控为犯有杀人罪。可以认为他这样做要么是受了魔鬼的指使，要么是犯了严重的错误，但就我而言，这是上帝对我的怜悯，是他通过另一个人的手对我作出的惩罚。我不应因此受到责备，我躲开了它。我理应死去而后获得生命。上帝向我发出了召唤却又中止了这种召唤；我的罪行在继续，却得到了宽恕，

① 参见《新约·哥林多后书》第 12 章第 7—8 节。

② 参见优西比乌的《基督教教会史》(*Historia Ecclesiae*)，6.8。

③ 参见《新约·马太福音》第 19 章第 12 节，具体文字为："因为有生来是阉人，也有被人阉的，并有为天国的原因自阉的。这话谁能领受，就可以领受。"

④ 参见《新约·马太福音》第 18 章第 8 节。

⑤ 《旧约·以赛亚书》，第 56 章，第 4—5 节。

⑥ 参见《新约·罗马书》第 10 章第 2 节。

这不是我愿意看到的。使徒不断祈祷，上帝却不理睬，他坚持祈祷，却仍得不到回答。的确，主是顾念我的。[①] 因此，我要大声颂扬主为我的灵魂所做的一切。[②]

来吧，我不可分离的伙伴，与我一道感恩吧。在我犯罪时你是我的同伴，上帝对我慈悲时同样也有你一份。因为主并没有忽略你本人的超度，事实上，他一直顾念着你，因为他以自己的名字预言了你的与众不同，他按照自己的名字 Elohim（埃洛希姆）将你起名为 Heloise（爱洛伊丝）。我认为，仁慈的主本打算把我们一同拯救，魔鬼却努力把我们一同摧毁；不久以前，主通过牢固的婚姻契约将我们紧紧连在了一起。当时，我渴望将我无比深爱的你完全留给自己，但主在那时已在计划着利用我们的结合让我们一道皈依他。若不是由于婚约让你与我走到了一起，也许在我结束尘缘之后，你可能或听从亲友的劝告，或留恋于尘世的欢娱，依旧留在尘世中。由此可见，主多么关心我们，他仿佛在为某种不寻常的目标挽留我们，他愤怒而悲伤，因为我们没有利用他赋予我们的知识和才能为他的美名增光添彩；或者说他多么为我们——他谦卑而缺乏自持的仆人——担心，因为《便西拉智训》中写道："女人会令智者抛弃信仰。"[③]的确，所罗门这位世上最聪明的男人即是明证。[④]

有着过人的才智的你通过为主培养虔诚的儿女做到了时刻关注主的事务，而我则一无所有，徒然地耕耘于属于地狱的儿孙当

① 参见《旧约·诗篇》第 40 篇第 18 节。

② 参见《旧约·诗篇》第 66 篇第 16 节。

③ 《便西拉智训》，第 19 章，第 2 节。

④ 参见《旧约·列王纪上》第 11 章第 1 节以下。

中！如果你沉溺于低贱的世俗之乐，最终痛苦地生下几个凡夫俗子，那该是多么可恶的损失和痛苦的不幸啊！如今你该感到无比喜悦，因为你供养着这么多天国的子孙！你不再是普通的女人，不仅如此，你现在超越于男人之上，将对夏娃的诅咒变成了对马利亚的祝福。让那些如今翻动着《圣经》的手去从事有损她们身份的尘世女人的俗务，那该是多么不妥的事啊！上帝于是考虑让我们脱离这种污浊的泥沼，放弃世俗之乐，从而保持我们的纯洁，他认为这是他应做的事。他凭着自己的力量——这种力量正是他用来击打保罗、使他皈依的那种力量[①]——将我们吸引到他身旁，并以我们为鉴，劝阻其他有识之士不再犯通奸之罪。

因此，我求你不要悲伤，不要因圣父明智地纠正了我们的行为便迁怒于他；看看下面的话吧："耶和华所爱的，他必责备"[②]，"主总是杖责他喜爱的每个儿子"[③]。还有："不忍杖打儿子的，是恨恶他，疼爱儿子的，随时管教。"[④]这种惩罚是暂时的，非永久的，是为净化我们的灵魂，不是为毁掉我们。用心听一听先知的明智之言吧："主对同一个问题不会作出两次裁断，因此不会出现第二次苦难。"[⑤]再听听无所不能的上帝的精辟之言吧："你们长存忍耐，就必保全灵魂。"[⑥]所罗门王也说过："不轻易发怒的，胜过勇士；征服

① 参见《新约·使徒行传》第9章第3节以下。

② 《旧约·箴言》，第3章，第12节。

③ 《新约·希伯来书》，第12章，第6节。

④ 《旧约·箴言》，第13章，第24节。

⑤ 《旧约·那鸿书》，第1章，第9节。

⑥ 《新约·路加福音》，第21章，第19节。

己心的，强如取城。”[①]当上帝唯一的儿子为了你们，为了人类，无辜地落入亵渎之士的手中，被他们拽着、折磨着、被蒙住双眼、被嘲笑、被殴打、被唾弃、被戴上带刺的帽冠，直至最终与盗贼一起被钉死在十字架（这在当时是一种无比耻辱的绞刑架）上，他那十分可怕的、受到诅咒的死，这一切难道不让你感动或产生同情之心吗？永远把他当成你真正的配偶吧，妹妹，他也是一切教堂的伴侣。时刻想念他，把他看成是为你而被钉十字架、为你而扛起自己的十字架的。做下面这群女人中的一员吧，她们为他恸哭不止，正如路加所讲：“有许多百姓跟随耶稣，内中有好些妇女，妇女们为他号啕痛哭。”[②]他转向她们，慈悲地预言即将来临的大毁灭，那是对他的死亡采取的复仇。如果她们理解他的话应当早作准备。“耶路撒冷的女子，”他说，“不要为我哭，当为你们自己和你们的儿女哭。因为日子要到，人必说：‘不生育的和未曾怀胎的，不曾乳养婴孩的，有福了。’那时，人要向大山说：‘倒在我们身上！’向小山说：‘遮盖我们。’这些事既行在有汁水的树上，那枯干的树将来怎么样呢？”[③]

同情他吧，他为你的超度自愿忍受苦难，怜悯他吧，他为你而被钉在了十字架上。你的心应永远陪伴在他的墓旁，与那些忠诚的女人一道恸哭哀悼，“这些女人坐在耶稣的墓前为他号啕痛哭”；与她们一道为埋葬他准备香水，这应当是精神的而非肉体的香水，他需要的是此种而非彼种芳香。尽你的忠心为这一切哀悼吧，因为耶稣曾借耶利米之口勉励信徒们进行哀悼：“你们一切过路的人

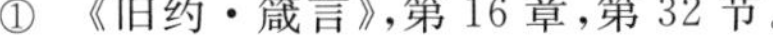

① 《旧约·箴言》，第 16 章，第 32 节。

② 《新约·路加福音》，第 23 章，第 27 节。

③ 《新约·路加福音》，第 23 章，第 28—31 节。

哪，你们要观看，看还存不存在我经历过的那般痛苦。”[①]也就是说，看看是否还有其他受苦受难者值得你为他如此悲伤，因为我个人——虽然并非出于我自己的罪过——已经为他人抵偿了罪过。他本人即是信徒们从放逐之地返回家园的必经之路。他还竖立了十字架，从那里召唤我们，这是他提供给我们使用的一架天梯。上帝的独子为你而被钉死在这个十字架上。他成了祭品，因为他愿意。深深同情他，为他悲伤，在你的悲痛中分担他的痛苦。先知撒迦利亚曾预言虔诚的灵魂应该做到：“他们为他号哭，如丧独子，又为他愁苦，如丧长子。”[②]

看看吧，我的妹妹，那些丧失独子或长子而深爱耶稣者该有多么悲伤吧。看看全体成员、宫内人士为之恸哭哀泣的场面吧；你若走近那位已死独生子的新娘，你会发现她悲痛欲绝的样子简直令人无法忍受。妹妹，这种哀悼和痛哭也应当属于你，因为你与这位新郎已有婚约。他没有用他的财富而是靠他本人赢得了你。他用自己生命的鲜血赢得了你，赎回了你。看看他对你享有怎样的权力吧，弄清楚自己有多么珍贵。使徒讲到自己不值得那么多、考虑他该如何为这样珍贵的礼物作出回报时，他头脑中所思考的价值含义在于：“我断不以别的夸口，只夸我主耶稣基督的十字，就我而言，世界被钉在十字架上，就世界而言，我被钉在十字架上！”[③]你的伟大胜过天堂，胜过世界，因为造物主本人即代表着你的价值。我想问你，当他什么都不缺时，究竟是什么让他为了赢得你而宁愿

① 《旧约·耶利米哀歌》，第1章，第12节。

② 《旧约·撒迦利亚书》，第12章，第10节。

③ 《新约·加拉太书》，第6章，第14节。

去追求可怕且耻辱的死亡呢？换言之，除了你本人，他还寻求你的什么呢？他是真正的朋友，只渴望你本人而不需要你的任何东西，他是一位曾讲过会为你而死的真正朋友："一个人可以为他的朋友献出生命，没有比这更伟大的爱了。"①

真正爱你的是他，不是我。我的爱曾让我们双双成为罪人，这只能叫作欲望，不是真爱。我在你身上寻求的是可憎的享乐，这便是我全部的爱。我说我为你忍受苦难，也许是这样的，但实际上是通过你而受苦，即便如此，也还是心不情愿；不是因为爱你而是因为难以克制的冲动，而带给你的不是超度而是痛苦。但他是真正为你的超度而忍受苦难，完全出于自愿地代你受难。他通过忍受苦难治愈了所有的疾患，消除了所有的苦难。你应当将你的忠心、你的同情、你的哀痛全部奉献给他而不是我。为他遭受的不公和迫害哭泣，不要为我应得的惩罚悲伤，如我前面所言，这是上帝对我们两人的恩赐。你若不喜欢正义，则你必是不义的；若你自觉地反对上帝的意志，或更确切地说，反对他无限的仁慈，则你必是非常不义的。为你的救世主和赎身者哀悼吧，不要为玷污你、引诱你的罪人悲哀，要为你而死的主人哭泣，而不是为仍活着——事实上第一次真正摆脱死亡——的仆人愁苦，请保持清醒，以免你像庞培责备哭泣不止的科妮莉亚那样受到责备，让他成为你的耻辱：

战斗结束了，庞培王活了下来，但

① 《新约·约翰福音》，第15章，第13节。

> 他的财富死去了。这才是你现在应当哀悼的
> 和曾经爱戴的对象。[①]

为此悲痛吧，你应当感到脸红，除非你赞成我们从前罪恶的、放纵的生活方式。所以，我规劝你耐心地接受仁慈的上帝降临到我们身上的一切所谓灾难。这是严父的杖责，不是迫害者的毒剑。严父的责打是要你纠正错误，防止欲置人于死地的敌人的攻击。他以伤口避免了灭亡，却不是在做交易；他是在免灾袪病。尽管伤害了肉体却治愈了灵魂；他让本应摧毁的东西延续生命，除却污点留下无瑕美玉。他只进行一次惩罚，却永远杜绝了第二次。让一个人忍受伤痛，从而两个人得免死去；两个罪人只要一个人来受刑。这也是仁慈的上帝顾念你柔弱的体质，在一定意义上讲，因为你较弱的女性气质和较强的禁欲能力，应得的惩罚也应从轻。为此我感激耶稣，他免去了对你的惩罚，使你有机会将来戴上光环；他通过让我的肉体遭受一时之痛一劳永逸地熄灭了我身上的欲火，从而在我耗尽生命之前挽救了我，而我曾经因过度放纵而完全陷入了那种欲火之中。你青春的躯体曾不断啃噬着我痛楚的心灵，如今他让一切痛苦化作了殉道者头上的光环。虽然你可能讨厌听到这些，禁止别人提起它，然而事实确凿。坚持不懈努力奋斗者理应得到荣誉的花环；但只有遵守规则的运动员才可能赢得花环。[②] 我却不会有花环了，因为我不再有为之奋斗的事业。欲望

---

① 卢坎：《法萨利亚》，8.84—85。

② 参见《新约·提摩太后书》第2章第5节。

之棘一旦被拔掉，他也就失去了奋斗的力量。

然而我相信，即使我不会再得到花环，若能逃避进一步的惩罚，也是好的，也许通过暂时的一次性惩罚，可以摆脱许多永恒的重负。《约珥书》中曾讲起可怜的人类或牲畜："牲畜在粪便中腐朽。"[①]而且，当我相信你的德行增加了，我对于自己功德的减少会少些抱怨；因为在基督那里我们两人已合而为一，是婚姻契约中的一个肉体。你的一切，我想，都可以称为我的，基督属于你，因为你已成了他的新娘。如前所述，如今我是你的仆人，过去你曾把我当成你的主人，现在你和我之间的纽带是精神上的爱，不是敬畏的爱，因此，我比任何时候都更加属于你个人。所以，我越来越相信，只要你不断向他祈祷，求他宽恕我们，他会给予我本人无法取得的慈悲；尤其是现在，疾病的危险和干扰威胁着我的生命，让我无暇祈祷。我也无法模仿埃塞俄比亚女王干大基的那位掌管着她所有财产的太监，他竟然从遥远的埃塞俄比亚来到耶路撒冷朝拜。[②]在返家的路上，天使派遣使徒腓利收他做基督徒，实际上，他勤奋的祈祷和研读《圣经》的精神已经让他完全有资格做基督徒了。正因为他不愿在归途中占用祈祷和研读《圣经》的时间——虽然他是极为富有的异教徒——仁慈的上帝派出的使徒才能有机会在他面前打开《圣经》让他皈依。

为了不让任何事阻挠我的祈求和实现这种祈求，我匆忙写下了下面的祈祷词寄给你，请你代我们向主祈祷：

① 《旧约·约珥书》，第1章，第17节。

② 参见《新约·使徒行传》第8章第26节以下。

上帝在创世之初用男人的肋骨造就了女人，他尊崇神圣的婚约誓言，以自己为婚生子或以行第一神迹的方式赋予婚姻无尽的荣誉，你赐予我这种医治我的脆弱和放纵的良药，并且这种方式让你感到满意，那么请你不要轻视你卑微的婢女们的祈祷，这些祈祷是我为自己和我所爱的人的放纵行为向尊贵的阁下发出的恳求。对不起，仁慈的上帝，你本人即代表着慈悲，请原谅我的大不敬，让你不可言喻的博大慈悲考验我们的各种失误。请你惩罚有罪者吧，惩罚之后你可以宽大为怀。现在就惩罚吧，以免你永久地惩罚下去。对你的仆人行杖责吧，及时纠正他们的行为，免得举起愤怒之剑。令他们的肉体忍受伤痛从而保全他们的灵魂。做他们的赎罪者吧，不要成为复仇者；保持慈悲之心，不要仅仅维护正义；做仁慈的圣父，不要做严厉的圣子。用先哲约束自己的方式试探我们、考验我们。先知似乎公开讲过："首先考虑我的力量，再量力而行，让我承担相应的负担。"①圣保罗讲下面一段话时就是在向信徒作出这种承诺："你们所遇见的试探，无非是人所能受的。神是信实的，必不叫你们受试探过于所能受的。在受试探的时候，总要给你们开一条出路，叫你们能忍受得住。"②主啊，你让我们走到一起，而又以自己喜欢的方式将我们分开。现在，主啊，请你将最初的慈悲继续下去，还我们一个慈悲的结局，让曾在尘世中分开的人们在天堂中永远为你结合

① 《旧约·诗篇》，第 26 篇，第 2 节。

② 《新约·哥林多前书》，第 10 章，第 13 节。

在一起：你是我们的希望、我们的命运、我们的安慰。噢，主啊，你代表永远享受福荫的尘世。阿门。

再见，基督的信徒，基督的新娘；
永远追随基督吧，祝你好运。

信函五　爱洛伊丝致阿伯拉尔

上帝的本我在于同类

而他的本我在于个人

我不想让你有理由觉得我可以不服从你的意志，因此，我按照你的命令按捺住了那些因无限痛苦而本想抱怨的话语；通信的方式至少可以迫使我认真思索一下难以或不可能运用言语表达的事情。因为没有什么比我们的心灵更难以驾驭的——既然没有能力指挥它，我们只有服从它。所以，当我们被它的冲动所驱使时，完全无法控制它的突然爆发，更无法阻止体现着我们日常心情的言语的表达：正如《圣经》中有文载曰："心里所充满的，口里就说出来。"[①]因此，对于我无法控制自己的口不讲出来的话语，我不会把它写成文字；真希望这颗痛苦的心能像作者的手一样听从指挥！然而，你独自掌握着能医治我创伤——即便你不能完全治愈它——的良药。一钉入必有一钉出。[②] 同样，当大脑已转向其他事物、被迫丢开或中断它对过去的回忆时，新思想必然代替旧思

---

① 《新约·马太福音》，第 12 章，第 34 节。

② 见西塞罗之 *Tusculanae Disputationes*，Ⅳ.35.75。

想。但一种思想占据大脑的空间越多，分散它对其他事物的注意力的能力越大，这样一种思想的主题就越有价值，对指导我们的大脑就越重要。

因此，我们这些基督的婢女，也是你的基督女儿们，有两件事恳请您教导，这两件事于我们自身而言是非常有必要弄清楚的。其一是请你指教我们有关修女会的来龙去脉，以及我们所从事的职业的权威所在；其二是请你为我们制定一套教规，并形成文字，这套教规应当适用于女人，而且也请你详述一下我们该保持的生活方式和习惯，我们的圣父们从未解答这方面的有关问题。由于缺少和需要这样一种教规，今天的男人和女人仍在入同样的寺院，遵奉同样的教规，较弱的女性所承受的寺规约束同较强的男性教友们没什么两样。目前，在拉丁教会中，女人同男人一样遵奉着圣本笃[①]的教规，尽管只有男人——不论是地位低者还是地位高者——才能够完全服从这种教规，因为很显然它是为男人所写的。现在暂时撇开教规的其他各条不考虑：女人们怎么可能去关心教规中所写的有关修士道袍的大兜帽、内裤或披肩，或者贴身穿用的短祭袍或羊毛衫呢？[②] 她们每月清洗多余体液时不正是要避免这些东西吗？对于其中有关修道院院长要亲自大声朗读福音书，[③]然后再吟唱赞美诗这种规定，她们该有怎样的感觉呢？还有为修道院院长和朝圣者及客人们留出的餐桌，究竟哪一种更适合我们

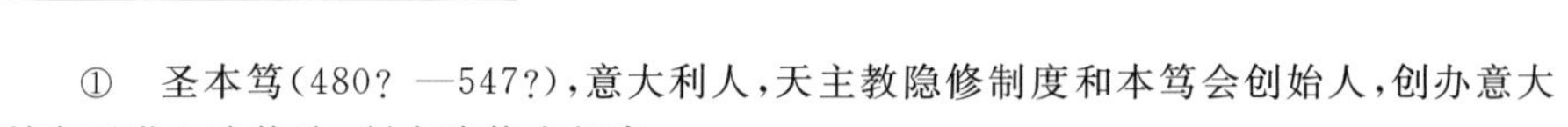

① 圣本笃(480？—547?)，意大利人，天主教隐修制度和本笃会创始人，创办意大利洛西诺山隐修院，制定隐修会规章。

② 见 *The Rule of St Benedict*，第 55 章。

③ 见 *The Rule of St Benedict*，第 11 章。

的宗教活动？女修道院院长永远不要款待男人，还是她可以同她接待的男人一道进餐？如果男人同女人共同生活在一处，他们的灵魂太容易被侵蚀，特别是当他们一同进餐时，在餐桌上，大吃大喝和纵酒过度是常有的事，而且易于导致色欲的酒[①]被当作享受畅饮。圣哲罗姆就警告过我们这一点，他这样提醒一位母亲和她的女儿："在餐桌上总是很难保持体面。"[②]作为肉欲和羞耻学说的导师，诗人奥维德就曾在他的一本名为《爱的艺术》的书中详细描写了宴会如何为通奸提供了一种特别的机会：

当酒飞溅到了丘比特干渴的翅膀上时
他停下来沮丧地站在他落定的地点……
之后传来了笑声，之后连穷人也找到了财富
之后悲哀、焦虑和皱纹离开了额头……
这既是女孩迷住男人心窍的时刻
也是酒中的美女火上浇油的时刻[③]

即使他们仅仅宴请那些他们愿意款待的女人，难道就不存在危险了吗？当然没有什么比女人的奉承更易于引诱女人，也没有比女人更愿意将堕落灵魂的沼气传给另外的女人；这也是

---

① 见《新约·以弗所书》第5章第18节："不要醉酒，酒能使人放荡……"

② 见其 *Epistulae*，cxvii，6。

③ 奥维德：《爱的艺术》（*Amores*），I，233—234，239—240，243—244。奥维德（公元前43—公元17年），古罗马黄金时代诗人，著有长诗《变形记》，另有《岁时记》《哀歌》《爱的艺术》等。

圣哲罗姆特别劝诫从事圣职的女人避免与世俗女子接触的原因所在。[①] 最后，如果我们将男人排除在我们款待的范围之外而只接待女人，很明显，我们将冒犯这些男人，而他们的服务是我们修道院中较弱的女性所需要的，特别是对于这些给予我们很多而我们很少或没有回报的男人。

但是如果我们不能遵循这一教规的要求，恐怕我们可以引用使徒雅各的话来谴责我们自己："凡遵守全律法的，只在一条上跌倒，他就是犯了众条。"[②]也就是说，尽管他大体上遵守了律法，他会仅仅因为没能执行全部的律法而犯罪，因在一件事上违法而变成了犯法者，除非他遵守了全部的律条。雅各对这一解释很谨慎，他马上补充道："原来那说'不可奸淫'的，也说'不可杀人'。你就是不奸淫，却杀人，仍是犯了律法的。"[③]他在这里公开声明，如果一个人违反了戒律之一，他就是有罪之人，因为天主本人制定了此戒律的同时，也制定了彼戒律，不论违反哪一条戒律，同样都是对他的不敬，因为是他制定了全部戒律而非其中之一。

但是，暂且不说那些教规中的详细规定，我们根本无法遵循其中每一处细节，或者说无法在不对自己造成伤害的情况下遵循它：单拿收获问题来讲——到田地里收获庄稼，这不一直是修道院修女们的传统吗？我们是不是要考验一下那些我们在一年中接待的女人们的坚贞，并以圣本笃教规中的三个章节教导她们呢？[④] 还

① 见其 *Epistulae*，xxii，16。

② 《新约·雅各书》，第 2 章，第 10 节。

③ 《新约·雅各书》，第 2 章，第 11 节。

④ 见 *The Rule of St Benedict*，第 58 章。

有什么比踏上一条尚未确定的、未知的路更愚蠢的事呢？或者说还有什么比选择并忠于一种你一无所知的生活方式，或立下你无法遵守的誓言更冒失的事呢？既然谨慎乃所有美德之母，理智为一切善事之父，谁又会把那些与谨慎或理智相冲突的事情看成高尚或美好的呢？因为如圣哲罗姆所言，[①]超越所有界定及标准之上的美德是与罪恶相伴而生的。如果事先没有调查承受人是否有力量支撑，就给他们施加负担，很显然这是有悖于理智和谨慎原则的，应当确保他们的负重不超出他们的自然体质能力。没有人会将适合于一头象的重担加在一头牛身上，也没有人对老年人和孩子的期望同对成年人一样多，没有人对强者与弱者、健康者与不健康者、较弱的女性与较强的男性抱同样的期望。圣格列高利主教在他的《牧函》(*Pastoral Rule*)第24篇中对如何进行劝诫和训教谨慎地作了如下的区分："因此，对男人进行劝诫应当用一种方式，而对女人则应用另一种方式；沉重的负担应由男人来承担，经常接触大事使他们得到了锻炼，而女人则应承担较轻的负担，所以劝说她们时不应使用过于严厉的方式。"

当然，那些为修士们制定规章的人对女性不仅缄口不提，而且制定了一些他们清楚地意识到并不适合女人的规章，这充分表明，套在公牛和母牛脖子上的牛轭一样没有理由，因为天性不平等者所承受的劳动不应是同等的。对一切都充满正义感的圣本笃在这一点上也是非常谨慎的，他在所制定的教规中，根据男人的品质或时代的不同对一切事进行了折中的解释，正如他自己曾经讲过的，

① 见其 *Epistulae*，cxxx，11。

以便让一切都以一种折中的面目出现。首先，从院长本人开始，他规定他应当以这样的方式领导其教徒（他说道）：

> 他将根据每个人的性情和智慧调整自己适应他们。这样托付给他的群体人数不会减少，甚至他会高兴地看到人数还有所增加……同时，他必须清楚他自身的弱点所在，时刻牢记擦伤的芦苇一定不能折断……他还必须小心谨慎、考虑周全，牢记雅各的明智之言："如果我让牛群在路上疲于奔命，它们会在一天内全部死去的。"[①]据此及其他有关谨慎这一美德之母的例子，他必须有能力将一切安排好，让强者仍有所渴盼，而弱者不会退缩。[②]

正是基于这种对教规的改动[③]才有了向儿童、老人和弱者作出让步的可能，才可能允许诵经员或礼拜服务员先于他人就餐，[④]才可能按照修道院中不同人的情况提供不同质量和数量的食品饮料。这一切明白无误地写在圣本笃教规中。他还根据季节的变化或工作的繁简适当放松了斋戒的时限，以此满足自然体弱者的需要。我在想，当他按照男人的体质和季节的变化作出安排，以使他所制定的规章为每个人毫无怨言地执行时——如果他能为男人制定出如此的教规，他会为女人制定出什么样的规定呢？因为，如果

---

① 《旧约·创世记》，第 33 章，第 12 节。

② *The Rule of St Benedict*，第 2、64 章；《旧约·以赛亚书》，第 42 章，第 3 节。

③ 见 *The Rule of St Benedict*，第 35—41 章。

④ *The Rule of St Benedict*，第 36 章。

鉴于年轻人、老人和弱者的自然体弱，他不得不在某些方面改变其教规的严格程度，那么对于较弱的女性——她们的柔弱已是公认的事实——他会如何制定章法呢？

如果女人和男人受同样的教规的制约，如果弱者同强者承受同样的负担，想想看，这该是多么有悖理智和常识的事啊！如果节欲和禁酒之美德能让我们取得与教堂主教和致力于圣职的教士们同等的地位，那么，相对于我们的柔弱性而言可谓足矣，特别是《圣经》中这样讲道："如果一个人能达到其师的水平，那他应该是得到了充分的训练。"[①]如果我们能取得与普通教徒平等的地位，那也会被看成是一件伟大的事；因为在强者看来无足轻重的事却为弱者所钦慕不已。使徒说："我的能力在弱者身上能够得到最充分的发挥。"[②]但为了避免我们低估普通教徒，低估像亚伯拉罕、大卫和约伯这样的人的信仰——尽管他们有自己的妻子，克里索斯托姆(Chrysostom)在他有关《致希伯来人的信》的第七次布道中提醒我们：

> 一个人驱除那种兽性的方式可以有许多。具体有哪些方式呢？劳动、学习、夜间祷告等。"但当我们不是教士时，这些又与我们有什么关系呢？"你问我这个问题吗？最好还是问问保罗吧，他这样说过："关心一切苦难，坚持不懈地祈祷"，"不

① 《新约·路加福音》，第 6 章，第 40 节。

② 《新约·哥林多后书》，第 12 章，第 9 节。

要再去想满足身体的欲望”。[①] 当他写下这些话时，不仅仅是为教士们而写，而是为城中所有人而写，普通教徒除了能与其妻子共寝外，没有理由比教士享有更大的自由。除了这一点之外，他不应当允许自己有其他的放纵；他的一切行为举止必须像教士一样。基督登山训众论福所留下的八福词也不只是讲给教士们听的，否则，整个世界定会腐朽不堪的……他会将属于美德的事情界定在狭窄的范围内的。当婚姻已成为我们身上的重负时又有何荣誉性可言呢？[②]

从这些话我们可以很容易地得出这样的结论，任何将节欲之美德加于福音书戒律中而予以遵循的人，将会达到修士般的完美境界。我们的信仰要达到这样一种高度——履行福音书而不超越它，以免我们似乎比基督徒做得还多！当然正是出于这种原因（如果我没弄错的话），圣父们才决定，不能像为男人那样为我们制定出像新法一样的一般“教规”，也不能以大量的誓言重压在我们这些弱者的肩上；他们注意到了使徒说过的话：“因为有律法就会有惩罚；哪里没有律法，哪里就没有过犯。”“律法本是外添的，叫过犯显多。”[③]这位节欲的倡导者同样显示出对我们的柔弱性的体谅，似乎还敦促年轻寡妇们再嫁，因为他这样说过：“年轻的寡妇嫁人、

① 参见《新约·以弗所书》第6章第18节；《新约·罗马书》第13章第14节。

② 参见《新约·希伯来书》第13章第4节：“婚姻，人人都当尊重，床也不可污秽，因为苟合行淫的人，神必要审判。”

③ 《新约·罗马书》，第4章，第15节；第5章，第20节。

生养儿女、治理家务，不给敌人辱骂的把柄。”[①]圣哲罗姆也认为这一建议是有益的，他这样向尤斯钦纳讲述女人起誓入会的草率性：“如果处女由于其他错误尚未能得到拯救，那些淫乱信仰基督者、将圣堂变成妓院的女人又该如何呢？男人最好结婚，过一般人的生活，这比勉强登高后跌入深渊要好。”[②]圣奥古斯丁在写给尤里安(Julian)的《论寡妇的节欲》(*On the Continence of Widows*)中写道：“让尚未开始的人再认真思考一下，让已经开始的人继续下去。一定不要给敌人任何机会，不要请求基督给予恩赐。”[③]在圣奥古斯丁写下这些话时，他的头脑中所想的就是女人起誓入会的草率性。

如此说来，教会法规考虑到了我们的柔弱性，规定40岁以下的女人不能被任命为女执事[④]，只有经过较长的试用期后才可正式任命，而男人20岁以上就可以担当执事。在修道院中有一些叫作“圣奥古斯丁正经教规教士”的人，他们自称履行某种教规，自认为在各方面都不比修士差，虽然我们可以见到他们吃肉、穿亚麻衣物。如果以我们的柔弱能达到与他们的德行相媲美，这不应被看成是一件小事。大自然预先作好了安排，让我们的身体吸收较少的食物，让我们的性别具有更慎重的特点。众所周知，女人比男人所需要的食物要少，花费也更少，医学上证明说女人不容易醉酒。所以马克罗比乌斯·狄奥多西(Macrobius Theodosius)在他的

① 《新约·提摩太前书》，第5章，第14节。

② 见其 *Epistulae*，xxii。

③ 见其 *De bono viduitatis*，9.12。

④ 公元451年的加尔西顿宗教大会把年龄由60岁降为40岁。

《农神节》第七卷中写道：

> 亚里士多德说女人很少喝醉，但老人很容易喝醉。女人的身体极其润泽，从她们细腻光洁的皮肤，特别是从她们经常清洗身体以除去多余体液这一点可以看得出来。所以当她们喝下的酒与她们润泽无比的身体相融合后，酒就失去了其效力，也就不容易对大脑造成冲击。
>
> 注定要经常清洗的女人身体有几处孔洞，这样保证了它的体液有排泄的渠道和释放点。通过这些孔洞，酒的烈性很快被释放掉了。相反，老年人的身体干枯，他们粗糙有皱纹的皮肤就说明了这一点。[①]

我们从这一点上可以看出，我们的天性和柔弱可以让我们比较安全地接受任何食物和酒水；事实上我们不容易贪吃，也不容易喝醉，因为我们进食的适量使我们免于贪吃，而女性身体的天性使我们免于醉酒。如果我们有节制而一无所有地活着，全心全意地服务于上帝，那么，相对于我们的柔弱性而言也就足够了，或者说，是对我们柔弱性的极大献礼。我们能够这样做也就达到了与教堂主教们同等的地位，或者说，与那些普通教徒或被称作正经教规教士、声称遵循使徒生活方式者，达到了同等的地位。

最后，如果那些向上帝起过誓者做得比他们的誓言更多更好，以此得体地弥补他们所亏欠的一切，那么这可谓是一种深谋远虑。

---

① 见其《农神节》(*Saturnalia*)，vii，6.16—17，18。

因为上帝说过:“这样,你们做完了一切所吩咐的,只当说:‘我们是无用的仆人,所做的本是我们应做的。’”[①]或者,用直白的话讲:“我们毫无用处可言,没有什么价值,不值得称赞,因为我们仅仅满足于偿还我们所亏欠的,而没有增加什么额外的礼物。”主本人在一则寓言中讲到额外的奉献时说:“此外所费用的,我回来必还你。”[②]

如果许多轻率地宣誓忠于修道院规章的人能够更加仔细地注意这一点,能够事先考虑好他的誓言究竟意味着什么,能够仔细地研究一下“教规”的实际要旨所在,那么他们就不会由于无知而有太多的冒犯,不会由于草率而犯太多的罪行。事实是,他们几乎全都不假分析地加入了修道院的行列中:他们未经过适当的训练就被接受入了会,入会后接受的训练就更少,他们遵循着他们并不理解的“教规”,同样随时可能藐视它而把他们喜欢的习惯建立为规章。因此,我们一定要谨慎,不要给女人肩上增加会让几乎所有男人都跌跌撞撞甚至摔倒的重担。我们可以看到,世界已经变得苍老,同其他生物一样,人类也失去了他们以前的自然活力:用上帝的话讲,在许多男人身上,事实上在几乎所有男人身上,爱心本身已经变冷了。[③] 所以,今天似乎有必要根据男人目前的品质,改变或修改为他们而制定的“教规”。圣本笃本人也很清楚这种区分的必要性,并承认他已放松了修道院规章的严格程度,认为他制定的

① 《新约・路加福音》,第17章,第10节。

② 《新约・路加福音》,第10章,第35节。

③ 参见《新约・马太福音》第24章第12节。

"教规"同早期的规定相比,仅仅构成一种高尚生活方式的基础和修道院生活的一个开端。他说:"我们制定出这一'教规',旨在通过履行它,向人们表明我们已达到了某种程度的高尚生活和掌握了最基本的修道院规章。但对于任何匆忙致力于修道院完美生活的人,圣父们为他们留下了有关的教义,奉行这些教义的人有望达到完美的顶峰。""那么不论你是谁,如果你急于去往天国,请在基督的帮助下奉行这一最基本的'教规',以此为开端,在上帝的保护下,最终你会达到教义和美德的顶峰。"[①]他还特别指出,我们读到的诗篇集,圣父们过去常常在一天之内即吟诵完成,而如今这已经被修改得非常温和宽松,允许修士们在一周的时间里完成对它们的吟诵,因此,他们也可以像教士们那样只吟诵较少的诗篇。[②]

那么,最能触动人的肉欲、最让我们躁动不安、最能破坏我们的理智和上帝在我们心目中的形象的物质,还有什么比它更有悖于修道院的宗教生活方式和平静生活状态呢?这种物质就是酒。《圣经》中宣称酒为所有食物中最有害者,并为此而警告我们。基督在《箴言》中这样讲道:

> 酒能使人亵慢,浓酒使人喧嚷,凡因酒错误的,就无智慧……什么人会像他父亲一样苦恼不堪?什么人会莫名地吵架、打斗、受伤呢?什么人总是眼睛充血红肿?就是那留恋饮酒、常去寻找酒喝的人。酒发红,在杯中闪烁,你不可观看,虽

① 见 *The Rule of St Benedict*,第 73 章。

② 见 *The Rule of St Benedict*,第 18 章。

> 然下咽舒畅，终究是咬你如蛇，刺你如毒蛇。你眼必看见异怪的事，你必发出乖谬的话。你必像躺在海中，或像卧在桅杆上。你必说："人打我，我却未受伤；人鞭我，我竟不觉得。我几时清醒，我仍去寻酒。"①
>
> 利慕伊勒啊，君王喝酒，君王喝酒不相宜。恐怕喝了就忘记律例，颠倒一切困苦人的是非。②

《便西拉智训》中亦如是说："酒和女人剥夺了他们的智慧，它们是良知的严峻考验。"③圣哲罗姆本人在写给尼波西安的信中谈到教士的生活时，显然极为愤怒，因为遵奉律法的教士总能避开会让他们麻醉的任何东西，在戒酒方面远远超越于我们如今的教士之上。他这样讲道：

> 千万别为酒的香味所动，以免你听到下面这句哲人的名言："这不会像亲吻一样轻轻接触即止，而等待你的会是一整杯酒。"使徒同样谴责那些沉迷于饮酒的教士，《旧约》中也禁止这种行为："服务于圣坛的人不得饮酒或烈性饮料。"④在希伯来语中，"烈性饮料"指能让人麻醉的饮料，它们或通过发酵的方式制作而成，或由苹果汁和蒸馏成烈性甜味饮料的蜂巢加工制作而成，也可用海枣榨成汁，或水加煮过的谷物制作而

---

① 《旧约·箴言》，第 20 章，第 1 节；第 23 章，第 29—35 节。

② 《旧约·箴言》，第 31 章，第 4—5 节。

③ 《便西拉智训》，第 19 章，第 2 节。

④ 《新约·提摩太前书》，第 3 章，第 3 节；《旧约·利未记》，第 10 章，第 9 节。

成。任何能麻醉、扰乱大脑平衡状态的饮料都应该像酒一样被回避。[1]

可见这种禁止君王们享受的物质对于教士们也是完全禁止的，它比其他任何一种食品都更危险。然而像圣本笃这样的宗教人士竟被迫允许修士们喝酒，作为向他所生活的时代的妥协。[2]他说："尽管我们能读到有关修士不应饮酒这样的禁令，然而，关键是无法说服如今的修士们相信这一点。"如果我没弄错的话，他应当在《圣父传》一书中读到过这些段落：

一些人告诉圣父帕斯特说，一位不同寻常的修士不喝酒，圣父回答说，修士们本就不该饮酒。

在安东尼圣父山曾举行的一次弥撒集会中，人们发现了一坛酒。一位长者喝了一小杯，然后端了一杯走到圣父西索瓦跟前递给了他。圣父喝了下去，第二次他又接过去喝了，但当第三杯送到他面前时，他拒绝说："安静，兄弟，难道你不知道这是撒旦吗？"

关于西索瓦圣父还有如下说法：

他的弟子亚伯拉罕之后问道："如果这件事发生在教堂安

① 见其 *Epistulae*，lii，11。
② 见 *The Rule of St Benedict*，第 40 章。

息日或礼拜日时，他喝下了三杯酒，这是不是太多了呢？”“如果它不是撒旦，”老人回答说，“就不算太多。”[①]

关于吃肉的问题：我请问你，上帝曾在何处谴责过或禁止过修士们吃肉的？让我们注意、祈祷并标记出圣本笃如何出于需要而在这一点上对其“教规”进行了修改（尽管这对于修士们而言是更危险的事，他明知道修士们是不该碰酒的），因为在他那个时代，要说服修士们不吃肉是不可能的事。我愿意在我们自己的时代看到同样的教规，在有关非善非恶或中性的问题上作些类似的修改，以便不再让誓言约束靠说服无法达到的一切。如果能够在不辱宗教的情况下作出让步，采取一些中间立场，那么，只要禁止那些有罪的行为则足矣。于是，在食物方面也可以像服装一样，适用同样的教规，让制作食物的原料更廉价。在一切事物上，我们要考虑的是必要性，从而避免多余，因为无助于我们进入天国或无助于将我们交托上帝的事情，不需要特别的关注。所有这些行为都属于外在的德行，不论对于入地狱者还是升天堂者，不论对于伪善者还是笃信宗教者，都是一样的。没有什么比内在和外在的德行之间的差别更适于区分犹太教徒和基督徒了，因为爱本身即能区分哪些是上帝之子，哪些属于魔鬼，即使徒称作律法要旨和目标的东西。[②]所以，为了打击人们对德行的自豪感、推崇信仰的正当性，他也这样对犹太人讲：

① 《圣父传》(*Vitae patrum*)，V，4.31，36，37。

② 参见《新约·罗马书》第13章第10节；《新约·提摩太前书》第1章第5节。

> 既是这样，哪里能夸口呢？没有可夸的了。用何法没有的呢？是用立功之法吗？不是，乃用信主之法。所以我们看定了，人称义是因着信，不在乎遵行律法。[①]
>
> 倘若亚伯拉罕是因行为称义，就有可夸的，只是在神面前并无可夸。经上说什么呢？说："亚伯拉罕信神，这就算为他的义。"[②]

但是，如果他仅仅依靠他对主——能为有罪之人解除罪行的主——的信仰而没有任何德行的话，那么，他的信仰的确也只能按照上帝的说法"算为义"。

使徒还允许基督徒食用各种食品，并将食品同所谓正当的事情区分开。"上帝的王国，"他讲道，"并非吃喝的世界，而是一个正义、和平和快乐的圣灵世界……一切食物本身皆是纯净的，但任何食物对于饮食方面有禁忌的人而言都是有害的。不吃肉不喝酒是好事，但也不要冒犯、激怒或打击你的兄弟。"在这段话中并未有禁食某种食物的言辞，而仅仅提到了饮食方面犯忌的问题，因为一些笃信犹太教的人在看到别人食用律法所禁止的食物时，会感到非常愤慨。使徒彼得在受到严厉指责后努力避免这种冒犯行为并完全改正了，保罗本人在写给加拉太人的信中重述了这件事。[③] 保罗还写信给哥林多："其实食物不能叫神看中我们，因为我们不吃

① 《新约・罗马书》，第 3 章，第 27—28 节。

② 《新约・罗马书》，第 4 章，第 2—3、5 节。

③ 《新约・加拉太书》，第 2 章，第 11 节以下。

也无损，吃也无益”，并且，“凡市上所卖的，你们只管吃，不要为良心的缘故问什么话，因为地和其中所充满的都属乎主”。[①] 而对歌罗西人他如此说道：[②]“所以不拘在饮食上，或节期、月朔、安息日，都不要让人论断你们。”还说道：“你们若是与基督同死，远离了尘嚣，为什么仍像在世俗中活着，服从那‘不可拿、不可尝、不可摸’等类的规条呢？这都是照人所吩咐、所教导的。说到这一切，正用的时候就都败坏了。”尘世的要素是他所谓的世俗之人所应遵奉的律法的最基本的组成部分，在遵奉律法的过程中，就像学习字母这些最基本的东西，人们即在从事着尘世即世俗人的生活。但那些追随基督的人，就这些基本准则和世俗的律法而言是已经死去了，因为他们已经不再生活在俗人的世界中，因而不再受它们的约束。世俗之人皆注重形式，对待一些食物及类似的东西总是有区别的，他们总是说“别碰这个或那个”，因为使徒说，一旦碰到、品尝或触摸这些东西，对那些仅仅遵循人类即世俗之人的规范和训导行动的灵魂具有灾难性的后果。世俗之人不是从基督而是从世俗的角度或以其自己的方式解释律法。当基督派其使徒四处布道时，为了避免有辱宗教，他允许使徒们食用各种食物，这样无论何时何地，只要主人热情好客，使徒们即可在他们家中像他们一样吃住和饮酒。[③] 当然，保罗在圣灵的帮助下，预见到他们最终会偏离主和他本人的教导，曾在给使徒提摩太的信中讨论过这个问题：

① 《新约·哥林多前书》，第 8 章，第 8 节；第 10 章，第 25—26 节。
② 《新约·歌罗西书》，第 2 章，第 16、20—22 节。
③ 《新约·路加福音》，第 10 章，第 7 节。

> 圣灵说：在后来的时候，必有人离弃真道，听从那引诱人的邪灵和鬼魔的道理，这是因为说谎之人的假冒，这等人的良心如同被热铁烙惯了一般。他们禁止嫁娶，又禁戒食物，就是神所造、叫那信而明白真道的人感谢着领受的。凡神所造的物都是好的，老感谢着领受，就没有一样可弃的，都因神的道和人的祈求成为圣洁了。你若将这些事提醒弟兄们，便是基督耶稣的好执事，在其道的话语和你向来所服从的善道上得到了教育。[①]

但如果有人以世俗的眼光看重斋戒这种外在形式的话，他会更愿意接受约翰及其门徒的方式——以过量的斋戒耗费生命，而放弃基督及其使徒的方式。的确，施洗者约翰的门徒——那些在外在的形式上仍然明显地追随犹太传统的人——是反对基督及其使徒的，甚至对主本人也提出了质疑："为什么约翰的门徒和法利赛人的门徒需要禁食，而你的门徒却不需要呢？"[②]圣奥古斯丁在思考这一段内容并确定美德与其外在表现的区别时得出结论说，就外在形式而言，德行并不能增加美德。在他所著的《婚姻的益处》一书中，他这样写道：

> 节制是精神上的而非肉体上的美德。但精神上的美德有时表现在德行上，有时则从自然习惯上表现出来，比如殉道者

① 《新约·提摩太前书》，第 4 章，第 1—6 节。
② 《新约·马可福音》，第 2 章，第 18 节。

的美德可以从他们经历的痛苦上体现出来。还有，约伯已经具备了耐心这种品质；主心里清楚这一点并证明给他看，但他却是通过约伯经历的各种折磨和考验向人们说明这点的。[①]

为了便于大家更好地理解美德如何可以不从德行上而从自然习惯上表现出来，我下面举例说明，我举的这个例子是任何基督徒都不会怀疑的。以血肉之躯存在的我主耶稣感到饥渴时，又吃又喝，真正信仰我主福音的人都清楚这一点。那么他所具备的节制之美德是否真的同圣徒约翰一样伟大呢？"约翰来了，也不吃，也不喝，人就说他是被鬼附着的；人子来了，也吃也喝，人又说他是贪食好酒的人，是税吏和罪人的朋友。"然后他补充道："然而，上帝的智慧从他自己的孩子们身上得到了验证。"因为他们明白节制之美德应当总是存在于自然习惯中，而只在适当的时间和季节表现在实践中，就像神圣的殉道者忍受苦难之美德表现出来的那样……所以，正如殉道的彼得忍受苦难之美德并不比未行殉道的约翰来得更伟大一样，行节制之美德而从未结婚的约翰也并不比儿女成群的亚伯拉罕更值得称道，因为前者的独身生活和后者的婚姻生活，皆是出于时代的不同要求，为信仰基督而作出的选择。然而，约翰在实践中表现出了他的节制，而亚伯拉罕却只出于习惯履行节制之美德。在人类祖先[②]所生活的时代之后，当律法宣称，如果一个以色列人不能保证其种族永远繁衍就应当

① 《旧约·约伯记》，第1章，第8节。

② 在《圣经》中指亚伯拉罕、雅各等。

受到诅咒时，行节制者就无法履行这种品德，但即便如此，他仍然具有这种品德。[①] 因此，“面对律法”[②]，可以说，“让有能力接受的人接受吧”[③]；如果他具备节制之能力，则在实践中去履行这种美德，如果他不愿意这样做的话，则不应佯称具有这种品质。

这些文字清楚地表明，美德本身即能赢得上帝的赞许。同样，具有美德的人，不论其德行如何不同，理应得到他同等的嘉奖。

结果，真正的基督徒全身心地投入到培养其内在品质的努力中，以让自己成为美德的化身，远离一切罪恶，但他们对自己外在的行为却关心甚少，或根本不去关心。我们可以从《圣经》中读到下面的内容：[④]使徒们自身都非常单纯，即使主与他们在一起时，他们也有时会显得近乎粗鲁，他们显然忘记了何为礼仪，何为行为得体，在穿过玉米地时，他们皆像孩子般掰下玉米棒子，剥了皮就吃掉，而丝毫不为此感到羞愧。在吃东西前也不注意洗手，但当有人指责他们这一不洁的习惯时，主却为他们辩解说：“不洗手就吃东西并非亵渎神明的行为。”[⑤]然后他还补充了下面这一一般原则：灵魂不会被任何外在的形式亵渎，而只有来自内心的东西才能如此——

① 《旧约·申命记》，第 25 章，第 5—10 节。圣奥古斯丁的意思是说一个人可以拥有节制的习性，尽管律法禁止他在实际中显示出来。

② 《新约·加拉太书》，第 4 章，第 4 节。

③ 《新约·马太福音》，第 19 章，第 12 节。

④ 参见《新约·马太福音》第 12 章第 1 节以下。

⑤ 《新约·马太福音》，第 15 章，第 19—20 节。

“恶念、凶杀、奸淫、苟合、偷盗、妄证”等。因为除非灵魂先被罪恶的企图腐蚀，否则一切外在身体力行的作为都不构成犯罪。他还恰当地解释道，即使通奸或杀人这样的行为也先发自内心的意念，在没有身体接触之时便已犯下了罪行，正如下面这些话所言：“凡看见妇女就动淫念的，这人心里已经与她犯奸淫了。”“凡恨他兄弟的，就是杀人的。”[①]这些犯罪行为不一定只有通过与肉体接触或对肉体造成伤害才告成立，不一定只有像下面这种行为发生时，这种犯罪才存在：一个女人被残暴地强奸或逼迫一位法官以司法方式杀人。《圣经》中写道：“任何杀人犯都是基督和上帝的世界所不容的。”[②]

所以，我们不应过多考虑发生了什么行为，而应考虑导致行为发生的精神活动——如果我们想让他高兴的话，是他掌握着考验人类的心灵与下身的权力，他可以看透人类的最隐秘之处，像保罗所言，“按照我的福音”，即按照他所传播的教义，“他可以对人类的隐秘事作出审判”[③]，因而，寡妇奉献的微薄礼物——仅值半个便士的两枚硬币，相对于富人丰厚的供品，他更愿意接受的是前者。[④] 他看重的并不是财富，他不是由于供品而是由于献祭的人，才对供奉感到满意。《圣经》中写道：“主仁慈地接受了亚伯和他的供物。”[⑤]也就是说，他首先注意的是奉献者的诚意，出于对他的满意才愉快地接受了礼物。上帝越是推崇这种内心的诚意，也就越

① 《新约·马太福音》，第 5 章，第 28 节；《新约·约翰一书》，第 3 章，第 15 节。

② 参见《新约·约翰一书》第 3 章第 15 节。

③ 《新约·罗马书》，第 2 章，第 16 节。

④ 参见《新约·马可福音》第 12 章第 42—44 节。

⑤ 《旧约·创世记》，第 4 章，第 4 节。

少关心外在的事物，因此，我们应当更加谦恭地服侍上帝，更多地思考我们对上帝应尽的义务，这样我们就会较少去相信外在的东西。使徒写信给提摩太讨论食物方面的放纵问题——如我在前面所述——之后，继续谈到了操练身体的问题："在敬虔上操练自己。操练身体益处还少；唯独敬虔，凡事都有益处，因有今生和来生的应许。"[1]因为对上帝发自内心的虔诚，不仅可以为一个人赢得此生必需的一切，而且可以为他赢得来世的永恒。难道这些例子还不足以教会我们像基督徒一样思考，像雅各那样向上帝献上家畜，而不像以扫那样追杀野生动物，[2]也不像犹太人只注重外在的行为？因此，大卫王有诗云："神啊，向你所许的愿在我身上，我要将感激祭献给你。"[3]诗人还说："不要过多注重身外之物。"[4]不论俗界学者还是教会学者，皆给我们留下了无数的箴言，教导我们不要过多关注外在的表现和被认为无关紧要的事物，否则，律法所要求之德行及彼得所谓的难耐的束缚，恐怕比福音书中宣扬的自由和基督教所倡导的减压解缚更可取。基督本人鼓励我们减轻负担和束缚，他曾这样讲道："凡劳苦担重担的人，可以到我这里来……"[5]使徒彼得也曾严厉地谴责那些已经皈依基督教，却仍然认为他们应当继续遵循律法之德行的人，正如《使徒行传》记载的："我的兄弟们呀……你们为什么要给这些皈依者的肩上加上我们

---

① 《新约·提摩太前书》，第 4 章，第 7—8 节。

② 参见《旧约·创世记》第 27 章第 6 节以下。

③ 《旧约·诗篇》，第 56 章，第 12 节。

④ 佩尔西乌斯(Persius)：《讽刺杂咏》(*Satires*)，1.7。

⑤ 《新约·马太福音》，第 11 章，第 28—30 节。

及我们的祖宗都无法忍受的重负而激怒上帝呢？我们得救乃是因主耶稣的恩，和他们一样，这是我们所信的。”[①]那么，我请求你这位力求仿效基督及其使徒的人，修改你的教义，使之更适合我们软弱的体质，使之像名字一样区别不同情况不同对待，以便我们能够自由地致力于赞美上帝的职业。主不屑于所有外在的供品而推崇这样的献祭：“我若是饥饿，我不用告诉你，因为世界和其中所充满的都是我的。我岂吃公牛的肉呢？我岂喝山羊的血呢？你们要以感谢为祭献，又要向至高者还你的愿，并要在患难之日求告我，我必搭救你，你也要荣耀我。”[②]

我们这样讲并非是要求人们在必要时仍然放弃体力劳动，而是不要过多注重满足身体需求、阻碍履行圣职的事物，特别是凭借使徒之权威应对女人作出特殊的让步，即让她们靠别人的献祭而不是自己的劳动来养活自己。保罗给提摩太的信中这样写道：“如果信主的人家中有寡妇，自己就当接济他们，不可累着教会，好使教会能救济那真无倚靠的寡妇。”[③]所谓真无倚靠的寡妇是指所有将自身奉献给基督的女人，对她们来讲，不仅她们的丈夫不在人世了，而且整个尘世皆被钉在了十字架上，她们也一样。用教堂基金就像用她们丈夫的积蓄一样来供养她们是完全正当的。因此，主为自己的母亲配备了一名教士，而没让她自己的丈夫来照料她，[④]教士们又任命了七名执事或教堂牧师照料虔诚的女人们。

① 《新约·使徒行传》，第 15 章，第 7、10 节。

② 《旧约·诗篇》，第 50 篇，第 12—15 节。

③ 《新约·提摩太前书》，第 5 章，第 16 节。

④ 参见《新约·约翰福音》第 19 章第 26—27 节。

当然我们知道，使徒在给帖撒罗尼迦人的信中曾讲过“若有人不肯作工，就不可吃饭”[①]这样的话，谴责那些闲散之士，圣本笃制定体力劳动之规章，明显地也是为了避免懒散。[②] 但是《圣经》中记载在马利亚悠闲地坐听基督的教诲时，她的姐姐马大却在为她也为我主劳动着。马大不也在不无嫉妒地抱怨她妹妹的无所事事，而她必须独自承担一天的重负和艰辛吗？[③] 同样的，我们今天仍能见到那些为了满足从事圣职者的尘世需求而忙于外在事物的人经常抱怨不止。的确，人们往往更多地抱怨他们被迫向他们认为的懒散者付出的巨大代价，而对于独断专行者，对他们的掠夺的抱怨则远不如此强烈，不过，他们最终还是遵循基督的教诲去做了，他们不仅乐于服从，而且忙于阅读和吟诵那些教诲。他们不明白，如使徒所言，[④]如果他们不得不为那些精神高尚者制作必需品，那并非是什么了不起的事情，让从事尘世工作的人服务于那些致力于精神世界的人，也没什么不合适。这正是律法条文中也作出让步、允许牧师们享有这种有益健康的闲散和自由的原因，因此，为了更好地为主服务，利未的部落不享有世袭的土地财产，而从别人的劳动成果中收缴税收和供品。[⑤]

至于禁食方面——基督徒认为在更深意义上禁食，意味着禁绝罪恶而非食物，请你务必考虑一下，就教堂现有的规定而言，是

① 《新约·帖撒罗尼迦前书》，第 3 章，第 10 节。

② 见其 *The Rule of St Benedict*，第 48 章。

③ 参见《新约·路加福音》第 10 章第 39 节。

④ 参见《新约·哥林多前书》第 9 章第 11 节。

⑤ 参见《旧约·民数记》第 18 章第 20—21 节。

否还有什么需要补充的，以作出适合我们的安排。

但主要是在教堂圣职和诗篇的安排上需要作出一些规定，希望你至少在这里能考虑到我们软弱的体质而有所让步。当然，这是在你认为合适的情况下，我们在一周的时间内将诗篇歌集全文背诵下来以后就没有必要再重复同样的诗篇了。圣本笃在按照他的观点将一周的时间进行重新划分时指示说，[①]其他人可以对诗篇的吟诵作出不同的安排，如果他们认为作出变更会更合适的话。他这样做是因为他认为随着时间的推移，教堂的仪式礼法将更详尽精当，粗糙的地基上可以构造出辉煌的大厦。

首先，我们请你决定关于夜间祷告时诵读福音书的问题。[②]在我们看来，如果允许诵读的教士和执事在男人们本该与我们隔离、在我们的视野中消失的时刻出现在我们当中，这是非常有害的。我们本该在这样的时刻更真诚地献身于上帝，更安全地远离诱惑。因此，我们的主人，该由尚在尘世的你为我们制定出我们将永远遵奉的"教规"，因为除了上帝，你是这个地方的唯一奠基人，你通过上帝创造了我们这个群体，你应当同上帝一起成为我们的宗教导师。在你撒手人寰之后，我们也许会有另外的人——一个将在别人创立的地基上继续建设的人——指引我们。因此，我们担心他可能不会像你那样关心我们，或像你那样愿意倾听我们的呼吁；或者，他可能会像你一样情愿，但力所不及。因此，请你给我们指导，我们将洗耳恭听。再见。

---

① 见其 *The Rule of St Benedict*，第 18 章。

② 见其 *The Rule of St Benedict*，第 11 章。

信函六 阿伯拉尔致爱洛伊丝

这封长信是阿伯拉尔对爱洛伊丝提出的第一个问题——关于修女的起源问题——的答复。在我们看来，这封信有点过于冗长，其中关于基督的追随者及早期教堂中女人的特殊地位所举之例过多，也显得不太合乎逻辑。阿伯拉尔在信中将女基督徒同《旧约》中的女主人公及古人进行了比较。以下内容是其主要观点的摘要。

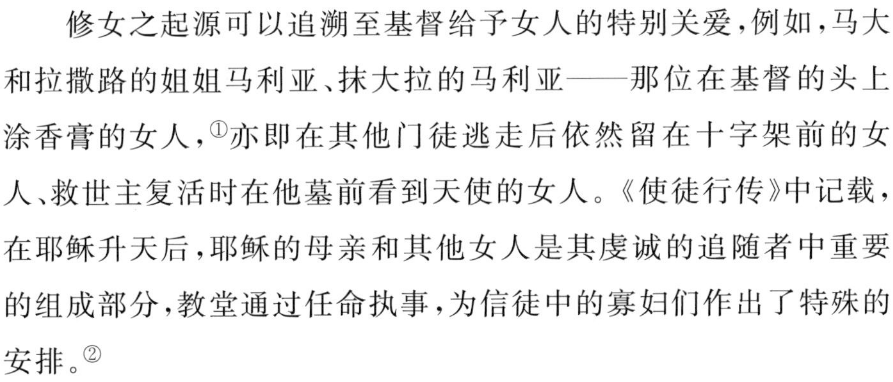

修女之起源可以追溯至基督给予女人的特别关爱，例如，马大和拉撒路的姐姐马利亚、抹大拉的马利亚——那位在基督的头上涂香膏的女人，[①]亦即在其他门徒逃走后依然留在十字架前的女人、救世主复活时在他墓前看到天使的女人。《使徒行传》中记载，在耶稣升天后，耶稣的母亲和其他女人是其虔诚的追随者中重要的组成部分，教堂通过任命执事，为信徒中的寡妇们作出了特殊的安排。[②]

圣奥古斯丁在其《论修士的德行》一书中明确表示，女人们陪

① 然后是关于涂香膏作为圣礼的重要性的冗长而离题的赘述。

② 参见《新约·使徒行传》第4章第1节以下。

伴这些门徒是为了照顾他们。优西比乌在其所著《基督教教会史》(ii,17)一书中曾引用亚历山大的斐洛对亚历山大早期教堂中女人参与唱诗行为的赞誉之词。[①]

圣保罗接受年长的女人担任女执事,并建议提摩太关心寡妇们。[②] 他曾经将一位名叫非比的女执事推荐给罗马的教堂。[③] 圣哲罗姆写信给尤斯托钦时称她为“我的女主人”,他曾给她写长信探讨贞洁问题。妇女们作为较弱的性别一方,其美德尤其受到上帝的赏识。圣安布罗斯在其所著《天堂说》中指出,女人是在天堂里创造出来的,上帝将男人复位于基督之前,先将女人复位于马利亚。没有哪个男人的伟绩可以与底波拉、犹滴和以斯帖相提并论——以斯帖是耶弗他之女,也是伟大的母亲,她为使自己的父亲免于背上违背诺言的罪名而献出生命,[④]眼看着自己的七个儿子被安条克王折磨、杀害,也不肯去吃犹太教禁止的食物。

圣母马利亚和圣徒约翰之母以利沙,代表着女性受到的最高殊荣。两位母亲皆预言了基督的神者之身。[⑤] 不信基督的古代妇女也被授予了预言的能力,即所谓的女先知:圣奥古斯丁在其所著《上帝之城》(第 18 卷,第 23 章以下)中曾引用厄立特里亚女先知

---

① 他将这些女人同《旧约》中的女人,如亚伦之姐米利暗——她带领女人们载歌载舞,赞美上帝(参见《旧约·出埃及记》第 15 章第 20 节);又如底波拉、撒母耳的母亲哈拿、犹滴,慧识出襁褓中的耶稣为神者之躯的耶路撒冷圣殿的安娜等,进行了比较(《新约·路加福音》,第 2 章,第 36 节)。

② 参见《新约·提摩太前书》第 5 章第 3 节以下。

③ 参见《新约·罗马书》第 16 章第 1 节。

④ 《旧约·士师记》,第 11 章,第 30 节。

⑤ 《新约·路加福音》,第 1 章,第 42 节。

对基督降生的预言，拉克坦蒂斯也曾引用这一例子。维吉尔《牧歌之四》中的女先知库米也曾预言将有神灵降生于人世，他将清除人间的罪恶。

耶稣也很关心女基督徒：他曾接受一位撒马利亚女人送他的水喝，[①]在令死者复生——如以利亚、以利沙——方面，他也特别注意回应女人的祈祷。[②] 早期的殉教者中也不乏女人：如圣阿格尼斯和圣阿加落，后者用她的头巾从埃特纳火山的大火中挽救异教徒的生命，这是修士们的蒙头斗篷从未能实现过的奇迹。

基督教会在其制度和礼法方面从犹太人和异教徒那里汲取了许多东西：主教和大主教代替了 flamines（祭司）和 archi flamines（大祭司），给妖魔鬼怪建立的殿堂被改为供奉圣人。古人中有许多致力于某种信仰的处女群体，如维斯塔贞女、朱诺的女祭司以及瓦罗所列的 10 名女先知。一位名为克劳迪娅的贞女用她的紧身腰带或头发（悉多尼斯・阿波利纳里斯曾引用这一事例）拉动了船只，而圣奥古斯丁曾引用瓦罗的著述，描写了另一名贞女在被指责不贞时如何以筛网盛水来证明自己的清白。[③] 因此，上帝考虑到这些非信徒的节制之美德，而忽略了她们不信仰自己的过错，赋予了她们神的力量。（同样的，据苏维托尼乌斯记载，古罗马国王韦斯帕芗具有治愈疾病之神功，圣格列高利为图拉真之灵魂能够进入天堂祈祷。[④] 贺拉斯也曾被引用讲过以下的话：“热爱美德可以

① 参见《新约・约翰福音》第 4 章第 8 节以下。

② 参见《旧约・撒母耳记上》第 17 章第 22 节以及《旧约・列王纪下》第 4 章第 22 节。

③ 参见《上帝之城》第 22 章第 11 节。

④ 参见《罗马十二帝王传》第 7 章。

使好人不愿去犯罪。”)但上帝也对那些违背誓言者进行惩罚，就像维斯塔贞女们如被发现不贞将被活焚一样，圣奥古斯丁和尤维纳尔可以为此提供证据。宗教圣父们也认为背叛基督通奸的女人比背叛自己的丈夫通奸的女人罪过更深。

一些权威神学家如奥利金、圣安布罗斯和圣哲罗姆对于女人都显示出特别的关心。奥利金的自残是为了结束他人无稽的怀疑和阻碍他对女性施教的企图。圣哲罗姆的许多著作都是应波拉和尤斯托钦的请求完成的，关于“圣父们的《列传》”的作品中没有哪一部像“波拉的《波拉传》”写得那样热情洋溢。安布罗斯在国王瓦伦提尼安死后写信给他的姐妹们，向她们许诺说，国王作为新信徒，离开人世后生命是会得到超度的；在这点上，安布罗斯比天主教信仰和福音教义作出的让步走得还要远。在贞操方面表现出特殊热情的女性一直受到特别的待遇，例如，主教圣海勒纳斯鼓励圣尤金尼娅穿男性服装，以便她可以被男修道院接纳。

我最亲爱的妹妹，基督的信徒，我想我已写得足够多来回答你最近信中的第一个请求，即关于称谓的次序问题，同时我也是在推荐这种特殊的位置，以让你更好地理解你所从事的圣职的美好而真心拥护它。请以你的功德和祷告支持我，让我——在上帝许可的情况下——也能向他祈祷。再见。

信函七　阿伯拉尔致爱洛伊丝

我已尽我所能回答了你的部分请求，现在该轮到回答其余部分了，我应满足你的宗教女儿们和你本人的愿望。因为按照你的第二个请求，我必须制定出一些规章作为你们所从事的圣职的某种“教规”交给你们，落实到书面的文字会比遵循习惯带给你们更大的确定性。因此，一方面以优秀的礼法为基础，一方面以《圣经》中的“十诫”为基础，凭着自己的理智，我决定将所有这一切融合在一起，为的是给上帝的神殿装饰一些精美的图画，[①]并尽我所能利用几个不够完善的大纲创作出一个独立、完整的作品。对此我意欲以画家宙克西斯[②]为榜样，像他成功地勾勒实物圣殿一样创造出精神的圣殿。塔利在他所著的《论修辞》[③]一书中记载，克罗托纳人拜托他尽可能以最优秀的图画装饰他们最为崇敬的圣殿。为确保达到他们的要求，他从克罗托纳人中挑选了五位最美丽的少女，让她们坐在他的身边仔细观察，最后将她们的美丽体现在他的画作中。其中缘由也许可以归结为两点：首先，如我上面提到的哲

---

① 参见《新约·哥林多后书》第6章第16节。

② 宙克西斯(Zeuxis，活跃于公元前5世纪末)，古希腊画家，作品无一传世。据说其画作形象生动逼真，所绘葡萄曾引来鸟儿啄食。

③ 塔利即西塞罗。见其 *De inventione rhetorica*，11.1。

学家所言，宙克西斯具备为女人画像的一流技能；其次，少女之美被认为天然比男性更精巧雅致。另外，如塔利所言，他之所以选择不止一个女孩，是因为他认为不可能在一个人身上找到所有的完美，大自然从来不会赋予任何人全部的姣好美丽；因为大自然在造人时没有将人的全部创造得同样完美，就仿佛她如果将好处集于某人一身，便没有什么再赋予其他人了。

那么，我希望也能同样有能力展示灵魂的美丽，描绘基督新娘的完美，让你能够像举在眼前审视灵魂是否洁净的镜子一样，从中发现自己的美丽或瑕疵，因此，我打算根据圣父们留下的众多文献资料和修道院最优秀的惯例来指导你们的生活方式，并时刻不忘记录下思想上迸发的火花，采撷我认为适合你们神圣职业的花朵，集结成束，为修女、同时也为修士们选择合适的章法。因为不论从节制之名义还是从节制之职业上讲，你们同我们是一致的，所以，我们的所有规章几乎全部适合你们。那么，如我所言，为了从这些内容中挑选出可采摘的"鲜花"来装点你们这些纯洁的百合，我必须比宙克西斯作画还要加倍小心地来描述已成为基督信徒的贞女们。的确，宙克西斯认为五名少女足以让他来展现她们的美丽；而圣父们留给我的资料却是无比丰富的，相信在上帝的帮助下，我能够给你们留下一部更完整的作品——对此我应该坚信，以便让你们能够成就主在福音书[①]中提到的五名贞女所成就的一切——主在描述何为基督信徒之贞女时提到了她们。请你们为我祈祷，赋予我成功的力量。衷心祝愿你们，基督的新娘们。

---

① 参见《新约·马太福音》第25章第1节以下。

为叙述和巩固你们的宗教信仰、确立宗教仪式，我决定将写给你们的指导性文章分为三个部分，我认为关于修道院生活的要旨即在其中：即节制，无私有财产，最重要的是奉行静默的生活方式。按照主在福音书中训导的戒律，此指准备好束紧皮带、舍弃一切、避免说闲话。[①]

节欲实际上是贞操的具体实践，使徒曾这样鼓励道："（妇人和处女有区别）没有出嫁的，是为主的事挂虑，要身体、灵魂都圣洁。"[②]他讲道，以身体的全部而非部分效忠于主，避免任何部分在行为或言辞上陷入荒淫。精神上的效忠意味着她的思想既不会百依百顺，也不会像那五位愚蠢的贞女们那样骄傲自大——她们跑回到那些油商那里，却被主关在了门外。她们徒然地敲打着已经关闭的大门，口里喊道："主啊主，开开门让我们进去吧。"但新郎本人的回答令她们惊恐至极："我真的不认识你们。"

抛弃一切意味着我们要像圣徒们一样，一无所有地追随一无所有的基督，为了他，我们不仅将我们在尘世的财物和血肉亲情抛诸身后，而且也放弃了我们自己的愿望，为的是我们不再按照自己的意愿生存，而是听从我们尊敬的院长的指示，我们可以完全将自己交托给他，就像交给基督一样，因为他代表基督指导着我们。基督本人也曾讲过："听从你们的就是听从我，弃绝你们的就是弃绝我。"即使他在生活方面犯下了（上帝禁止的）罪行，只要他的训导

① 参见《新约·路加福音》第 12 章第 35 节和第 14 章第 33 节以及《新约·马太福音》第 12 章第 36 节。

② 《新约·哥林多前书》，第 7 章，第 34 节。

是好的，上帝的箴言就不应由于他的罪恶被拒绝。上帝本人也曾这样嘱咐道："凡他们所吩咐你们的，你们都要谨守遵行，但不要效法他们的行为。"上帝本人对于世人如何实现对自己的精神皈依这样准确地描述道："无论什么人，若不撇下一切所有的，就不能做我的门徒。"另外，"人到我这里来，若不爱我胜过爱自己的父母、妻子、儿女、弟兄、姐妹和自己的生命，就不能做我的门徒"。[①] "厌烦父母"、"厌烦自己的生命"，指放弃自己的意愿。对此，他在别处也曾讲过："若有人要跟从我，就当舍己，天天背起他们的十字架来跟从我。"[②]唯其如此，我们才能更接近他，成为他的信徒，也就是说，通过尽可能相近的模仿他来追随他。他讲过："我从天上降下来，是不要按自己的意思行，乃是要按那差我来者的意思行。"[③]他似乎讲过，做一切事情时要听从教诲。

因为，如果一个人不能够抛弃血肉之情和自己的意愿，不能够下决心听从他人而非自己的判断的话，那么又何言"舍己"呢？所以，他不应从别人那里接受十字架，而应自己去背上它，让尘世对他而言等于已经死去，而对尘世而言他也已经死去。[④] 他自愿地献身于自己的职业，让自己拒绝一切世俗的欲望，即克制自己的愿望。因为除了希望实现自己的愿望外，肉体还有何其他追求呢？若不是为了满足我们的愿望——即使我们为满足欲望而不得不冒极大的风险、付出极大的努力——又有什么世俗的快乐可言呢？

① 《新约·路加福音》，第 14 章，第 33 节；第 14 章，第 26 节。

② 《新约·路加福音》，第 9 章，第 23 节。

③ 《新约·约翰福音》，第 6 章，第 38 节。

④ 参见《新约·加拉太书》第 6 章第 14 节。

若不能违背我们自己的意愿去做一些事——不论在我们看来这是多么容易、多么有益，背上十字架或者说忍受某种苦难又有何用？与耶稣同名但重要性稍次的另一位耶稣在《便西拉智训》中告诫说："不要受情感驱使，要控制你的欲望。如果你沉湎于对那些情感的幻想中，你会成为敌人的笑柄。"[①]

只有在我们全部放弃我们的财物和我们自己时，我们才真正抛弃了我们所拥有的一切，才能像使徒那样过"一切共有"的生活；如《圣经》中所言："那许多信的人都是一心一意的，没有一人说他的东西有一样是自己的，都是大家公用……放在使徒脚前，照各人所需用的，分给各人。"[②]因为他们各自的需要不同，所以分配的份额也各不相同，但每个人的需要都得到满足。他们由于信仰而在心灵上得以统一，因为心灵是我们信仰的依托；在灵魂上也得以统一，因为博爱带给人们共同的愿望，每个人在希望自己得到时也希望自己的邻居同样得到，而不会寻求优越于他人的好处，或者说因为一切行为皆出于共同的利益，所有人都在为属于耶稣基督的一切而追寻着，没有人顾及属于自己的事物。否则他们永远不可能过上没有财物的生活，因为财物在更大意义上讲产生于野心而非对它的拥有。

闲话或多余的话及说话太多也同此理。因此圣奥古斯丁在其《沉思》第一卷中讲道："在必要的话语——不管这些话语多么冗长

---

① 《便西拉智训》(*Ecclesiasticus*)，xviii，30—31。这另一位耶稣是指锡拉赫(Sirach)之子耶稣，《便西拉智训》的作者。

② 《新约·使徒行传》，第4章，第32、35节。

啰唆——说出来以后要坚决打住，不能讲太多的话。”[①]所罗门就曾讲过：“多言多语难免有过，禁止嘴唇（保持沉默）是有智慧。”[②]因此我们必须警惕罪孽，越是危险和难以避免就越要更加小心地防备这种罪恶。圣本笃曾订下如此规定：“不论何时，修士们都应当奉行沉默之规。”[③]很明显“奉行”或“潜修”沉默不仅仅意味着保持沉默，因为潜修意味着精神高度集中地做某事。我们会很粗心或不情愿地做许多事情，但只有在我们愿意做时才会专心致志地做好某事。

要管住自己的舌头该是多么困难的事啊，但这会让人受益无穷。使徒雅各曾认真地考虑过这个问题，他讲道：“我们在许多事上都有过失，若有人在话语上没有过失，他就是完全人。”又说：“各类的走兽、飞禽、昆虫、水族，本来都可以制伏，也已经被人制伏了。”在这两段话之间，他在考虑到舌头可能带来的罪恶和损害时讲道：“舌头仅仅是身体上一个小小的器官，但它是一团熊熊烈火！它可以让无边的森林灼烧！……它是罪恶之源，是无法降伏的魔鬼，浑身充斥着致命的毒液。”[④]还有什么比毒液更危险、更需要远远避开的呢？就像毒液吞噬生命一样，闲话会彻底毁掉宗教信仰。所以雅各很早便讲过：“若有人自以为虔诚，却不勒住他的舌头，反欺哄自己的心，这人的虔诚是虚的。”[⑤]《箴言》中载曰：“人不制伏

① 见其 *Retractiones*，1，前言。

② 《旧约·箴言》，第 10 章，第 19 节。

③ 见 *The Rule of St Benedict*，第 42 章。

④ 《新约·雅各书》，第 3 章，第 5—8 节。

⑤ 《新约·雅各书》，第 1 章第 26 节。

自己的讲话之心，好像毁坏的城邑，没有城垣。"[①]在安东尼问起路上陪伴他的健谈的教友们时，老人正是考虑到这一点才作了下面的回答："跟你在一起的那些教友不错吧，圣父？""毫无疑问，他们都很不错，但他们的居所没有封门。任何想走进马厩的人都可以随便进入放出马来。"[②]就好像我们的灵魂之马被拴在主的管家之手时，会像圣人般默默地思索着，可是一旦从管家之手放开来，它的思想便会四处游荡，除非沉默之围栅将它拦在里边。话语的确可以把理解传达给灵魂，以便灵魂按照它所理解的方向前进，并在思想上坚持这一方向；我们通过思想与上帝交流，就像我们通过话语与人们交流一样。在我们倾向于使用人类的言语时，有必要请人将我们引开，因为我们不可能同时接近上帝和人类。

不只是闲话，那些似乎含有某种目的的话也应回避，因为很容易从必要转为闲话，从闲话转为伤害。如雅各所言，舌头是无法驯服的恶魔，比身体上任何其他活动器官都更小却更敏感，所以在其他部分活动疲劳时，它却不会感到劳累，反而会觉得静止不动是一种负担。你柔软身躯上的这一器官越是敏感和灵活，也就越倾向于运动和讲话，因此，可以把它看成是一切罪恶产生的温床。使徒特别注意到这种罪恶，于是他坚决禁止女人在教堂中讲话，甚至在有关上帝的事情上他也只允许她们在家中向她们的丈夫提问。在学习这些事情或做任何事情时，他尤其要求她们保持沉默，关于这一点，他在写给提摩太的信中说："女人要沉静学道，一味地顺服。

① 《旧约·箴言》，第25章，第28节。

② 见《圣父传》，V，4.1。

我不许女人讲道，也不许她辖管男人，只要沉静。”①

如果他对于非神职和已婚妇女也制定同样的沉默之规，你该怎样去做呢？他在向提摩太解释他为何这样要求时讲道：女人总是传播流言蜚语，说一些她们不该说的话。所以，为了给这种灾害提供一剂良方，让我们坚持以沉默克制我们的舌头，至少在以下地点和时间：祈祷时，在修道院、寝室、餐厅、进食和烹调时，尤其在晚祷以后，大家应深缄其口。在这些时候或地点，必要时让我们使用手势代替言语。一定要认真重视教授和学习这些手势，如果为此需要使用言语，则要求讲话人选择合适的地点后再行讲解。一旦必要的话语陈述完毕，她便应当回到她从前的职务或从事下一个合适的任务。

任何多余的言辞或手势一定要坚决加以匡正，尤其是言辞，因为言辞更加危险——圣格列高利焦虑地警告这种经常发生的重大危险，他在《论道德》一书的第 7 卷中教导我们：

> 当我们过于粗心、放松对闲话的警惕时，我们很快便会造成伤害。伤人的话语一旦出口便埋下了挑衅的种子，很快争吵便会发生，仇恨的火把被点燃，整个心灵的祥和被摧毁。所罗门亦曾恰当地讲过：“放开水闸让洪水决堤势必引发争吵。”②“放开水闸”指放任舌头滔滔不绝。另一方面，他亦赞同地表示“人口中的言语如同深水”。所以打开水闸者是引起

---

① 《新约·提摩太前书》，第 2 章，第 11—12 节。

② 《旧约·箴言》，第 17 章，第 14 节；第 18 章，第 4 节。

> 争吵的源头，因为他无法管束自己的舌头而打破了和谐。因而，“能让蠢人保持沉默者可以缓解愤怒”。[①]

这是在向我们明确地提出警告：我们应当首先以最严厉的批评来纠正这种罪恶，以免因未能及时作出惩罚而令信仰受到极大危害。诽谤、争执和谩骂甚至阴谋也常常因此而产生，它们完全可以颠覆而不仅仅是损害宗教信仰之架构。当消除这种罪恶时，罪恶的思想也许不会完全消失，但可以让它们不再侵害他人。圣父麦克瑞斯告诫他的教友要避免这种罪恶，似乎认为对他们的信仰来讲这已足够了：

> 锡西厄老麦克瑞斯圣父对他的教友说道：“兄弟们，做完弥撒后，赶快逃离教堂。”其中有人问道：“圣父，在这茫茫荒野上我们还能逃到哪里去呢？”他把手指放在唇上答道：“我所说的避逃指的是这个。”一边说一边退回到他的陋室，关起门一个人独自静坐去了。[②]

雅各讲过这种沉默的美德能让人达到完美，以赛亚曾预言：“奉行公义之原则收获的即是平静。”[③]圣父们以极大的热忱履行这种美德。据载，圣父阿加托坚持三载口含石块，直至学会保持沉默。[④]

① 见其 *Moralia*，7.37。

② 见《圣父传》，V，4.27。

③ 参见《新约・雅各书》第 3 章第 2 节以及《旧约・以赛亚书》第 32 章第 17 节。

④ 《圣父传》，V，4.7。

虽然安静的处所本身无法带来超度，但它可以提供许多机会，便于人们遵奉和维护宗教，对奉行宗教有所帮助还是构成障碍皆取决于处所的选择。所以，先知的后代们，即如圣哲罗姆所言[①]的我们在《旧约》中读到的所谓修士们，将居所迁至荒野的隐秘之地，在约旦河边搭起自己的帐篷。约翰和他的门徒这些被认为是我们行业的先驱者，还有紧随其后的保罗、安东尼、麦克瑞斯和我们中所有杰出的人物，都曾逃避他们各自时代的尘嚣和诱惑，扛着供他们冥想用的床榻躲进荒野的平和世界中，为的是能够更忠诚地将自己奉献给上帝。我们的主在任何诱惑面前都不曾动摇，他本人即为我们作出了极佳的榜样。每当他准备完成一件具有特别意义的事情时，他特别注意寻找隐蔽处所、避开嘈杂的人群。他通过40天的斋戒为我们将荒野圣化，给荒野中的人们以振作的力量，为了静心祈祷，他不仅远离人群，甚至远离了使徒们。他让使徒们在山顶等待指示和任命；他通过变容使荒野变成圣地，他昭示聚集在山顶的使徒，他将复活而令他们无比兴奋；他从山顶升入天堂，他所有的奇迹皆在僻静或隐蔽的处所完成。[②] 他也曾在荒野中现身于摩西或先祖们面前，引导他的子民穿越荒野，到达允诺的乐土；他在那里将“律法”赐给长期被奴役的人们，为他们下了“吗哪”雨这种天赐食品，让他们得以果腹，他还令顽石出水解除他们的干渴。我们的主正是通过这些不断的特异景象和众多的奇迹，给人

① 见其 *Epistulae*，lviii，5。

② 《新约·马太福音》，第 4 章，第 2 节；第 5 章，第 1 节；第 17 章，第 1 节；第 18 章，第 16 节。《新约·使徒行传》，第 1 章，第 9 节。

们带来了安慰。他以此教导他们，他是多么希望能为我们提供一个僻静的处所，让我们能够更纯净地将自身贡献给他。

他还煞费苦心地以象征手法描述热爱荒野的野驴享有的自由，并热烈地表示赞同。他这样对约伯说："是谁允许叙利亚的野驴随意地游荡？是谁给予阿拉伯半岛的野驴这样的自由呢？——是我让它在荒野安家，使盐碱地当它的居所的。它不屑于城市的喧嚣，不听赶牲口的喝声；它把群山当作牧场，在其中自由地寻找各样绿色之物。"[①]他似乎公开地这样讲："这一切不是我的主意还能是谁的？"我们称作森林之驴的野驴如今即指修士，他从凡尘俗世的枷锁中解脱出来，投身于隐居生活的平和、自由中；他远离尘世，不再属于这个世界。所以他"使盐碱地当它的居所"，他身体各部分由于禁食而变得干裂。他对牧人的吼声虽充耳不闻，却事实上听见了他的声音，因为他的肚子不需要多余而仅仅是必要的食物；还有谁比肚子这个牧人更苛求更不肯放松的呢？当它过分要求多余的食物和美味时就会大声吼叫，这个时候我们不应理睬它的叫声。作为他的牧场的群山则指尊敬的圣父们的生活和教导，我们通过拜读和思考它们获得新的力量源泉。"各样绿色之物"指关于天国和永恒生命的全部《圣经》。

为特别告诫我们这一点，圣哲罗姆给修士希利欧得罗斯写信时讲道："考虑一下你的称谓'修士'一词的含义。作为一名隐士，你待在人群中做什么呢？"[②]在区分我们与教士生活的不同之处

① 《旧约·约伯记》，第 39 章，第 5—8 节。

② 见其 *Epistulae*，xiv，5。

时，他在写给教士保罗的信中讲道：[①]

> 如果你想履行教士职责，如果主教的工作或负担恰巧让你感到快乐，那么你应到城镇中生活，让你的灵魂得益于别人的超度。如果你希望做一名修士，如你所言，即隐士，那么还待在城市里做什么呢？那里并非隐士而是群居者的乐园。每一个行业都有自己的领袖人物，就我们自己的生活方式而言，主教和教士应当以使徒及使徒般的人物为榜样，因为他们处于这些人的位置，应当努力取得与他们同等的功绩。对我们来说，我们行业的领袖人物应当是保罗、安东尼、奚拉里、麦克瑞斯之类的人物，就《圣经》而言，我们的领袖应当是以利亚和以利沙，他们是先知中的先知，生活在田间和荒野，在约旦河边搭篷而居。[②] 还有利甲的子孙，他们栖居于帐篷中，既不喝葡萄酒，也不喝苹果酒，上帝通过耶利米之口赞扬说，他们的后代必不缺少人侍立在我们的主面前。[③]

因此，让我们在荒野中建起自己的帐篷，以便我们能够更好地面对我们的主，准备好服务于他；让人类社会不再动摇我们的静休之床，不再打扰我们的休息，不再滋养诱惑，分散我们对圣职的注意力。

当主指点圣阿西尼厄斯去追求这种自由和平静的生活时，同时也向我们提供了一个绝好的榜样。书中载曰：

---

① 见其 *Epistulae*，lviii，5。

② 《旧约·撒母耳记下》，第 6 章，第 4 节。

③ 《旧约·耶利米书》，第 35 章，第 1 节以下。

当圣父阿西尼厄斯在圣殿中时，他向主祈祷说："主啊，请指引我走向超度。"一个声音回答他说："阿西尼厄斯，远离尘世及人群，你便会得到超度。"于是他遁入修道院中生活，并再次以同样的话祈祷："主啊，请指引我走向超度。"这次他又听到一个声音对他说："阿西尼厄斯，逃避（世人），保持沉默和平静，这些都是避免犯罪的基础。"于是阿西尼厄斯谨遵此神谕，不仅逃避世人，而且驱逐他们。一天，一位大主教同一位法官来到他面前请求教诲。"如果我讲给你们听，"阿西尼厄斯回答说，"你们会按照我说的去做吗？"他们回答说他们会的。然后，他对他们讲道："今后无论在哪里听说阿西尼厄斯，都不要去见他。"这位大主教后来打算再次拜访他时，先派人打探他是否愿意开门见客，他回话说："如果你想来，我可以为你开门，但如果我为你开了门，我就得向所有人开门，恐怕那时我就无法再待在这里了。"听他这么讲，那位大主教便说："如果我的来访对他来说是如此的一种折磨，我再也不会去打扰这位圣人了。"他曾对一位来拜访他的罗马主妇说道："你为什么冒昧地进行这样的旅行呢？你应该知道你自己是一个女人，而女人根本就不该旅行。你是不是打算回到罗马后告诉其他女人，说你已见过阿西尼厄斯，让她们也跨洋过海地拥来见我呢？""如果主允许我返回罗马，"她回答说，"我不会允许任何人再来到这里。只是请为我祈祷，永远记住我。"但他答道："我祈求上帝将你从我的记忆中抹去。"听他这样讲，那位妇人伤心地离去了。[①]

① 《圣父传》，V，2.3 以下。

据记载，当圣父马克问阿西尼厄斯为何逃避世人时，他答道："上帝知道我爱世人，但我不能同等地与世人和上帝同在。"[①]

圣父们的确十分注意回避与世人交谈和引起他们的注意，以致他们中许多人为了驱逐世人而装疯卖傻，尤其应当一提的是，其中一些人竟承认自己是持异端者。如果愿意，任何人都可以在《圣父传》一书中读到关于圣父西门的故事：得知一名教省法官要来访问他时，他身披破口袋，手持面包、奶酪，坐在他陋室的门口大嚼特嚼起来。[②] 你也可以读到有关这样一位隐士的故事：他看见人们打着灯笼朝他走来时，脱掉自己的衣服扔进河里，赤裸着站在河边洗起衣服来。[③] 他的徒弟见此情景，羞得满面通红，吆喝人们赶紧走开，口里一边说着："我的师傅疯了。"后来他走到师傅面前问道："你为什么这么做呢，师傅？所有见到你这一举动的人都说：'那个老人中邪了。'这正是我想听到的。"他答道。你也可能读到关于圣父摩西的故事：他为了躲避一位教省法官逃到了沼泽地里。[④] 法官及其随从走过来喊道："请问，老先生，圣父摩西居于何处？""你们找他做什么？"他回答说："他是一个疯子，一名持异端者。"还有关于圣父帕斯特的故事：他自己的姐姐请求他说情从狱中释放出他的外甥，他却拒绝见教省法官。[⑤]

由此你可以看出，世人如何怀着极大的崇敬和诚意渴望见到

---

① 《圣父传》，V，17.5。
② 《圣父传》，V，8.18。
③ 《圣父传》，V，12.7。
④ 《圣父传》，V，8.10。
⑤ 《圣父传》，V，8.13。

圣人们，而他们追求的目标却是与人们保持距离，甚至不惜以失去尊严为代价。

今天，有谁能完整地向我们讲述那位为了全身心投入沉思默祷中，甚至拒绝见圣马丁的贞女的故事呢？果真如此，你将清楚你们女性中也有在这方面表现出极大美德的人物。圣哲罗姆在写给修士俄刻阿诺斯的信中讲道：

> 在《圣马丁的生活》一书中，我们可以读到苏尔比斯讲述的故事：圣马丁多么希望在旅行中能够拜访道德和贞操都表现杰出的那位贞女。她却拒绝见他，但派人送给他一个礼物，她从窗口望着这位圣人说道："请待在原地祈祷吧，圣父，因为我从不见任何男人。"于是他保佑她后满心欢喜地离开了。[①]

事实上，这个女人不屑于或害怕从她进行默祷的床榻上起来，她准备好对前来敲门的朋友说："我洗了脚，怎能再玷污呢？"[②]

嘿，如果我们时代的主教或教士遭遇阿西尼厄斯或这位贞女如此的冷落，他们会把这视为莫大的侮辱！如果今天的修士们仍然保持着独处的习惯，他们应当为下面这些行为感到羞愧：当他们满心欢喜地接受主教们的陪伴时，当他们为自己建造起特殊的娱乐室时，当他们不肯回避由众人陪伴和被众人包围的世俗君王而去邀请他们时，他们应该为自己脸红。他们以热情好客为名增加

① 出处不明。

② 《旧约·雅歌》，第5章，第3节。

房舍，这样等于把他们所追求的独处之所变成了与城市无异之地。的确，在旧有诱惑的欺骗之下，为回避他人而建在僻静处的修道院，如今随着宗教狂热的降温几乎全部改弦易辙，开始邀请而不是回避世人，召集男女仆人，在修道院场址上建起重要的村镇；他们这样做是在重新回到尘世生活中，或者更确切地说，是把尘世生活带了过来。他们完全成了宗教和世俗权力的双重奴隶，将自身囿于极大的不便中，他们追求生活安逸，享受他人的劳动果实，这些已让他们失去了修士即隐居者这个称号以及修道院要求的生活方式。他们也常常成为其他不幸的牺牲品：在奋力保护他们的追随者及其财物时，他们常常会失去自己的一切。当相邻的房合不断起火时，修道院也会随之被焚。即便如此，也无法阻止他们的野心。

也有一些人不肯屈从于修道院任何形式的束缚而三三两两地散居于村落、乡镇和城市中，甚至独居一处，不遵循任何规章，他们越发脱离了自己的职业，因此比世人情形更糟。他们还像滥用自己的居所一样滥用人们的定居之地，称其为"辖区"。虽然那里根本无规可寻，除了顺从肚皮和肉体的需要亦无服从可言，他们与亲朋好友一起住在那里，行为无拘无束，因为他们没有太多良心上的谴责。毫无疑问，对其他人来讲可以原谅的过错，对这些无耻的背教者而言则是可耻的越轨行为。你不应效仿他们的生活方式，甚至不需要听说他们。

鉴于女人的软弱性，独处的确是尤为必要的。因为对我们而言，肉体诱惑带来的冲突影响要小一些，不像女人那样易于受到感官的刺激。因此，圣安东尼讲过："独处和能够保持平静的人可以回避三种冲突，即耳闻、口述、目睹所带来的冲突；他需要与之抗争的只有自己的心。”著名的教会博士圣哲罗姆就是考虑到荒野的这些以及其他方面的好处才这样敦促修士赫利奥得拉斯说：“啊，荒野，上帝光临的所在！兄弟，你已超脱于尘世之外，还待在尘世中做什么呢？”[①]

我们已讨论过修道院建址的问题，现在再让我们描述一下院址的布局设计。同样，按照圣本笃教规，[②]在规划实际的修道院场址时，应尽可能考虑到在其附近提供修道院特别需要的东西：花园、水、磨坊、带火炉的面包房以及修女们不必远行即可完成日常任务的场所。

如尘世中的军营一样，在上帝的军营——修道院——中，超越于他人之上的权威也要以任命的形式确立。军队中总会有一位统率全军的指挥官，所有的人按照他的命令行事，但鉴于军队的规模和责任的复杂性，他常常与另外几个人共同分担，任命一些下属军官承担各种责任或负责不同的团队。同样的，在女修道院中，也需要有一位总管主持所有事务：其他人必须按照她的决定和裁决行事，任何人不得反对她或对她的指示感到不满。任何人类群体甚至小到一家一户，只有保证了团结统一才可能作为一个整体存在，而全面的统治依赖于单独一个人的权威。所以，作为教堂模型的约柜长宽数平方米，但末端隆起一个尖顶。《箴言》中写道：“邦国因有罪过，君王就多更换。”[③]在亚历山大大帝死后，出现了国王林

① 见其 *Epistulae*, iv, 10。

② 见 *The Rule of St Benedict*，第 66 章。

③ 《旧约·箴言》，第 28 章，第 2 节。

立的局面，同时罪恶也成倍地增长。由诸多统治者共同统治的罗马不可能维持其和平。卢坎在他的著作第一卷中这样提醒我们：

你，罗马，一直是你自身痼疾的病根，
权力分散于三位君王手中；而它本不应该交予
许多人，因为条约的签署意味着权力的丧失。[①]

之后又讲道：

只要地球支撑着大海平稳地悬于
空中，太阳便会沿着它的轨迹运行，
黄道带中日夜轮回，
统治者间不会有真正的信任，
权力总是拒绝伙伴……

圣父弗龙托尼斯在他出生的城市召集了70名门徒，[②]他们就曾怀疑过独处的必要性。圣父在城里赢得了上帝和人们的称赞，但后来他离开了位于城市的修道院，携带着可带物品和他的徒弟们一起衣不蔽体地遁入了荒野。过了一段时间，他们开始愚蠢地抱怨起来，就像当初以色列人抱怨摩西让他们抛弃故乡的美食和财富，随他离开埃及进入荒野一样。"难道只能到荒野中寻找贞操

① 卢坎：《法萨利亚》，1.84—86。

② 参见《弗龙托尼斯传》(*Vita Frontonii*)，载《圣父传》，Ⅰ。

吗？在城市中为什么就不可能呢？”他们问道，“为什么不回到我们离开的城市？难道只有在荒野中上帝才能听见我们的祈祷吗？谁能靠粗茶淡饭生活一辈子呢？谁愿意以牛群野兽为邻呢？我们为什么要待在这里？为什么不回到我们出生的城市，在那里保佑我们的主呢？”

使徒雅各曾警告说：“我的弟兄们，不要多人做师傅，因为晓得我们要受更重的判断。”[①]同样的，圣哲罗姆在写信给修士拉斯蒂克斯评论他的生活行为时讲道：

> 只有跟随老师才可能学到技能。即便笨拙的动物和野兽都知道跟从它们的领头者；蜜蜂亦是如此，一只先起飞后，余蜂即振翅紧紧跟随而去；鹤群也总是按一定的秩序，跟随它们中的一只行进。一个地区中只能有一位国王、一名法官。罗马成立时不该同时有两位兄弟称王，结果只会以杀兄告终。以扫和雅各在利百加的腹中就开始打斗。一个教堂只可能有一位主教、一名教长、一名会吏长，教堂里的一切秩序都由这些管理者负责。一艘轮船上只会有一名舵手，一个家庭里只会有一名主人；一支军队不论其规模多大，士兵皆服从一个人的指挥。我举这些例子意在教导你，不应完全按照自己的意志行事，而应在修道院中与其他人一道，接受某位神父的训导。[②]

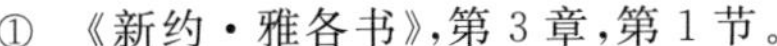

① 《新约·雅各书》，第 3 章，第 1 节。

② 见其 *Epistulae*，cxxv，15。

为了维持修道院各项事务的协调一致，有必要由一位修女超越于所有人之上行使权力，而其他人在一切事务上服从她的命令。同时应任命另外几位修女如下属军官一般作为她的下属服务于她，如果她自己愿意的话。她们应当负责执行她的命令，并尽可能做得让她满意，就当自己是在国王的军队中服役的公爵或伯爵，而其他人则相当于负责执行命令的战士或士兵，他们有反抗邪恶的主人及其追随者的自由。

我认为由七个人负责管理修道院即可，即女门房、女大师傅、服装保管员、护理员、领唱员、圣器保管员，最后是女执事，即现在所谓的女修道院院长。因此，在这个为主服务的军营中——这样讲是因为《圣经》中曾有言曰："人类在地球上的生活好比服兵役"，"像管制严格的军队一样令人敬畏"[①]——女修道院院长相当于这支军队的总指挥官，所有人必须服从她的一切命令。她下属的六名军官——我们姑且这样称呼她们——担当着相当于公爵或伯爵的职务；我们称呼所有其他修女为修道院姐妹，她们像战士一样为上帝服务；自愿放弃世俗的生活方式、致力于为修女们服务的平信徒姐妹穿修女服（虽然并非旗袍），她们衔位较低，相当于步兵。

现在，按照主的昭示，应对这支军队的几个职位作进一步的安排，以使它名副其实地成为"管制严格的军队"，及时应对魔鬼的进攻。所以，首先从这一机构的首脑——院长——开始，让我们对她作出规定，因为其他人必须由她指挥。首先，关于她的神圣性，如我在上一封信中所讲，圣保罗在给提摩太的信中详细阐述了她应

① 《旧约·约伯记》，第7章，第1节；《旧约·雅歌》，第6章，第9节。

该如何表现杰出和证明自己的神圣：

> 记在册子上，必须年纪到60岁，从来只做一位丈夫的妻子，又有行善的名声，就如养育儿女，接待远人，洗圣徒的脚，救济遭难的人，竭力行各种善事。至于年轻的寡妇，就可以辞她，等等。①

他在为男执事制定规章时曾这样提到过女执事："他们（执事）的妻子，同样的，必须具有高度的原则性，不散布流言蜚语，时刻头脑清醒而在各方面都值得信赖。"②我在上一封信中已讲过，我是多么推崇这些话字里行间体现出的含义和理性，特别是谈到使徒为何希望她只是一位丈夫的妻子，并且年龄要较长一些时所陈述的理由。

所以，让我感到非常惊讶的是，教堂开始任命贞女而不是了解男人的妇女担当这一职务，且常常令年轻的妇女位居年长者之上，这种做法是非常有害的。《传道书》中载曰："邦国啊，你的王若是孩童，你就有祸了。"③我们大家也都赞成圣人约伯的话："年老的有智慧，寿高的有知识。"④《箴言》中亦写道："白发是荣誉的冠冕，它需要以一生的高尚品德换得。"⑤《便西拉智训》中写道：

---

① 《新约·提摩太前书》，第5章，第9—11节。

② 《新约·提摩太前书》，第3章，第11节。

③ 《旧约·传道书》，第10章，第16节。

④ 《旧约·约伯记》，第12章，第12节。

⑤ 《旧约·箴言》，第16章，第31节。

> 灰发长者的判断是何等的准确，他们的建议是何等的中肯！长者的智慧是如此地闪亮，他们的理解和建议是如此地不同寻常！丰富的经历是长者的桂冠，他的尊严连主也敬畏。[①]
>
> 如果你是一位长者，请讲话，因为这是你的特权……如果你还年轻，请只讲你自己，不要讲得太多。如果有人重复向你提问，你的回答应当尽可能简短……在多数方面应尽量表现得像个有见识的人，在提问时能够保持沉默……不要去结交大人物，在长者面前不要讲太多的话。[②]

因此，处于权威地位的教堂长老们被看成“长者”，这样的称谓本身即可说明他们应当是怎样的人。写下《圣徒传》一书的那些人将“长者”这一称谓授予那些我们现在称作圣父或神父的人。

因此，在挑选或任用女修道院院长时应注意考虑到方方面面，注意听从使徒的教诲，[③]所挑选的人必须在生活和学识方面超越其余的人，她的年龄应当能够保证她在行为上的成熟；她应当在恭顺方面作出表率，这样才配对别人发号施令，她应当身体力行地履行教规，而不应仅仅听听而已，她应对教规谙熟于心。如果她学问不够，告诉她不要去迎合哲学理论或辩证法，而要去学习生活之道，学习如何身体力行地实践美德，关于我主耶稣基督有这样的记载，他“着手去实践，而后施教于人”[④]。也就是说，他在教导别人

① 《便西拉智训》，第 25 章，第 4—6 节。

② 《便西拉智训》，第 32 章，第 4、7—9 节。

③ 《新约・提摩太前书》，第 5 章。

④ 《新约・使徒行传》，第 1 章，第 1 节。

之前自己先做到了身体力行，因为以德行代替言辞，以实践代替空谈，前者胜过后者，也更透彻。我们也应认真注意圣父伊皮蒂斯曾讲过的话："以行动而非以言辞教导他人，是真正的明智之举。"[①]因此，他留给我们的安慰和鼓励无比巨大。

再让我们听听圣安东尼是怎样反驳那些嘲笑他愚蠢、没有学问的世俗哲学家们的："请问，认识和文字，究竟孰先孰后？哪一个是源头——是认识来源于文字，还是文字始于认识？"[②]当他们承认认识是发明和创造出文字的原动力时，他说："因此，如果一个人的认识深刻而准确，就无须学问。"他应也听说过使徒的如下箴言："神岂不是让这世人的智慧变成愚拙吗？""神却拣选了世上愚拙的，叫有智慧的羞愧；又拣选了世上软弱的，叫那强壮的羞愧。神也拣选了世上卑贱的，被人厌恶的，以及那无有的，为要废掉那有的，使一切有血气的，在神面前一个也不能自夸。"[③]因为在上帝的王国里，他随后指出，基于实力而非夸夸其谈。

但若女修道院院长为更好地理解某些事而觉得有必要求助于《圣经》的话，她可以向学者们请教和学习，不必为此感到羞愧，同时，她不能轻视他们在这些事情上所受的教育，要虔诚地接受并认真思考，就像第一使徒认真思考并接受同为使徒的保罗的公开指正一样。[④] 因为，正如圣本笃也曾讲过的那样，我主常常赋予弱者智慧的启示。[⑤]

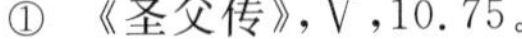

① 《圣父传》，Ⅴ，10.75。

② 《圣父传》，Ⅰ，45。

③ 《新约·哥林多前书》，第1章，第20、27—29节。

④ 《新约·加拉太书》，第2章，第11节。

⑤ *The Rule of St Benedict*，第3章。

因此，我们应当严守使徒在上面所记载的我主的指示，尽可能避免选择那些世俗中的权贵，除非出于特殊的需要和充分的理由。这种女人，往往易于满足于自己的教养，变得炫耀自夸、自以为是或骄傲自大，特别是当她们是该地区土生土长的人时，她们的权威地位会对修道院产生危害。必须防止女院长由于有亲人在自己左右变得自以为是，防止他们加重修道院的负担或打扰它的平静，从而避免宗教信仰由于她的亲人受到损害，而她本人也会因而受到别人的蔑视。上帝说过："大凡先知，除了在他自己出生的地方，没有不被人尊敬的。"[①]圣哲罗姆也曾对此作出规定，他写信给希利奥罗斯时提到过这一规定，并举了几个例子说明若修士们固守在出生地有哪些因素会妨碍他们。他接着讲道："出于这些考虑，可以得出这样的结论，留在自己家乡的修士是不可能完美的，而不愿意追求完美是一种罪过。"[②]

但如果代表着宗教权威的女修道院院长本人对宗教的信仰不够坚定，会对他人的灵魂产生怎样的危害呢？作为她下属的普通修女，每个人只要能表现出一种美德便足矣，但应为每个人表率的女院长必须具备所有出众的品质，这样才真正堪称他人活的榜样，才配对他人发号施令。她应当保证身教与言传的统一，避免以自己的行为践踏自己的言论，也避免因自己犯过同样的错误而羞于启齿纠正他人。《诗篇》作者祈求主让这一切避免发生他的身上："求你叫

① 《新约·马太福音》，第 13 章，第 57 节。

② 见其 *Epistulae*，xiv，7。

真理的话总不离我口，因我仰望你的典章。”[①]他这样讲是因为他正在等待我主的严厉谴责，他曾在别处提到过这一点。“神对恶人说：‘你怎敢传说我的律例，口中提到我的约呢？其实你恨恶管教，将我的言语丢在背后。’”[②]使徒也曾谨慎地对此作出规定：“我是攻克己身，叫身服我，恐怕我传福音给别人，自己反被弃绝了。”[③]任何在生活方面受人轻视的人，他的说教或训导同样会被人轻贱。一个人如果想治愈另一个人而自己却患有同样的痼疾，那么他的病人完全有理由回敬他说：“医生，还是先把你自己治好吧。”[④]

无论哪位教堂神父，他在将自己的弟子带至悬崖边时，应当认真考虑一下自己的堕落将会造成何等的损害。上帝说过：“无论何人废掉了这诫命中最小的一条，又教训人这么做，他在天国中要称为最小的。”[⑤]他由于不遵循戒律而触犯了它，如果别人以他为榜样，他便成了散布流毒的罪人。但如果这种人被称为天国最卑贱者，那么在尘世的教堂中，我们又该如何称呼那种极端邪恶的上级呢？往往由于他的疏忽，主不仅仅要求他本人的灵魂，而且要求他所有弟子的灵魂付出血的代价。所以《智慧书》中这样谴责这种人：

> 是主赋予你权威的地位，你的权力得自于上帝。他会考验你的行为，审查你的企图。尽管你是他至高无上权力的代

① 《旧约·诗篇》，第119篇，第43节。

② 《旧约·诗篇》，第50篇，第16—17节。

③ 《新约·哥林多前书》，第9章，第27节。

④ 《新约·路加福音》，第4章，第23节。

⑤ 《新约·马太福音》，第5章，第19节。

表，你却并非代表正义的法官，你也不能代表正义。他会很快地严厉惩罚你，因为对身居高位者的审判总是异常残酷的。微不足道的人也许会得到宽恕，但权力之士必会受到残酷的折磨，无情的审判正等待着他。[①]

对于每个听从他人支配的灵魂而言，仅仅为自己的过失负责即可，但那些应对他人罪过负责的人要受到死亡的惩罚，因为权力越大，对权力的要求就越高，对肩负着他人重托的他的期望也越高。《箴言》中告诫我们要提防这种巨大的危险："我儿，你若为朋友作保，替外人击掌，你就被口中的话语缠住，被嘴里的言语捉住。我儿，你既落在朋友手中，就当这样行，才可救自己；去吧，你要自卑，去恳求你的朋友。不要容你的眼睛睡觉，不要容你的眼皮打盹。"[②]因为一旦我们对朋友作出承诺，我们的慷慨便将他人纳入了我们自己的生命中；我们承诺照管他，他则承诺服从我们。在我们肯定自己愿意代表他工作时，这种合作便意味着我们成了他的担保人；便意味着我们陷入了他的掌握和支配之中，除非我们作好充分的准备提防他，否则他便会成为杀害我们灵魂的刽子手。正是为了预防这种危险，才有上面的建议"你要自卑"，等等。

所以，让我们的女修道院院长在自己的营帐四周仔细巡逻，像不知疲倦、高度警惕的上尉一样四处察看，以防由于疏忽让他钻空子进来害人，他就像一只咆哮的狮子吼叫着四处寻找可以吞噬的

① 《智慧书》(*Wisdom*)第 6 章，第 4—7 节。

② 《旧约・箴言》，第 6 章，第 1—4 节。

猎物。[①] 她必须是首先知道家中一切罪恶的人，以便她能够在这些罪恶为他人所知、成为某种先例之前及时纠正它们。也许她该了解一下圣哲罗姆是如何谴责那些愚蠢或疏忽大意的人的："我们总是最后知道我们自己家中的罪恶，当她们已成为邻里街坊的话柄时，我们却完全不清楚自己的妻子犯下的错误。"[②]

作为主持的她务必记住，她要照顾的不仅仅包括肉体，还包括灵魂。就前者而言，《便西拉智训》可以为她提供一些建议："你有女儿吗？注意保证她们的纯洁，对她们不要过于宽松。"[③]还有，"女儿是父亲的隐忧，对她的担心往往让他难以安眠，他总是担心她会受到玷污"。但身体的玷污不仅仅是指通奸，任何不适当的对待身体各器官的行为也同样可以玷污它，比如舌头或任何其他器官，或由于突发奇想而滥用身体的感官。所以才有下面这句话："死亡杀手通过我们的窗口侵入。"[④]也就是说，罪恶经由五大感官进入灵魂。

有哪种死亡比灵魂的死去更可悲，有哪种忧虑比灵魂的忧虑更危险呢？　"那杀身体不能杀灵魂的，不要怕他们。"[⑤]上帝说。可是听见这话的人，他不是仍然害怕肉体的死去，甚于害怕灵魂的死去吗？有谁不是宁愿躲避利剑而非谎言呢？然而"散布谎言的舌头是灵魂致命的杀手"[⑥]。还有什么比灵魂更容易被击垮呢？

---

① 参见《新约·彼得前书》第5章第8节。

② 见 *Epistulae*，cxlvii，10。

③ 《便西拉智训》，第7章，第24节；第42章，第9节。

④ 《旧约·耶利米书》，第9章，第21节。

⑤ 《新约·马太福音》，第10章，第28节。

⑥ 《智慧书》，第1章，第11节。

哪种利剑能比谎言速度更快，让人躲闪不及呢？有谁会对思想保持高度的警惕之心呢？有谁能够只提防自己的罪恶而不去防备别人的罪恶呢？何等有着血肉之躯的牧羊人能够有力量保护精神世界的绵羊免遭精神世界的豺狼的吞噬呢？有谁不怕时刻潜伏在自己周围的强盗呢？没有高墙可以阻挡他，没有利剑能够杀死他或刺伤他。他时刻不停地阴谋策划着迫害他人，那些虔诚的宗教徒是他选中的迫害目标，因为，用哈巴谷的话讲，他们“享用丰盛的伙食”[①]。使徒彼得敦促我们警惕他，他说：“这个魔鬼，你们的敌人，像咆哮的狮子吼叫着四处寻找可吞噬的人。”[②]我主本人曾讲到过，这一魔鬼对于自己能够吞噬我们感到多么自信，他对圣约伯说：“他漫不经心地吮吸着泛滥的河水；他非常自信，完全相信自己可以将整个约旦河吸入口里。”[③]对于曾企图试探主本人的他，还有什么不敢尝试的呢？正是他将我们的始祖从伊甸园引向了禁地，甚至还俘虏了一名我主选中的门徒。何处才是躲避他的安全之所？什么样的大门才能阻挡得住他呢？谁能反抗他的阴谋，抵制他的力量？正是他只一击便捣毁了圣约伯家房子的四角，杀害了他无辜的儿女。[④]

那么，力量相对较弱的女性该如何抵制他这个魔鬼呢？还有什么人像女性那样惧怕他的诱惑呢？他首先引诱女人，通过她再诱惑她的丈夫，于是以这种方式俘虏了他们所有的子孙。他追求

① 参见《旧约·哈巴谷书》第1章第16节。

② 《新约·彼得前书》，第5章，第8节。

③ 《旧约·约伯记》，第40章，第18节。

④ 参见《旧约·约伯记》第1章第19节。

所谓的大利而剥夺了她拥有的小利，他还以同样的欺骗伎俩轻而易举地引诱那些追求权力地位而非真正服务于上帝的女人，而她由于自己对于财富或地位的野心不得不承受这样的后果。为财富和权力，还是为服务于上帝，究竟哪一个对于她更重要，我们可以从她以后的行动中得出结论。因为，如果她位居高位时比她做下级时生活奢侈，或者要求不必要的特权，那么毫无疑问，她确确实实在追求这些。如果她身居高位后比从前要求更多的昂贵饰物，那么可以肯定，她的虚荣心高度膨胀。她从前是怎样的人可以在以后表露出来，她的任职可以显示出她从前的表现是真正的美德，还是虚假的伪装。

按照我主的说法，她应当被人推上职位而不是自己跳上去："那些自己跳出来的是窃贼和强盗。"[①]对此圣哲罗姆评论说："谋求职位者"不同于"被指派者"。应当由别人提升她，而不是由她自己提出要求，因为如使徒所言："这大祭司的尊荣没有人自取，唯要蒙神所召，像亚伦一样。"[②]如果上帝任命她，她应当表示悲哀，就像这会导致她死亡一般；如果上帝没有任命她职位，她应当为此欢呼，就像庆幸自己被免于一死一样。当听到别人赞扬我们比其他人优秀时，我们会感到脸红，但当我们被推选的事实证明了这一点时，我们则无耻地丧失了所有的羞辱感。因为谁不知道被推选者要优于其他人呢？在《论道德》第 24 章中有这样一段话："一个不知道如何通过告诫适当制止他人的人不能担当领导职务。推选他

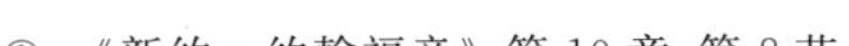

① 《新约·约翰福音》，第 10 章，第 8 节。

② 《新约·希伯来书》，第 5 章，第 4 节。

是为了纠正他人的错误，所以他自己不能再犯那些应由他来根除的罪恶。”[①]但是如果被推选后，我们试图通过轻描淡写的口头拒绝来避免这种无耻，如果仅仅为了让别人听到我们的拒绝，那么我们会立即受到指责，因为我们企图比实际上显得更正人君子，显得更值得尊重。

曾有多少次，我们见到那些当选者在流泪的同时心却在欢笑，多少次见到他们在责备自己不配时实际却在为自己争取更多的赞扬和支持！他们在心中想着：“正直的人应该首先责备自己。”但当他们真正受到谴责、被允许退休时，他们却完全变得不知羞耻，坚持维护自己的职位，而在这之前，他们却在声称自己不愿意接受它，眼中噙着虚伪的泪水，口中振振有词地自责。曾经在多少座教堂里，我们见过教士们在主教授予他们圣命时坚决表示拒绝，忏悔自己不配担当圣职，表示自己难以接受成命！然而若最终推选他们做主教，他们便只会轻描淡写地表示拒绝或根本不加拒绝。那些昨天还回避副执事职位、唯恐它威胁自己灵魂——用他们自己的话讲——的人，一夜之间便显然找到了接受的正当理由，不再惧怕从高位跌落。《箴言》中这样描述这种人：“愚昧者才会欢呼着对朋友作出承诺。”[②]当他接受较高的职务时本应感到悲哀，而这个可怜的人却在欢呼，他一旦宣布照顾属下就等于自己束缚了手脚，他本应让他们爱戴他而不是畏惧他。

只要我们坚决禁止女修道院院长比属下过更为奢侈和舒适的

① 格列高利：《论道德》(*Moralia*)，24.25。

② 《旧约·箴言》，第17章，第16节。

生活，就可以预防这种罪恶。她不应享有私人餐厅或卧室，而应在一切事情上与将自己托付给她的那些下属保持一致。她应更多地与她们在一起，这样才能更好地服务于她们。当然我们都知道，圣本笃本人便极为关心朝圣者和客人，甚至单独准备了一张餐桌让男修道院院长招待他们。[①] 尽管这只是当时一种虔诚的举动，后来却把它修改成了对修道院极为有益的制度，按照这一制度，男修道院院长仍与修士们待在一起，朝圣者们有为他们另配的忠实服务员；这样规定是因为在餐桌上很容易纪律松弛，而这个时候也就应该更加严格地遵守它。有许多人利用招待客人的机会，更多考虑的是满足自己的需要而非客人的需要，结果那些未参加招待者会对此极为怀疑、怨声载道。人们对于位居高位者的生活方式了解得很少时，他的权威会受到削弱；而且，当供应出现短缺时，若大家能共同分担困难，尤其是位居高位者能一同分担的话，则匮乏也会变得更容易接受。在这一点上，加图为我们作出了榜样，据载，“当他身边的人都同样感到口渴时”，他拒绝了送到他面前的几滴水，将水倒掉了，“这样大家就都满意了”。[②]

因此，既然节制对于权力人士如此重要，他们必须生活节俭，而且比一般人更为节俭，因为他要为其他人的生计负责。为防止他们将上帝赐予他们的礼物——授予他们的权威——变成骄傲的资本，对下级傲慢专横起来，请他们听一听下面这段话：“不要在自

① 参见 *The Rule of St Benedict*，第 53、56 章。

② 参见卢坎的《法萨利亚》，9.498。

己的门户内扮演狮子的角色，搅得居家不得安宁，让周围的人们感到压抑……上帝和人类都讨厌傲慢。”[①]人类的骄傲起源于否认上帝，始于心灵疏远创造他的上帝之时，这好比傲慢不论以何种形式出现，都是罪恶的源头。“我主总是令那些骄傲的王子们丧失王位，而让谦和之士取而代之……人们已经推选你做主持了吗？不要因此而端起架子，要把自己仍当作他们中的一员来对待他们。”[②]使徒在指示提摩太如何对待下属时讲道：“不可严责老年人，只要劝他如同父亲，劝少年人如同弟兄，劝老年妇女如同母亲，劝少年女子如同姐妹。”[③]“不是你们拣选了我，”我主说，“而是我拣选了你们。”其他所有权力人士都由下属推选产生，为他们所创造和支持，因为推选他们不是要他们称王，而是要他们服务于推选他们的人。上帝本人就是真主，他有权选择为他服务的属下。然而他并没有表现出自己就是真主的样子，却只把自己当作一个仆人。当他的门徒渴望取得权力的高位时，他以自己为例子谴责他们：“你们知道，尘世中人有君王统治他们，掌握权力的人被称作恩主；但你们不可这样。”[④]追求的目标在于统治属下而非为属下服务的人、努力让人畏惧而不是受人爱戴的人、对自己的权力充满骄傲的人，才会喜欢“宴会上的首席和教堂集会中的高位，喜欢在街上有人尊敬地跟他招呼，称他为‘拉比’”[⑤]，这种人实际上是在模

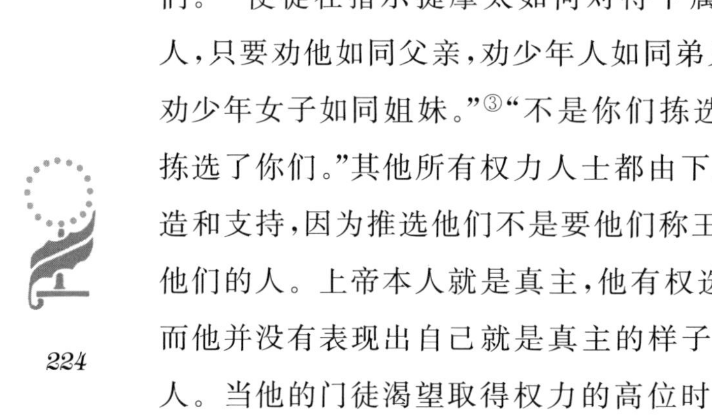

① 《便西拉智训》，iv，35；x，7。

② 《便西拉智训》，x，17；xxxii，1。

③ 《新约·提摩太前书》，第5章，第1—2节。

④ 《新约·路加福音》，第22章，第25节。

⑤ 《新约·马太福音》，第23章，第6—7、8—9、12节。

仿世俗的王子。至于体现着荣誉的头衔，我们不应为这一名义感到骄傲，而应在一切事情上保持谦虚。“但是，”主说，“你们不应接受‘拉比’的称呼，也不要称尘世中任何人为‘圣父’。”他还完全禁止自我夸耀，“要打煞那些自我吹嘘者的气焰”。

同时，我们也必须确保“羊群”不会由于牧羊人不在而受到伤害，确保在权利脱离义务时纪律不会松懈。因此，我们规定，负责管理精神而非物质事物的女修道院院长不得随便离开修道院，不得关心修道院以外的事物，她越是活跃就越应为她的属下担心。因此，她出现在公众面前的次数越少，就越会由于其稀少而变得弥足珍贵，正如书中所述：“如果一位大人物邀请你，表现出你的矜持，他便会愈加急于邀请你。”[①]但如果女修道院需要帮助，修士或平信徒应当为她们提供这种服务，因为满足女人的需要是男人永恒的义务，修女们在宗教信仰上越是投入越是全身心地将自己奉献给上帝，也就越需要男人的保护。因此，天使嘱托约瑟照顾主耶稣基督的母亲，尽管并不允许他与她共寝。[②] 主在自己去世时为他的母亲挑选了第二个儿子，让他负责照顾她的物质需要。[③] 毫无疑问，正如我已讲过的，门徒们皆十分关心虔诚的女人，还任命了七名执事为她们服务。[④] 有鉴于此，并根据具体情况的需要，我们也决定规定，修士和平信徒修士像基督的门徒和执事们一样，为女修道院提供外部事务的援助；特别是在举行弥撒时，她

① 《便西拉智训》，第 13 章，第 9 节。

② 参见《新约・马太福音》第 1 章第 20 节。

③ 参见《新约・约翰福音》第 19 章第 26 节。

④ 参见《新约・使徒行传》第 5 章第 5 节。

们需要修士们的帮助，而在其他事务上则需要平信徒修士的援助。

因此，如早期教会中福音传道者马可在亚历山大所倡导的，男修道院应建在离女修道院较近的地方，以便女修道院所有外部的事务由与她们有着共同宗教信仰的男教友们代为完成。的确，我们相信，按照信仰宗教的男人的指导来管理女修道院，可以更牢固地维护她们的职业信仰；让母羊与公羊接受同样的牧羊人的管束，也就是说，让女人同男人一道接受共同的权力约束，如使徒所规定的那样，"基督是各人的头，男人是女人的头，神是基督的头"[①]。因此，建于男修道院区域内的圣斯科勒斯第克女修道院也由一位男教友管理着，他或其他男教友经常光顾女修道院，修女们向他们请教并接受抚慰。圣巴西勒教规也指示我们接受男人的监督和管理，请看下面这段话：

问：除了管理修女的女院长，男修道院院长是否也可以指导她们呢？

答：如若不然，何以兑现使徒的箴言呢？其言曰："凡事都要规规矩矩地按着次序行。"[②]

问：若男修道院院长经常与作为女修道院院长的她对话，这是否合适呢？特别是如果一些教友对此感到反感的话？

答：尽管使徒先提出这样的疑问："为什么我自己的自由

① 《新约·哥林多前书》，第11章，第3节。

② 《新约·哥林多前书》，第14章，第4节。

要由他人的良心来论断呢?”我们还是应该听从他下面的话:“但我从不利用这种权力,免得我会阻碍耶稣基督福音的传播。”[①]修女们要尽可能少抛头露面,布道时要尽可能简短。

对此,塞维利亚教法会议宣布他们的决定如下:

经一致讨论通过,我们作出如下规定:贝第克省女修道院由修士们负责照料和管理。通过为那些将自身奉献给基督的贞女们选择灵魂的教父,我们可以为她们提供最有益的帮助,教父们的指导可以给予她们保护,他们的学说可以给予她们启迪。但必须采取适当的预防措施,防止修士们侵犯修女的隐私,甚至不能允许他们接近后者的门厅。男修道院院长或任何其他上司也不得与属于基督的贞女们谈论有关她们道德规范的事情,但她们的院长除外;他也不得经常与女院长单独谈话,一般要有两到三名修女在场。这种接触的次数应尽可能减少,且时间不能太长。上帝禁止这种他未明确指明的行为,即我们允许修士们过多接触从而熟悉属于基督的贞女;应当像圣本笃教规和正典规定的那样,将他们分开,保持距离。我们将修女交托给他们照顾,这话的意思是指挑选出一位最可信赖的修士,让他替她们管理乡间的田地,为她们建筑房舍或提供女修道院所需的其他一切供应,以便基督的婢女得以专心于自己的灵魂和神圣的信仰,得以专注于实践自己的美

① 《新约·哥林多前书》,第10章,第29节;第9章,第12节。

德。当然，由男修道院院长推荐的这个人，一定要经过主教的同意。而修女们则应为此承担起为男修道院制作服装的义务，因为她们需要依赖后者的指导，且如我前面所言，她们会得到修士们体力劳动成果的回报及他们的保护。

那么，按照这种规定，女修道院应从属于男修道院，以便修士们可以照顾修女姐妹，应有一名男子像父亲一样掌管两家修道院，他的权威应得到双方的认可，这样，皆属于主耶稣的两个群体可以“合成一群，由一个牧羊人来指挥”[①]。这种精神上关系亲密的群体正是上帝乐于见到的，它可以更好地满足男女皈依者的需要，修士们负责接纳男性，修女们则负责接纳女性，这样，每一个灵魂都可以在此求得自己的超度。任何人如果希望与他负责照顾的母亲、姐妹、女儿或其他女性一道接受皈依，那么，他完全可以在这里找到归宿。两家修道院之间应当存在着一种相互的关爱之情，其成员间的亲戚关系或其他联系越是密切，这种相互间的关心越是强烈。

我们希望男修道院院长在管理修女时应当把主耶稣——他自己的主人——的新娘看作他自己的女主人，从而更乐于为她们服务，而不是去管教他们。他应当像王宫里的管家那样，总是采取明智的方式对待王后，而避免对她施用权力；一方面在必要时服从她，另一方面忽略那些有害的要求，他的一切服务皆止于她的寝室之外，未经吩咐，他在任何时候都不得踏进她们的私人居室。我们

① 《新约·约翰福音》，第 10 章，第 16 节。

希望作为基督仆人的他以这种方式满足基督新娘的需要，代表基督忠实地照顾他们。他应与女院长一起讨论一切必要的事情，在咨询她之后再作出任何有关基督婢女及其所关心的问题的决定，对她们作出指示或与她们中任何一位谈话之前，必须经过她的同意，无论女院长何时召唤他，他都应马上赶到，并尽其所能立即满足她本人或其属下的需要。当受女院长召唤而与她谈话时，应选在公开的场合，当着被同意留在现场的修女们的面，距离不可太近，谈话也不宜过长。

任何食物、服装或钱财都交由基督的婢女们收存或储蓄，修女们用不完的部分可以转交给她们的基督兄弟。修士们负责照管需在户外完成的事务，而修女们则只需在户内忠于职守，做她们力所能及的事，如为自己和修士兄弟缝制、清洗衣物、烘烤面包等。她们还应负责准备牛奶及奶制品，喂养母鸡、母鹅及其他便于女人从事的工作。

男修道院院长就任时应在主教和他的修女姐妹们面前宣誓，宣誓他将担当她们忠实的服务员，与她们一道效忠于主耶稣；宣誓他会谨慎地保护她们的身体不受肉欲的浸染。若主教碰巧发现他疏忽了自己的职责（这是上帝所不允许的），他应立即以伪誓罪撤免他。所有一道宣誓的修士要对他们的基督姐妹承担起责任，不允许对她们有任何形式的压制，且尽可能保证她们身体的清白。因此，除非经过男院长的允许，否则任何修士不得擅自接触修女，接受修女所送的任何物品都必须通过男院长。任何修女不得远离修道院区域，但如上所述，一切修道院之外的事物皆应交由修士们代劳，因为男人有责任承担需要流汗的工作。任何修士除非出于必要或充分的理由，在获得男方或女方修道院院长的准许后才能进入这些区域。若有人胆敢无视这一禁令，他将被立即赶出修道院。

作为比妇女强壮的一方，男性不应对她们要求过高，因此，我们规定，他们不得违背女院长的意志强行要求她们做任何事，应听从女院长的吩咐。男女教友都应向她宣誓、许诺服从她，因为限制强者的自由可以更有效地保证安宁，更好地维护和谐，而当女性不再惧怕男人会使用暴力时，男人服从较弱的女性也就不会觉得负担过重。一个人在上帝面前表现得越是谦恭，上帝授予他的职位便越高。有关女院长之职目前就谈到这里，现在让我们谈谈她下属的几名管理人员。

圣器保管员，同时也是司库，负责整个修道院的物品供应；她负责管理修道院所有的钥匙和一切必需物品，负责接收祭品，制作或重做修道院所需的一切家什、保养设备等。她还负责准备圣饼和保管器皿、祭坛经书、各项装置、遗物、圣香、火柴、钟表等物品及敲钟这项工作。在可能的情况下，修女们应自己准备圣饼，以使制作圣饼的面粉变得纯净，同时还应自己清洗祭坛罩。但不论圣器保管员还是修女们，都不得随便挪动遗物或祭坛器皿、祭坛罩，但将这些物品交给她们清洗时除外。当需要挪动这些物品时，她们必须请修士或普通修士代劳，并直到他们过来以后再动。必要时可以委任几名修士专门为圣器保管员承担这一职务，被委任者应该是从修士们当中挑选出的称职人员，他们在需要挪动这些物品时来到女修道院，等女保管员将柜门打开后将物品取出或放回原位。负责管理修道院的修女必须是纯洁的典范，必须保证身心的高度统一，如果可能的话，她的节制和禁欲必须是经过考验的。她尤其要精于计算月亮的盈亏，从而按照时令的要求向修道院及时提供不同的必需品。

领唱员负责管理整个唱诗班，由她安排日祷、指导吟唱和诵读及一切与填词或谱曲有关的事。她还应负责照管藏经橱，由她从橱中取放、抄录或装订经书，或者她可以叫人完成这些事。唱诗时修女们就座的顺序及座位的分配、由谁朗读或吟唱等，皆由她来决定，她还负责确定哪些诗篇要在礼拜日集会时吟唱，礼拜日集会时通常要确定一周的任务。因此，具备一定的学识对她来说很重要，尤其是要具备一定的音乐知识。她应协助女院长检查纪律，如果她碰巧忙于其他事务，则由医务所主持人接替她。

医务所主持人负责照料病人，帮助她们提防罪恶的侵袭，保证她们不为短缺所困。病人所需要的一切——沐浴、食品或其他需要——应尽量满足，因为大家都知道这样一句谚语："病人不受法律的约束。"若她们要求吃肉，不得以任何理由拒绝，但每星期六或主节前的祈祷、四季斋期、大斋节时除外。越是到了该考虑辞世的时刻，她们就越应克制自己不去犯罪。这最后的时刻是她们最该奉行沉默之规的时候，因为她们正在走向生命的尽头，理应专心祈祷，正如书中所述："我的孩子，如果你生病了，千万别忽视它，要及时向主祈祷，他会为你治愈疾病的。停止犯罪，尽可能地去弥补罪过，清除心中一切有罪的念头。"[①]还要为病人提供一名护士看护她，以便可以随时满足她的需要。医务所主持人必须保证供应治

① 《便西拉智训》，第 39 章，第 9—10 节。

疗病人所需的一切设备。药物也要根据情况量力供应，因此，照顾病人的修女最好具备一定的药物知识，这样完成这项工作会更容易。处于经期的修女也应由她照料。需配备的人员还包括有放血经验者，或者为此请一名男子来帮助她们。还应规定病人不得逃避祈祷时间的祷告和圣餐；他们至少在主日时要接受圣餐，并尽可能在忏悔之后。要想治愈病人，就要认真履行圣徒雅各规定的戒律。[①] 为此，特别是当生病的妇女处于生命垂危之时，一定要从修士中挑选两名年龄稍长者和一名男执事，请他们带着圣油过来；让他们当着全体修女的面——实际上有一张屏幕将他们隔开着——举行圣礼。同样的，当需要圣餐时也应举行这样的仪式。所以，医务所主持人必须能够作出妥善安排，让修士们可以在不见到修女或被她们看见的情况下顺利地往来，执行这些圣礼。

女院长和膳务员应每天至少探望病人一次，把她当作耶稣基督看待，慎重地满足她的生理和精神需求，充分表现出她们是无愧于我主的如下教导的："我病了，你们看顾我。"[②]但若病人已生命垂危、到了临终痛苦的时刻，在她身边守候的人必须立即跑去敲响院中的一个木钟，警告大家病人即将辞世。此时不论是白天还是夜晚，也不管时辰如何，修道院全体人员必须立即赶到即将离开人世的修女身边。但若为教堂祈祷所耽搁，则她可以迟些时候再去。若这种情形发生，既然一切事情都不如服务上帝更重要，那么女院长和她挑选的几名修女立刻过去就是了，其他人可以稍迟些。那

① 参见《新约·雅各书》第 5 章第 14 节。

② 《新约·马太福音》，第 25 章，第 36 节。

些听见木钟后赶来的人应立即开始念连祷文，直至祈求圣徒——男性或女性——的祷告完成后，再开始唱诗或其他有关死者的仪式。探望病人或死者是有益的行为，对此《传道书》中曾指出："往遭丧的家去，强过往宴乐的家去，因为死是众人的结局，活人也必将这事放在心上。"同样的，"智慧人的心，在遭丧之家；愚昧人的心，在快乐之家"。[1]

死者的身体必须由修女们立即进行清洗，穿上廉价但干净的服装、袜子，放在棺材中，头部用面纱盖住。这些覆盖物必须紧缝或紧绑在死者身体上，今后不再取下。然后，由修女们将尸体抬进教堂中，由修士们适当安葬，同时，修女们留在祈祷室内专心唱诗和祷告。女院长的安葬与其他人唯一的区别是：她全身裹在毛衬衣里，然后再用一个口袋缝住。

服装保管员管理一切与衣服包括鞋子有关的物品。她负责叫人剪羊毛，制作羊皮鞋，纺织亚麻或梳理羊毛。她还负责整个缝纫工作，向每个人提供针线、剪刀等工具。她还要亲自负责修女们住宿用的床上用品、台布、毛巾和其他各种布类，以及这些物品的剪裁、缝纫和清洗。下面这段话可以说是专门对她而言的："她寻找羊绒和亚麻，甘心用手做工……她手拿捻线杆，手把纺线车……她不因下雪为家里的人担心，因为她所有的仆人都穿着朱红衣服，她可以笑迎明天的来临。她时刻关注着家人的需要，从不游手好闲。她的儿女起来称她有福。"[2]她负责保管她工作所需的工具，见习修

① 《旧约・传道书》，第 7 章，第 2、4 节。

② 《旧约・箴言》，第 31 章，第 13、19 节以下。

女在被正式接纳入会前由她管理，由她决定该向谁分配哪些工作。

膳务员负责一切与食物有关的事物，如地窖、食堂、厨房、磨坊、面包房及烤炉、花园、树木和庄稼。她负责养蜂，照管牛羊，喂养一切必需的禽类。一切与食物有关的必需品都由她负责供应，所以她应乐于供应大家需要的一切，而不应为此有任何抱怨，做到这一点很重要，"因为捐得乐意的人是神所喜爱的"[①]。我们坚决禁止她在分配物资时对自己动用特权；不允许她在准备食物时为自己开小灶，或骗取本应属于他人的那份食物。哲罗姆讲过："最称职的膳务员是不私扣任何东西的。"犹大在掌管公共财库时滥用其膳务员的职责，最终离开了其他使徒；亚拿尼亚伙同妻子撒非喇私扣钱财而被判死刑。[②]

女门房或女看门人负责接待客人和来访者，通报他们的到来或引领他们到适当的地点，充分表现出主人的热情好客。从年龄和思想上讲，她应当能够保持谨慎，清楚该如何对待提问、作出回答，能够决定该接待谁以及以何种方式接待。特别是要把自己当成主的门房，让自己为修道院的宗教生活增光添彩，因为外人对修道院的认识由她开始。她应做到语声轻柔、态度温和，即使对那些她不得不拒绝的人也能以适当的理由回绝并建立起友谊。因为有这样一句箴言："回答柔和，使怒消退；言语暴戾，触动怒气。""动听的话语可以赢得朋友，安抚敌人。"[③]而且，因为她可以更经常地见

① 《新约·哥林多后书》，第 9 章，第 7 节。

② 参见《新约·约翰福音》第 13 章第 29 节以及《新约·使徒行传》第 5 章第 1—10 节。

③ 《旧约·箴言》，第 15 章，第 1 节；《便西拉智训》，第 6 章，第 5 节。

到穷人从而更了解他们，由她负责向他们分配食品和衣物；但如果她或其他管理员需要支持和援助，女院长应为她们任命副职，以使修女们不必中断正在进行的祈祷、集会和进餐。这些副手应从平信徒修女中选出。

女门房的寝室应位于大门旁，这样她或她的助手可以随时接待来者；她们不得闲坐着无所事事，并且，因为她们讲话时很容易为外人听到，她们应小心地保持沉默。的确，她不仅有责任将不该进修道院的人拒之门外，也有责任杜绝一切流言蜚语，防止这些流言蜚语在毫无戒备的情况下闯入修道院，若在这方面出现问题则要由她作出解释。但如果她听到了应该知道的事情，那么她应该私下里向女院长汇报情况，由她仔细考虑。若有人敲门，女门房要立即应答，询问来者何人、何事，必要时立即开门请来人入内。只有女人可以进入女修道院，有男人敲门时要指示他们前往男修道院。不论出于何种理由，在事先未征得女院长同意和得到她的指示的情况下，不得允许任何男人进入修道院，但女人则应该立即请进来。来访的女性或在某些时候获准进入修道院的男性应在女门房的屋内等候，由女院长或修女们在必要或适当的时候出来见他们。若家境贫寒的女性来访时需要洗脚，女院长本人或其他修女应乐于提供慈善帮助。主耶稣被使徒们称为执事正是出于这种人道主义服务的考虑，如《圣父传》一书中所载的那样："啊，人类，为了你们，救世主也当起了执事，腰缠毛巾为门徒们洗脚，并教导他们为兄弟们洗脚。"[①]所以，使徒讲到女执事时这样说："如果她热

① 《圣父传》，Ⅶ，4.8。

情周到，便为上帝的选民洗脚。”主本人也讲过：“我做客旅，你们留我住。”①

所有的管理员（领唱员除外）应该从那些没有学问的修女中选出，即使其他人更适于利用她们的学识赋予她们更大的自由。

祈祷室装饰物应保证在必要的限度内，避免过多和奢华，以保持整洁为宜。除了一只或必要时一只以上银质圣餐杯外，祈祷室内不得有任何其他金银制品，除圣带或臂带是丝制品外，不得有其他丝质服饰，也不得有雕像。祭坛上只放一个木十字架，不放其他物品，但如果修女们愿意画上救世主的画像，则是允许的，只是不得出现其他人的画像。修道院内还需准备一对钟，在祈祷室门外放置一桶圣水，供修女们早祷或晚祷出去时祈求主保佑用。

每天的七段祈祷时间，任何修女都不得缺席，而一旦钟声敲响，每位修女必须丢开正在从事的任何事情，立即从容赶去祷告。当她们默默地进入祈祷室后，让所有人都可以这样讲：“沐浴着你的博爱我走进你的房中，存着敬畏之心向为你而设的圣坛深深鞠躬。”唱诗班应保留祈祷所需的经书。诵读诗篇时要保证声音清晰易懂，吟唱必须确定适当的调子，让声音较低者也能够胜任。只有从正经——主要出自《旧约》或《新约》——所选内容才可在教室中宣讲或吟唱。所选内容应划分为不同的日课在一年的时间内学完全部内容，有关《圣经》的解释、教堂神学家们的训诫或其他训导文字可以在进餐或集会时大声宣读；在需要时可以允许她们阅读这些内容。任何人事先没有准备时不得随意诵读或吟唱这些文字，

① 《新约·提摩太前书》，第5章，第10节；《新约·马太福音》，第25章，第35节。

如果有人碰巧在祈祷室错读了某文字，她必须当场在所有人面前以祷告进行弥补，她应该这样轻声祈祷："让我再来一遍，主，请原谅我的粗心。"[1]

她们必须遵照先知的告诫在午夜起床进行祈祷，所以她们必须尽早上床休息，以保证她们柔弱的体质可以承受得住这些深夜的祝祷仪式，所有白天的事应按照圣本笃所规定的在白天完成。夜祷结束后，她们应立即返回寝室，直到晨经时分。尚在黑夜中时，她们可以继续睡眠，因为对于她们柔弱的体质而言，睡眠最能恢复其活力，让她们能够承受繁重的劳动，保持温和的性情和清醒的头脑。但如圣本笃所言，[2]若她们中有人觉得有必要就诗篇或日课进行冥想，则她们必须保证不打扰那些入睡的人，他在此所讲的是冥想而非朗读，因为朗读会打扰他人的睡眠。当他讲到"那些觉得有必要……的修士"时，他当然并不是强迫大家都去履行这种冥想，但若有时需要对吟诵进行指导，则仅仅满足那些有需要者即可。

晨经应在黎明时分进行，可能的话，在太阳升起时敲响起床的钟声。晨经结束后，修女们返回寝室休息，在日长夜短的夏天，我们希望她们在辰时经前小睡片刻，直到听到钟声后再起床。圣格列高利在《对话录》一书的第 2 章中谈到受人敬仰的利伯第努斯时，曾提到过赞美经后的这段睡眠："第二天还有关于修道院的问题要讨论。所以，赞美经唱过后，利伯第努斯来到院长的床前，谦

① 《旧约·诗篇》，第 5 篇，第 7—8 节。

② 见 *The Rule of St Benedict*，第 8 章。

恭地为自己祈祷……”这时的小睡可以从复活节持续到秋分时节，因为自秋分后开始夜长日短。

从寝室出来后，首先要沐浴，之后取出经书坐在修道院中朗读或吟唱祷文，直到辰时经的钟声敲响。辰时经结束后，她们要去参加全体修女大会，所有修女坐好后，先公布当日日期，而后宣读《殉教史》中的一段内容，之后或者宣读有关教义，或者宣读、讲解圣本笃教规。之后如果还有问题需要纠正或处理，她们可以继续做这些事。

但需要指明的是，不能因为修道院或其他个别宗教机构发生过一些违规事件，就认为该修道院是不守规矩的，只有在它们事后仍不悔改时才可以这样说。有哪个地方会完全白璧无瑕呢？圣奥古斯丁在教诲有关教士们时曾说过这样一段话：[①]

> 不论我所属教堂的戒律多么严格，我只是一个普通人并且生活在普通人中间，我不敢称自己的教堂胜过亚伯拉罕家——据载，他们“驱逐了那个女奴和他的儿子”，或以扫家——我主曾讲过“我喜爱雅各，但讨厌以扫”，或雅各家——他的一个儿子玷污了他父亲的床榻，或大卫家——一个儿子与他的妹妹同寝，另一个儿子反抗温和的父亲；[②]我也不敢称自己的教堂胜过使徒保罗及弟子，一直生活在高尚之士当中

---

① *Epistulae*，lxxviii，8.

② 参见《旧约·创世记》第 9 章第 22 节和第 21 章第 10 节以及《旧约·玛拉基书》第 1 章第 3 节，《旧约·创世记》第 35 章第 22 节。

的保罗不会说："争吵声环绕在我们的周围，不祥的预感在我们的心中升腾。"①

如果他一直生活在高尚之士当中，他也不会再这样讲："这里没有人真正对你所关心的事情感兴趣，他们都在一心追逐自己的目标。"类似的还有耶稣基督本人所率领的使徒，11名优秀的人不得不忍受犹大这个叛徒和窃贼所带来的苦难，最后，还有天使从中降落的天堂，都是我不敢与之相比的。

奥古斯丁为敦促我们遵守修道院的戒律还作了如下补充："从我开始服侍上帝时起，我便向上帝忏悔，因为我发现，虽然很难找到比修道院中那些每天都在进步的修士更高尚者，但同时也没有人比修道院中那些堕落者情况更糟。"因此，《启示录》中这样写道："圣洁者让他依旧圣洁，污秽者让他依旧污秽。"②

因此，惩治必须严格，而那些见到别人违规却隐瞒不报者，应当受到比违规者本人更严格的惩治。这样保证所有人都会及时承认自己或他人的罪行。任何先于他人认罪者，如果她及时纠正了自己的过失，理应受到较轻的惩罚，正所谓"正义之士总是先行自责"。任何人不得冒昧地为他人开脱罪责，但如果女修道院院长碰巧问到她一件大家都不清楚之事的真实情况时另当别论。任何人不得冒昧地利用他人过失对她进行攻击，除非女院长指示她这么做。关于惩治的规则有这样的记载："孩子，不要拒绝主的惩罚，也

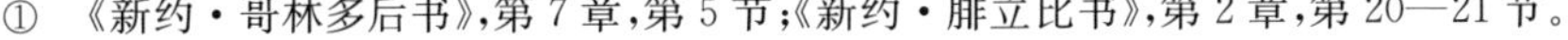

① 《新约·哥林多后书》，第7章，第5节；《新约·腓立比书》，第2章，第20—21节。

② 《新约·启示录》，第22章，第11节。

不要因他的谴责感到沮丧；只有他喜爱的人他才会去责备他，好比一位严父总是惩罚自己的爱子。”“不杖责儿子的父亲其实不爱自己的儿子，而真正深爱儿子的父亲总是管教他守规矩。”“打击傲慢者会让愚者变得聪明。”“惩罚傲慢者会令头脑简单者明智起来。”“马要用鞭抽，牛用笼头拦住，而愚者的脊背要用棍棒敲打。”“责备他人者最终会比甜言蜜语者赢得更多的感激。”“戒律向来不是让人愉悦的事物，有时它会让人很痛苦，但逐渐习惯以后，它可以让人收获安宁和美好。”“作为一个被宠坏的儿子的父亲是一种耻辱，而生出一个愚蠢的女儿会带来无穷的损失。”“爱子者会经常鞭笞他，这样才能最终为他自豪。”“未驯养的马总是很难驾驭，不加管教的孩子总是很任性。一味纵容你的儿子，总有一天他会带给你巨大的打击；一味对他放任自流，到头来他会令你痛苦不堪。”①

在讨论将采纳哪些建议时，每位修女都可以自由发表见解，但不论大家的意见如何，女院长的最后决定是不可动摇的，因为一切事情都要遵照她的意志，即使她可能犯了错误（上帝所不允许的），作出了糟糕的选择。圣奥古斯丁在他所著的《忏悔录》一书中讲过：“在任何事情上不服从院长指示的人罪大恶极，即便他所选择的优于他被指示接受的。”的确，对我们而言，做好一件事要比行善重要得多，我们必须少去想应该做什么，而应多去想想该以怎样的方式和精神去做它。顺从地完成一项任务便意味着我们做得很

① 《旧约·箴言》，第 3 章，第 11—12 节；第 13 章，第 24 节；第 19 章，第 25 节；第 21 章，第 11 节；第 26 章，第 23 节；《新约·希伯来书》，第 12 章，第 11 节；《便西拉智训》，第 22 章，第 3 节；第 30 章，第 1—2、8—9 节。

好，即使这样做也许距离行善最遥远。因此，必须在一切事情上不折不扣地服从院长的决定，不论可能会产生怎样的肉体伤害，只要不会明显地危害灵魂即可。作为院长，发布命令时必须谨慎，力求正确，这样他的属下才可能全力服从他——他们的院长，他们这样承认——的指示，而不再坚持自己的意愿。我们坚决禁止将习俗置于理智之上；不得以习俗为由为自己的行为辩护，而这种辩护只能基于理智，并非因为这样做较常见，而是因为它是较好的方式，事实越是证明它的优越性，我们就越是要乐于接受它。否则的话，我们就会像犹太人那样将律法的古代风俗摆在了优于主耶稣福音的位置上。

关于这一点，圣奥古斯丁多次引用神学家西普里安的忠告作为证据，他曾留有这样一段文字："任何藐视真理、盲从习俗者，要么是对信仰真理者居心不良、心存歹意，要么是对教堂为之确立的上帝丝毫无感激之情。"还有，"主讲过'我是真理'。他没有说'我是习俗'。所以，在真理彰显出来以后，习俗必会依从于真理。""真理被揭示后，讹误事必屈服于它，就像已行过割礼的彼得要服从于传播真理的保罗。"同样的，他还在《论洗礼》第4卷写道："那些为理智所击溃者以习俗为借口反驳我们，好像习俗远比真理更重要，或者说，在精神世界中，我们不应当遵循圣灵所昭示的真理。这种反驳只会是徒劳无功的。很显然，事实即是如此，因为理智和真理必先于习俗。"

格列高利七世在写给主教威曼德的信中写道："当然，用圣西普里安的话讲，任何习俗，不论多么根深蒂固和影响深远，在真理面前也只能退居其次，与真理相悖的行为必须根除。"便西拉曾教导我们要遵循真理，他说："不要因为灵魂的缘故羞于讲出真理"；"不要以任何形式违背真理"；还有，"制订每一项计划之前要听取真理之声，采取每一次行动之前要听取忠告之言"。[①] 不能因为许多人做过便把它当作先例仿效，只有在智者和善者接纳它之后才能如此。所罗门说过，"愚者不可胜数"[②]，同时根据上帝的断言，"召来的人很多，但选中者很少"[③]。贵重之物必定稀有，因为数量本身会削弱一物的价值。在听取忠告时任何人不可附和多数人，而应选择真正出色的建议；应考虑的不是一个人的年龄而是他的智慧，应注重的不是友谊而是真理。因此，诗人留有下面的话：

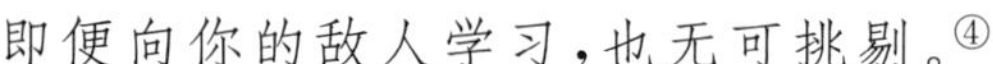
即便向你的敌人学习，也无可挑剔。[④]

无论何时有事需要商议都不得无故拖延。讨论重要事情时应召开修道院全体大会，而如果只是一些小事，则只要女院长和几名年龄较长的修女参加即可。有关议事的问题有如下记载："人们在缺少指导时总是情况很糟，而能够倾听他人的意见时则会平安无事。""愚妄人所行的，在自己眼中看为正直，惟智慧人肯听人的劝教。""孩子，在征求意见之前别轻易采取任何行动，这样你事后才会无悔。"[⑤]即使某人在未征求意见的情况下碰巧获得了成功，大

---

① 《便西拉智训》，第 4 章，第 24、30 节；第 37 章，第 16 节。

② 《旧约・传道书》，第 1 章，第 15 节。

③ 《新约・马太福音》，第 22 章，第 14 节。

④ 奥维德：《变形记》，第 4 章，第 428 节。

⑤ 《旧约・箴言》，第 11 章，第 14 节；第 12 章，第 15 节；《便西拉智训》，第 32 章，第 24 节。

慈大悲的幸运之神还是不会宽恕他的冒昧。如果听取意见后人们有时还会犯错，则不应指责主动征求意见的院长们自以为是，相信那些提供意见的人不应受到太多的责备，应该责备的是那些向他提供错误意见的人。

集会结束后，修女们在辰时经开始前应从事适当的工作，如阅读、吟唱或做零活。辰时经完毕时，修女们开始做弥撒，为此要任命一名修士担任一周的教士职务。若数量较大，则还要增加一名执事和一名副执事帮助他，或履行他们自己的祷告。他们的来往出入应安排在修女们见不到的时间和地点。若需要更多的修士，也要为他们作出安排和——可能的话——规定，保证修士们不会因为修女们的弥撒而耽搁自己的祈祷。

修女们要进圣餐时，应选择一位年纪较长的教士在弥撒结束后向她们供应餐点，但执事和副执事则必须先行告退，以免禁不住诱惑。全体修女一年中至少三次接受圣餐——复活节、五旬节和圣诞节。圣父们规定俗人也必须接受这三次圣餐。行圣餐礼前，她们必须作好如下准备：提前三天进行忏悔和适当的苦行，然后进行三天的斋戒，仅以水和面包果腹，连续进行祷告，以此谦卑地、诚惶诚恐地荡涤自己的罪恶，同时默诵着使徒这些令人胆寒的话：

> 所以，无论何人不按理吃主的饼、喝主的杯，就是干犯主的身、主的血了。人应当自己省察，然后吃这饼、喝这杯，因为人吃喝，若不分辨是主的身体，就是吃喝自己的罪了。因此，在你们中间有好些软弱的与患病的，死的也不少。我们如果

先分辨自己，就不至于受审。①

做过弥撒后修女们继续回到从前的工作，直到午时经，任何时候不得无所事事；每个人都必须力所能及地从事该做之事。午时经后是午餐时刻，但斋戒日除外，斋戒日时她们要等到申初经再进午餐，大斋节期间要等到晚祷时才可进餐。但不论何时修道院中都不可无诵读经文的声音，女院长希望结束时可以说一声“到此为止”，然后，她们可以立即起身感谢上帝。夏季时，她们在午餐后申初经前，应在寝室中休息，申初经后继续工作到晚祷时刻。晚祷后她们才可以进餐和饮水，然后按照该季节的风俗，她们可食斋日点心，但在礼拜日食用点心前，她们要先洗净手脚。女院长也与值日的修女们一道在厨房中参加这一仪式。用完点心后她们要立即进行晚祷，之后上床安歇。

至于食物和服装，应遵循使徒的教导，他讲过，“要有衣有食，就当知足”②，也就是说，必需品够用即可，不得有过多的要求。她们所食用的应该是能够廉价买到或易于取得的食物，并且接受它是不会冒犯他人的，因为使徒仅仅回避那些会让他自己或修士兄弟们良心不安的食物，他深知错误不在食物本身，而在于人的胃口：

食用者不应瞧不起那些不肯食用的人，而不肯食用者也不应随便评判那些食用者……你是何人，竟敢论断别人的仆

① 《新约·哥林多前书》，第 11 章，第 27—31 节。

② 《新约·提摩太前书》，第 6 章，第 8 节。

人？……食用者在进餐时想的是主，因为他向上帝感恩；而禁食者同样一心想着我主，他也向上帝感恩……因此，让我们不要再相互品头论足，而应达成这样的共识：不允许任何障碍或绊脚石阻挠修士兄弟们。我主耶稣基督即认为任何食物本身都是纯净的，只是人们会认为某物不洁……天国是不在乎吃喝只在乎公义、和平和欢乐的圣灵之所……任何食物本身固然皆是纯净的，但如果某人由于自己的饮食造成了其他修士兄弟的堕落，则对他而言任何食物都是肮脏的。最好禁止自己吃肉或饮酒，或做其他可能引起修士们堕落的事。[①]

在讨论过冒犯其他修士的食物后，他继续讲到了当某人的饮食有悖于自己的良心时，他所感到的不安："不以自己赞许的行为为标准论断自我的人会很快乐。但对自己所食用的东西持怀疑态度的人总会有一种负疚感，因为他的行为并非产生于他的信仰，而无信仰根基的行为皆是有罪的。"

因为违背自己的良心和信仰时我们其实是在犯罪；根据律法来考验我们所认可和接受的一切，如果我们食用律法所不容或归入不洁类别的食物，我们应批评和谴责自己。良心的证词最有力，因为它最有资格在上帝面前指控或宽恕我们。所以，约翰在他的《约翰一书》中讲道："亲爱的朋友们，如果我们能够做到没有良心的谴责，那么我们就可以信心十足地走向上帝，并且会从那里得到我们所求的一切，因为我们已经严格执行了他的戒条，实践了他所

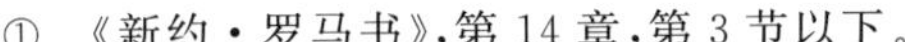

① 《新约・罗马书》，第 14 章，第 3 节以下。

推崇的法则。”[①]因此，保罗在上面的段落中曾讲过：“在上帝的眼中万物皆是洁净的，但认为某物不洁的人除外。”也就是说，如果他认为该物不洁，自己就不该接受。（的确，我们认为不洁的一些食物据律法而言则属洁净的，因为律法在禁止其信徒食用的同时，仍然可以公开将它们提供给非信徒。因此，“世俗”女人是不洁的，公开供应的物品要么是廉价货，要么不够珍贵。）所以，使徒声称在耶稣基督的眼中没有食物是“世俗”或不洁的，因为基督之律法除禁止消除自己或他人的良心谴责外，不曾禁止任何其他事物。他在别处亦讲过：“因此，如果是食物造成了我的兄弟的堕落，我将不再吃肉，因为我不想成为我兄弟堕落的起因。”“难道我不自由吗？难道我不是使徒吗？”[②]——他似乎想说的是，难道我没有主赋予使徒们的自由吗？吃我想吃的东西或接受他人的施舍？当主耶稣派出使徒时，他曾讲过这样一句话：“吃喝他们拥有的东西。”[③]可以看得出，他对于食物的种类毫无区分。使徒注意到了这一点，因此谨慎地讲到任何食物，即使是非信徒献给神祇的食物也允许基督徒食用，只是要避免在这方面冒犯他人：

> 没有不可以食用的东西，但并非任何食物都无碍。我可以无所禁忌，但并非任何食物都有助于建设社团。任何人不应只顾及自己的利益，而应时刻考虑到他人的利益。你可以吃肉，食市场出售的任何东西而不用感到良心的谴责，因为地

① 《新约·约翰一书》，第 3 章，第 21—22 节。
② 《新约·哥林多前书》，第 8 章，第 13 节；第 9 章，第 1 节。
③ 《新约·路加福音》，第 10 章，第 7 节。

和其中所充满的一切都是主耶稣创造的。若一位非信徒邀请你共同进餐而你又愿意去的话，你可以尽情享受摆在你面前的美食而不用受到良心的谴责。但如果有人对你说，“这些食物是用来祭祀神祇的”，那么，顾及这位提醒者同时也出于良心的考虑，不要再去食用它——我所指的并非你自己的良心，而是另一位提醒你的人的良心……不要冒犯犹太教徒、希腊正教教徒或上帝的教堂。[①]

从使徒的这些言语中可以明白地看出，只要不冒犯自己或他人的良心，在食物方面我们可以无所禁忌。若我们能够确信我们遵循的是可以得到拯救的生活方式，则不用感到自己良心的不安；若能够让他人相信我们的生活方式是通向超度之门的，便不会冒犯他人的良心。若我们能够做到接受一切自己本性所需之物而不犯罪，若我们不过于相信自己的力量，不以忠于某种过于沉重的生活之规束缚我们自己的话，则我们的确在实践这样的生活方式。在沉重的生活之规束缚下，我们很可能会堕落：我们的誓言越是响亮，从高处跌落时摔得也就越重。《传道书》中这样警告这种堕落，这种愚蠢的誓言：“你向神许愿，偿还不可迟延，因他人不喜悦愚昧人，所以你许的愿应当偿还。你许愿不还，不如不许。”[②]对于其害处使徒这样建议道：“我愿意年轻的寡妇嫁人、生儿育女、治理家

① 《新约·哥林多前书》，第 10 章，第 23—29、32 节。

② 《旧约·传道书》，第 5 章，第 4—5 节。

务，不给敌人辱骂的把柄，因为已经有转去随从撒旦的。”[①]出于对年轻女人软弱本性的考虑，他提出一种较为自由的生活方式作为补救的良方，以免企望更好的方式而冒险，他建议我们保持较低的姿态以防我们从高处跌落。

圣哲罗姆也这样指示贞女尤斯托钦：“但如果那些贞女由于其他错误而没能被拯救，那些令基督的信徒沦为娼妓、将圣灵的殿堂变成妓院的女人又该落得何等的下场呢？人类最好经历一下婚姻生活、脚踏实地，而不要好高骛远，最后跌入地狱的深渊。”[②]我们即使寻遍使徒的箴言也找不到有关他允许第二次婚姻（女人除外）的言论。他要求男人保持节欲。“如果有人在被上帝召唤前经受了割礼，对此，他不应加以掩饰。”还有，“你若没有妻子，就不要要求有一位妻子。”[③]另一方面，摩西更纵容男人，他允许男人同时娶几位妻子，却不允许女人同时有几位丈夫；他对通奸的女方的惩罚甚过对男方的惩罚。使徒说：“丈夫活着，她若归于别人，便叫淫妇；丈夫若死了，她就脱离了丈夫的律法，虽然归于别人，也不是淫妇。”[④]还有，“对未婚女人和守寡的妇女我想说，如果她们能像我自己这样则是再好不过的事，但如果她们无法自控则应当选择结婚。选择结婚远比忍受欲火焚身的煎熬要好得多。”[⑤]另外，“如果一个女人的丈夫去世了，她可以自由地选择其他男人再嫁，只是要

① 《新约·提摩太前书》，第 5 章，第 14—15 节。

② *Epistulae*，xii，6.

③ 《新约·哥林多前书》，第 7 章，第 18、27 节。

④ 《新约·罗马书》，第 7 章，第 3 节。

⑤ 《新约·哥林多前书》，第 7 章，第 8—9、39—40 节。

嫁属于主的律法的人。但知果她能够接受并履行我的建议，她会更快乐。”他不仅允许女人第二次结婚，而且没有限制再婚的次数，他允许她们在丈夫去世后嫁给别的男人。只要她们不犯私通罪，他对于她们再婚的次数不加限制。她们可以经常结婚，但不可以有一次私通，可以将自己的肉体献给许多男人，但不可以有一次卖淫行为。这种奉献并非完全无罪，但小罪是允许的，免得产生更大的罪过。

那么，允许她们尝试一切无罪的东西以免她们去犯罪，对此大家也就不应感到奇怪了；这里是指必要而非多余的食物。因为，如我们前面所言，食物本身不应受到责备，应该责备的是人的食欲，这种欲望诱使人们渴望偷食禁果及其所带来的愉悦，有时还会无耻地摘取这种禁果，从而引起严重的后果。在人类的所有食物中，有什么比酒更危险、更有害、更有悖于我们的宗教信仰或神圣的安宁呢？耶稣基督这位人类的智者非常清楚这一点，所以他特别警告我们说：

> 酒能使人亵慢，浓酒使人喧嚷，凡沉溺于饮酒中的无智慧可言……什么人会像他父亲一样苦恼不堪？什么人会莫名地吵架、打斗、受伤呢？什么人总是带着一双充血的眼睛？那些喝酒至深夜、到处找酒喝的人。酒在杯中闪烁，你不可观看。虽然下咽舒畅，终究是咬你如蛇，刺你如毒蛇。你眼必见怪异的事，你心必发出乖谬的话。你必像躺在海中，或像卧在桅杆上。你必说：“人打我，我却未受伤；人把我拉走，我却毫无知觉。当我清醒时我会再去喝酒……”
>
> 利慕伊勒啊，千万不要给君王们酒喝，永远不要这样做，

> 因为君王是不能纵酒为乐的。他们若饮酒就可能忘记他们已颁布的法令，忽视穷人为他们的儿子发出的祈求。[①]

《便西拉智训》中亦如是说："酗酒的劳工永远不可能致富，在小事上的疏忽会逐渐酿成大错，陷入毁灭。酒和女人剥夺了他们的智慧，它们是良知的严峻考验。"[②]

以赛亚也认为其他食物无伤大雅，只提到酒是征服人类的祸水。他讲道："清晨起床后便直奔酒馆，直喝到傍晚时分，喝得情绪兴奋，这样的人可耻之极。你在酒席拉竖琴，弹琵琶，敲手鼓，吹笛子，载歌载舞、尽情享乐，而将我主的事业完全抛诸脑后。狂饮烈性混合酒的酒徒们，可耻啊。"[③]然后，他从对世人的哀叹转向了教士和先知："这些人也常常饮酒，喝得酩酊大醉。教士和先知们饮酒是异常愚蠢的行为，他们常常喝得烂醉如泥，已无法辨认真正的感知，完全忘记了正义。呕吐的脏物布满每张桌子，上面无一处净土可言。这样的先知该如何向他人传授知识？他该要求怎样的人来倾听和领会他的教导呢？"我主耶稣借约珥之口讲道："酒醉的人哪，要清醒哭泣；好酒的人哪，都要为甜酒哀号。"[④]他并不禁止必要的饮酒，使徒就曾告诉提摩太饮一点酒"有助于治疗你常犯的胃病"[⑤]——不仅治病而且治常犯的病。

① 《旧约·箴言》，第 20 章，第 1 节；第 23 章，第 29—35 节；第 31 章，第 4—5 节。

② 《便西拉智训》，第 19 章，第 1—2 节。

③ 《旧约·以赛亚书》，第 5 章，第 11—12、22 节；第 28 章，第 7—9 节。

④ 《旧约·约珥书》，第 1 章，第 5 节。

⑤ 《新约·提摩太前书》，第 5 章，第 23 节。

挪亚是第一个开垦出一片葡萄园的人。但他当时可能并不晓得它所带来的饮酒恶习，喝醉酒后，他袒露出自己赤裸的大腿，因为可耻的淫欲伴随饮酒而生，当儿子嘲笑他时，他诅咒他，以我们前所未闻的劳役苦行惩罚他。罗得是圣人，所以他的女儿明白只有让他喝醉了以后才可能发生乱伦行为。那位欺骗荷罗孚尼的寡妇正是看到，除让他喝醉外没有别的办法欺骗他、让骄傲的他低头，才骗他喝醉的。我们可以读到，天使在拜访人类先祖时受到热情的款待，他们吃各式各样的食品，但没有喝酒。以利亚，我们最伟大的也是最早的领袖，在隐遁荒野时，渡鸦早晚为他衔来面包和肉食，但没有酒。我们也可以读到，以色列的子民在荒野中时主要以鲜鹌鹑肉为食，但从未接受过或希望得到酒喝。[①] 他们的宴席包括在荒野中赖以生存的面包、鱼肉，但从未听说过还包括酒。只有婚礼时除外，婚礼时不再禁止饮酒，而允许酒来创造奇迹，增加色欲。[②] 但对于适合修士们居住的荒野而言，肉要比酒具有更大的实际利害关系。将自身奉献于上帝的修行者所依据的基本法则，也仅仅禁止饮用酒和烈性饮料。[③] 一个酒鬼会有什么力量或品德可言呢？因此，我们可以读到，旧时的教士不仅不能饮酒，而且不得接触任何麻醉品。圣哲罗姆在写信给尼波第安时谈到当今

① 参见《旧约·创世记》第 9 章第 20 节和第 19 章第 33—34 节；《新约·犹太书》第 12—13 章；《旧约·创世记》第 18 章第 1 节以下；《旧约·列王纪上》第 17 章第 1 节以下。

② 参见《新约·马太福音》第 15 章第 32 节以下；《新约·约翰福音》，第 2 章，第 1 节以下。

③ 参见《旧约·民数记》第 6 章第 3 节。

牧师的生活方式，他表示极为愤怒，因为奉行律法的教士拒绝任何烈性饮料，因此在禁欲方面远胜过我们今天的牧师。他讲道：

> 千万别为酒的香味所动，以免你听到下面这句哲人的名言："这不会像亲吻一样轻轻接触即止，而等待你的会是一整杯酒。"使徒同样谴责那些沉迷于饮酒的教士，《旧约》中也禁止这种行为："服务于圣坛的人不得饮酒或烈性饮料。"在希伯来语中，"烈性饮料"指能让人麻醉的饮料，它们或通过发酵的方式制作而成，或由苹果汁和蒸馏成烈性甜味饮料的蜂巢加工制作而成，也可用椰枣榨成汁，或水加煮过的谷物制作而成。任何能麻醉、扰乱大脑平衡状态的饮料都应该像酒一样被回避。[1]

按照圣帕克米斯[2]教规的规定，除生病时除外，任何人不得饮酒或酒精饮料。你们中有哪一位没听说过"不论哪种酒都不适合修士"这样的话呢？旧时的修士对酒怀着极端的恐惧心理，他们在警告别人时称酒为撒旦。在《圣父传》一书中这样记载着：

> 一些人告诉圣父帕斯特说，一位不同寻常的修士不喝酒，圣父回答说，酒本来就不是修士们该动的东西。

---

① 见其 *Epistulae*，xxii，11。

② 圣帕克米斯（约 286—约 346 年）是用成文规定把埃及沙漠的隐士组织到一个教团之中的第一位修士。

在安东尼圣父山曾举行的一次弥撒集会中，人们发现了一坛酒。一位长者喝了一小杯，然后端了一杯走到圣父西索瓦跟前递给了他。圣父喝了下去，第二次他又接过去喝了，但当第三杯送到他面前时，他拒绝说："安静，兄弟，难道你不知道这是撒旦吗？"①

关于西索瓦圣父还有如下说法：

他的弟子亚伯拉罕之后问道："如果这件事发后在教堂安息日或礼拜日时，他喝下了三杯酒，这是不是太多了呢？""如果它不是撒旦，"老人回答说，"就不算太多。"

圣本笃正是考虑到这一点才允许修士们在特定的情况下饮酒的：

虽然我们可以读到"酒从来不是为修士们准备的"这样的箴言，在我们当今的时代要说服修士们接受这一点是不可能的。②

那么，既然如此，若修士们是严禁饮酒的，圣哲罗姆坚决禁止女人饮酒也就不足为奇了，因为女人体质柔弱，虽然就饮酒而言她们表现得较顽强。他在指示尤斯托钦这位基督的新娘时言辞极为强烈，教导她保持贞洁：

① 《圣父传》，V，431，36，37。

② *The Rule of St Benedict*，第 40 章。

所以，如果说我有什么建议，或者如果我的经验还可以信赖的话，以下便是我首先要提出的警告和声明。基督的新娘必须禁酒，要把它当作毒药一样远远回避。酒是魔鬼进攻青年的首要武器。贪婪不会令她如此动摇，骄傲不会令她如此振奋，野心也不会有如此大的诱惑。我们可以轻易地摒弃其他罪恶，但酒是深藏于我们身体内部的劲敌。无论我们走到哪里，我们便把敌人带到哪里。酒和青年是一对姊妹般熊熊燃烧的欲望火炬。为何要火上浇油，为何要向已在燃烧的躯体添柴加薪呢？[1]

然而，医药学者们留下的有关证据表明，酒对女性的影响远不如男性那么大。麦克罗比乌斯·狄奥多西在其所著《农神节》第七卷中这样阐述其中的原因：

亚里士多德说女人很少喝醉，但老人很容易喝醉。女人的身体极其润泽，从她们细腻光洁的皮肤，特别是从她们经常清洗身体以除去多余体液这一点可以看得出来。所以当她们喝下的酒与她们润泽无比的身体相融合后，酒就失去了其效力，也就不容易对大脑造成冲击。

注定要经常清洗的女人身体有几处孔洞，这样保证了它的体液有排泄的渠道和释放点。通过这些孔洞，酒的烈性很

① 见其 *Epistulae*，xxii，8。

快被释放掉了。相反，老年人的身体干枯，他们粗糙有皱纹的皮肤就说明了这一点。

那么，有什么理由禁止体质柔弱的女性饮酒却允许修士们饮酒呢？酒对男性的伤害要甚于女性，却允许男性而禁止女性饮酒，这岂不是太糊涂了吗！宗教对此等有悖于其律法的行为不加禁忌，恐怕没有比这更愚蠢，也没有比这更违背上帝意志的事了。代表基督教完美境界的禁欲主义却纵容对列王和教士们明令禁止之物，甚至对此感到特别兴奋，恐怕没有比这更可耻的事了。没有人不知道，今天的教士们——特别是他们——的兴趣以及修士们的兴趣集中在酒窖，无时无刻不在关注增加各类的美酒，关注如何以草药、蜂蜜和香料酿制出更醇香可口的佳酿。他们越是轻易地饮酒，越容易在酒力的作用下产生淫欲。这些信誓旦旦严守禁欲清规的人，如今却在做着对遵守誓言不利甚至导致不可能履行誓言的事情，这该是多么大的错误，或者说是多么愚蠢的行为啊！他们虽然人在修道院中，但心中早已是欲火熊熊，渴望着有私通的机会。使徒在给提摩太的信中写道："不要只喝水而对别的饮料一口不碰，少许喝一点酒会助于消化，对医治你的病也是有益的。"[①]使徒建议提摩太饮一点酒帮助他治病，因为他很清楚提摩太不生病时是滴酒不沾的。

若我们宣誓像使徒般生活、走忏悔之路，若我们宣扬远离尘世的退隐生活，我们为什么还要特别热衷于完全与我们的目标背道

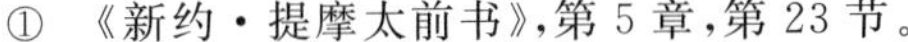

① 《新约·提摩太前书》，第5章，第23节。

而驰，但比任何佳肴更让人愉悦的美酒呢？圣安布罗斯在关于忏悔行为的详尽叙述中把酒列为唯一应谴责的饮食。[①]“有谁会真正相信，”他问道，“那些一边觥筹交错一边享受婚姻之乐、为谋求高位而野心勃勃的人会真心忏悔呢？通常，能够保持清白无罪的人相对于那些为自己的行为做过适当忏悔的人而言，更易于断绝世俗的一切。”圣安布罗斯在其作品《论断绝尘缘》中又一次讲道：“如果你的眼睛能够回避酒杯酒瓶，免得自己禁不住其中酒水的诱惑，那么，你斩断尘缘的努力可谓比较成功。”酒是他在书中提到的唯一一种饮品。他认为，如果我们能够回避饮酒，则回避尘世就比较容易成功。他似乎认为世俗的乐趣全在于此。他没有说“如果你的双唇拒绝品尝它”，而是说“如果你的眼睛能够回避见到它”，以避免由于目睹而向欲望屈服，纵情于所见之物。因此，我们在前面曾引用过所罗门这样一段话：“不要去看那在杯中熠熠闪光的美酒。”但如果我们用蜂蜜、草药或不同的香料增加酒的甘醇，让酒品尝起来同见到它一样让人欢愉，让人们尝过后即产生喝掉整瓶酒的欲望，我们对此又该说些什么呢？

圣本笃在迫不得已的情况下允许修士饮酒，他说：“我们至少应在这一点上达成共识，即我们饮酒应适度，不能贪得无厌，因为‘酒能掠夺聪明者的智慧’。”[②]如果我们能够适可而止，避免沉溺于过度纵酒这种更大的罪恶该多好！圣奥古斯丁在为教士们建立寺院时如此订立教规：“应该像习俗要求的那样，只有在主日或安

① 参见《论悔过》（*De paenitentia*），2.10。

② *The Rule of St Benedict*，第40章。

息日，想喝酒的人才可以饮酒。”这是出于对主日及其前夜的安息日守夜仪式的尊重，也是因为在这个时候，散居于修道院各单人居室中的修士们才可能相聚到一起；圣哲罗姆在《圣父传》一书中写到他所谓的“单人居室”时讲过：“他们各自待在自己的屋里，但在安息日和主日，他们全部集中到教堂中，像在天堂中一般相互重现在大家面前。”因此，此时此刻，当大家相聚到一起、享受放松一下的快乐时，适当放纵一下应无可厚非。他们会这样感叹：“弟兄和睦同居，是何等地善，何等地美！”[①]

如果我们虽禁绝肉食却在食用其他食物时放纵无度——如挥霍各类鱼肉大菜，添加胡椒和香料，在纯酒已让我们喝醉时，又有数杯药酒或数瓶加香料的饮料下肚，我们应为此受到谴责！只要不公开大吃大喝，似乎所有这些都可以因为禁肉而得到原谅——似乎应该责备的是食物的质量而不是自己吃得过多，而主禁止我们浪费食物和醉酒，[②]即摄入过多的食物和饮料，他没有谈到食物质量的问题。圣奥古斯丁注意到这一点，因为他全部的担心在于饮酒，而不是其他饮食。他在简要概述自己对禁食标准的看法时，对于该禁绝的食物并无种类的区分：“通过斋戒等形式克制肉体的欲望，在保证健康的限度内尽你所能地禁绝各类食品。”如果我没搞错的话，他一定读过圣亚大纳西告诫修士的一段话：“不要以定量的斋戒约束自愿者，但应鼓励他们在不勉强自己的情况下尽可能长期坚持下去，主日除外，而且如果他们一旦发誓，就应严格遵

① 《便西拉智训》，第 19 章，第 2 节。

② 参见《新约·路加福音》第 21 章第 34 节。

守誓言。”换句话说，除主日外，如果他们以誓言承诺就应诚心诚意地履行自己的承诺。斋戒的次数不应事先确定，但以保证身体的健康为限度。正如书中所言：“他只考虑体质能容纳的能量，让它自行确立尺度，因为他明白，只要在一切事物上保持适度，就不存在失败。”因此，我们在享乐时注意不要过度，不要学那些因麦芽和纯酒而营养过剩者，关于这种人有这样的描述：“他发福了，变得臃肿粗壮。”[①]我们也不应因过度斋戒忍饥挨饿，甚至引起身体崩溃，不应因抱怨而丧失自己应得的奖赏或丧失我们非凡的品质。《传道书》对此预见说：“义勇之士常毁于义勇。不要过于义勇，也不要聪明得过头，免得误入歧途。”[②]也就是说，不要对自己非凡的品质过于骄傲自满。

让谨慎——所有品德之母——代替狂热，由她认真确定该由何人承担何种重任，也就是说，要考虑每个人的能量，顺应本性而不是向它施加压力，摒弃过度之恶习而不是适量的习惯，以此根除罪恶而不伤害本性。弱者只要做到避免罪恶便足够了，尽管他们可能无法达到完美的顶峰，即使你因此无法与殉道者相提并论，但足以在伊甸园的某个角落有一处安身之所。适度的誓言总是更安全些，这样，上帝的慈悲会增补我们所欠缺的品质，因为《圣经》中写道：“在履行过所有的祭礼后，你们当这样讲：‘我们是无用的仆人，所做的本是我们应该做的。’”[③]使徒说：“律法只会带来惩罚，

① 《旧约·申命记》，第 32 章，第 15 节。

② 《旧约·传道书》，第 7 章，第 15—16 节。

③ 《新约·路加福音》，第 17 章，第 10 节。

因为只有律法不存在的地方才可能不发生违法行为。""律法空缺时罪孽便会死亡。曾经有过一段律法空缺时我却活着的时期，但自从诫命存在以来，罪孽便复活了，而我死去了。诫命旨在带来生命，但就我而言，它带来的是死亡，因为罪孽仍从十诫中寻找到了进攻的机会，它诱惑我，通过诫命害死了我。"①

奥古斯丁这样写信给辛普里西安："由于被禁而欲望弥增，且变得愈加甜美，于是我被欺骗了。"类似的，在其《提问集》第 83 号写道："可能导致犯罪的快乐在被禁止时会比任何时候都更令人渴望。"因此，诗人这样讲道：

> 我们总是追求被禁之物，渴望被否定之事。②

那些愿意接受某种规矩的约束，把它当作一种新的律法遵守的人应当认真地考虑这一点。他作出的选择应当是力所能及的，而力所不及会让它感到惊恐不安。一个人只有在接受了律法的权威性之后才有服从的义务。而在接受这种权威之前，你应当认真考虑，一旦你决定接受，就一定要遵守誓言。先前属于自愿的事在承诺之后便成了应尽的义务。上帝说过："在我父的家里有许多住处。"③因此，我们可以有许多不同的方式达到同一目标。结过婚的人不应受到诅咒，但节欲者更容易得到拯救。圣父们赐予我们

① 《新约·罗马书》，第 4 章，第 15 节；第 7 章，第 8—11 节。

② 奥维德：《爱的艺术》，Ⅲ，4.17。

③ 《新约·约翰福音》，第 14 章，第 2 节。

的规矩不仅是为了我们能够得到拯救，而且是为了我们能够更容易地得到拯救，让我们能够全身心致力于服务上帝。“处女若出嫁，”使徒讲道，“也不是犯罪。然而这等人肉身必受苦难，我却愿意你们免受这种苦难。”还有：

> 妇人和处女也有分别。没有出嫁的，是为主的事挂虑，要身体、灵魂都圣洁。已经出嫁的，是为世上的事挂虑，想怎样让丈夫喜悦。我说这话是为你们的益处，不是要给你们套上牢笼，乃是要叫你们行合宜的事，得以殷勤服侍主，没有分心的事。[①]

而最容易做到这一点的时候是我们从肉体上也与世隔绝的时候，将自己封闭在修道院中不受外界喧嚣的干扰。不仅接受律法者，制定律法者也应注意，不要因加倍地限制导致加倍地犯罪。当《圣经》传到地球上时，其中许多圣言已被省略了。摩西讲过许多话，然而，用使徒的话讲，“律法没能让任何事物达到完美”[②]。他确实讲过许多话，但这些话过于沉重，使徒彼得称，没有人能够忍受他的训导：“兄弟们，你们为何要触犯上帝，在这些皈依者的肩上加上我们和我们的圣父们都无法承受的重轭呢？不，不要这样，我们由于主耶稣的慈悲而得到拯救，我们相信他们也会同样如此。”

耶稣基督在宣讲道义、讲授生命之神圣和达到完美的途径时，

① 《新约·哥林多前书》，第 7 章，第 28、34—35 节。

② 《新约·希伯来书》，第 7 章，第 19 节；《新约·使徒行传》，第 15 章，第 10—11 节。

仅仅选摘了《圣经》中的几句话。他将严格、沉重的教义置于一旁，而把甜美和光明带给他的信徒。他呼唤着:“工作过于艰苦、负担过于沉重者到我这里来吧，我会让你们得到安息。俯首听命于我、向我学习吧，因为我温柔而谦卑；你们的灵魂可以在我这里找到安宁，因为我的轭要更容易承受，担子也更轻。”[①]

我们在尘世中的所作所为常常显示出我们的美德。许多人在从事自己的职业时常常付出大量的劳动，而只得到很少的回报，许多人经受了许多外在的折磨，但在上帝看来，他们在内心深处并没有取得多大的进步，因为上帝更看重的是心灵而非德行。为外在的事情纠缠得越多，她们致力于内心事物的机会就越少；她们越是在男人——这些总是以外在的标准作出评判的人——中光彩夺目，便越是追求更大的荣誉，也应越容易因骄傲而迷失方向。使徒坚决贬低德行，提倡由信仰耶稣而释罪:“倘若亚伯拉罕是因行为称义，就有可夸的，只是在神面前并无可夸。经上说什么呢？说:‘亚伯拉罕信神，这就算为他的义。’”“这样，我们可说些什么呢？那么本来不追求义的外邦人反得了义，就是因信而得的义；但以色列人追求律法的义，反得不着律法的义。为什么会这样呢？因为他们的努力不是建立在信仰的基础上，而是建立在(他们所谓的)德行上。”[②]他们常忙于清洁盆盆罐罐的外表，却很少顾及内里的洁净，他们在意肉体胜过在意灵魂，所以从更大程度上讲，他们是世俗的，而非宗教的。

① 《新约·马太福音》，第11章，第28—30节。

② 《新约·罗马书》，第4章，第2节；第9章，第30—32节。

但我们这些希望凭借自己的信仰使基督精神深入我们灵魂的人，很少关心外在的事物，而对于有罪者和犹太人而言，这些事物却是习以为常的；我们谨遵如下箴言："上帝啊，我向你所许的愿在我身上，要将感谢献给你"[①]；而且，我们并不需要实践律法所规定的外在节制，它无法代表正义的精神实质。除禁止浪费和醉酒[②]——放纵无度——外，就饮食而言，主耶稣不曾对我们禁止过什么；他允许我们大家做的事，他本人亦身体力行且不以为耻，但许多当场目睹了他的行为的人会觉得受到冒犯，从而尖刻地谴责他。他亲口讲过："约翰来了，也不吃，也不喝，人就说他是被鬼附着的；人子来了，也吃也喝，人又说他是贪食好酒的人。"他还为自己的门徒不像约翰的门徒那样行斋戒，以及他们在进食前既不洁身也不洗手的行为进行辩护。他说："不应指望新郎的儿女在新郎本人在场时哀悼。""入口的不能污秽人，出口的乃能污秽人。人们讲出的话语源自他们的内心深处，因此它可能带来伤害；而不洗手便进食则无此关害。"[③]

因此，任何食物本身都不会玷污人们的灵魂，只有对被禁食物的欲望才可能如此。只有身体上的脏物才能污染人们的身体。同样的，也只有精神垃圾才能污染人们的灵魂。在灵魂被说服之前，我们不必担心肉体所发生的一切。若心灵已受到欲望的腐蚀，我们便不能再相信肉体的洁净。灵魂的全部生与死皆依赖于心灵，

① 《旧约·诗篇》，第56篇，第12节。

② 参见《新约·路加福音》第21章第34节。

③ 《新约·马太福音》第11章，第18—19节；第9章，第15节；第15章，第11、18、20节。

正如所罗门在《箴言》中所言："要把心灵当作至宝来爱护，因为它是一切生命之泉。"[①]依据上帝之言——我们在前面已引用过，能腐蚀一个人的污染源来自内心，因为灵魂由于邪恶和仁慈而失落或得救。但既然灵魂和肉体紧密结合于一身，我们必须尤其谨慎地避免肉体之乐导致灵魂被俘虏，当肉体过度放纵自己时，它会变得任性而荒唐，甚至开始反抗灵魂的领导地位，转而统治它本应服从的灵魂。但是，如果我们能够做到满足肉体的必需而完全避免过量，就像我们通常讲到的那样，如果我们对于女性不禁止任何食物，但要求她们不得过度放纵饮食，那么，我们便可以预防这一切。允许食用一切食物但不得食用过量。使徒说过："上帝创造的一切都是好的，只要心存感恩，没有什么是该拒绝的，因为一切皆因上帝的道和人的祷告而变得圣洁了。这样去劝诫你的教友们吧，你会因此而证明自己是耶稣基督的出色仆人，证明你对自己的信仰和所遵循的指示坚信不疑。"[②]

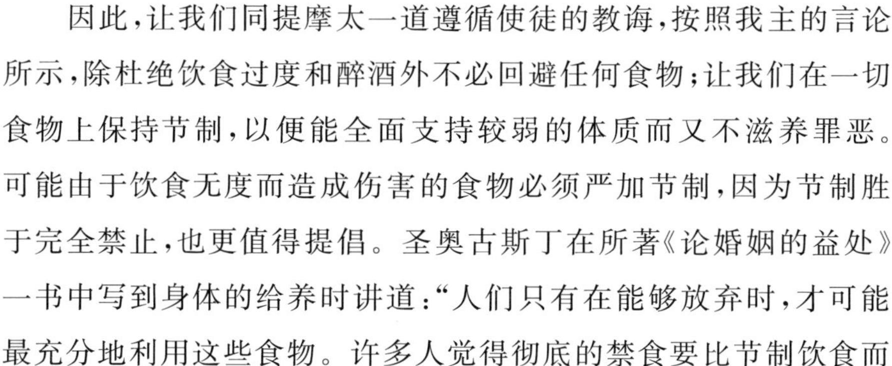

因此，让我们同提摩太一道遵循使徒的教诲，按照我主的言论所示，除杜绝饮食过度和醉酒外不必回避任何食物；让我们在一切食物上保持节制，以便能全面支持较弱的体质而又不滋养罪恶。可能由于饮食无度而造成伤害的食物必须严加节制，因为节制胜于完全禁止，也更值得提倡。圣奥古斯丁在所著《论婚姻的益处》一书中写到身体的给养时讲道："人们只有在能够放弃时，才可能最充分地利用这些食物。许多人觉得彻底的禁食要比节制饮食而

① 《旧约・箴言》，第 4 章，第 23 节。

② 《新约・提摩太前书》，第 4 章，第 4—6 节。

更好地利用它来得容易。但只有在他能够控制自己不去食用时，才有可能做到明智地利用它。”圣保罗曾这样讲过：“我知道怎样处卑贱，也知道怎样处丰富。”[①]遭受贫寒是所有人要面对的命运，但知道该如何忍耐贫寒的只有伟人。同样的，任何人都可能在开始时很富有，但知道如何对待富有的也只有那些不会因富有而腐化的人。

关于酒。因为（如果我们前面所言）它会刺激肉欲，引起躁动，所以完全与节欲和沉默的品质背道而驰，女人应当要么以上帝的名义完全戒酒，就像犹太人的妻子那样，由于害怕通奸而被禁止饮酒，要么在酒中掺水来降低它的浓度，从而避免伤害自己，让它在满足干渴的同时有助于自己的健康。我们认为，这种酒水混合物中至少应含有四分之一的水才能达到稀释酒力的作用。当酒摆在我们面前时，要想像圣本笃要求的那样[②]克制自己不去喝个痛快的确很难。因此，我们认为不禁止人们畅饮会更安全些，免得冒违规的风险，因为如我们通常所讲，饮酒本身并没有罪，有罪的只是过度纵酒。只要女修道院的姐妹不喝酒，酿制具有医学疗效的药酒，甚至饮用纯酒皆不应被禁止，但女修道院中的病人可以单独饮用。

食用纯面粉是绝对不允许的；修女们做面食时，至少应在纯面粉中添加三分之一的粗粮。她们也永远不得食用刚出炉的热面包，而应吃至少一天前烤出的面包。至于其他食物，女修道院院长必须保证——如我们上面讲到的，可以廉价买到或容易得到的食

---

① 《新约·腓立比书》，第 4 章，第 12 节。

② *The Rule of St Benedict*，第 40 章。

物应该能够满足她们柔弱体质的需要。在我们储备充足时，还有什么比购买多余产品更愚蠢的呢？或者在我们身边具备必需的一切时，还有什么比去外面寻找不必要之物更愚蠢的呢？与其说通过他人为我们做出的榜样，不如说通过天使及主耶稣本人的榜样，我们学到了这种必需的节制和谨慎原则，因此才懂得为满足此生的需要，我们不应当要求这样或那样的食物，而应满足于我们已有的一切；天使们以亚伯拉罕放在他们面前的肉为食，我主以荒野中找到的鱼为饥饿的芸芸众生充饥。[①] 由此可见，我们可以食用肉和鱼而不必有什么分别，特别是可以食用不会犯罪、能够自由地得到且容易制作、价钱也便宜的食物。

因此，倡导贫穷和节制的塞内加，他也是所有哲学家中最伟大的道德大师，曾说过：

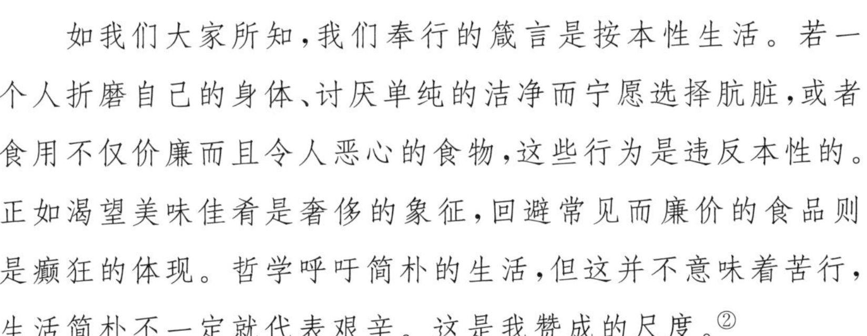

> 如我们大家所知，我们奉行的箴言是按本性生活。若一个人折磨自己的身体、讨厌单纯的洁净而宁愿选择肮脏，或者食用不仅价廉而且令人恶心的食物，这些行为是违反本性的。正如渴望美味佳肴是奢侈的象征，回避常见而廉价的食品则是癫狂的体现。哲学呼吁简朴的生活，但这并不意味着苦行，生活简朴不一定就代表艰辛。这是我赞成的尺度。[②]

格列高利在他所著的《论道德》一书的第 30 卷中教导我们，在

① 《旧约·创世记》，第 18 章，第 9 节；《新约·马可福音》，第 8 章，第 8 节。

② 见其 *Epistulae ad Lucilium*，5.4。

塑造品格时应当注重我们思想的品质，而不是吃什么样的食物，并且，这样描写味觉受到的诱惑："它一时索求上等的美食，一时又希望在准备它喜爱的菜肴时顾及道德规范。"然而通常它的口味很粗淡，但强烈的欲望往往促使它去犯罪。

被带出埃及的以色列人在荒野中堕落了，他们瞧不起上帝赐给他们的吗哪而渴望肉食，在他们看来，肉是更好的食物。以扫之所以失去了长子权，是因为他强烈地渴望得到一种廉价的小扁豆，在这种欲望的驱使下，他宁愿选择这种扁豆而出卖长子权。应该指责的不是食物本身，而应是他的欲望。① 所以，当我们怀着内疚的心情食用美食而不是粗淡的食品时，我们通常不应受到责难。我们谈到的以扫为一盘扁豆失去了长子权，而以利亚在荒野中靠吃肉维持了体力。由此可见，我们的宿敌正是因为深知只有对某种食物的强烈欲望而非食物本身，才可能造成毁灭，才以苹果而不是肉食将我们人类的始祖诱入了他的魔掌之中。继而又以面包而非肉食引诱我们的第二位祖先。② 结果，我们吃清淡而普通的食物时常常会犯下亚当之罪。只有本性需要的食物应当食用，而欲望要求的食物则应回避。但我们对价钱并不昂贵而数量更丰富的食物的渴望，总不是那么强烈，以普通肉食为例，对于柔弱的体质而言，它比鱼肉更能增强体质，也更便宜和易于烹制。

尽管婚姻关系并不能完全摆脱罪恶，尽管酒会比任何食物更有害，饮酒和吃肉应像婚姻一样被看成是处于善恶之间的行为，也

① 参见《旧约・创世记》第 25 章第 17 节以下；《旧约・列王纪上》第 17 章第 4 节。

② 魔鬼试探耶稣，参见《新约・马太福音》第 4 章第 1—4 节。

就是说，属于中性行为。那么，如果信仰宗教并不排斥适度饮酒，只要我们在食用其他食物时能够保证适度，我们还有什么可担心的呢？如果说圣本笃声明酒不是为修士们准备的，然而又不得不以一种特殊的豁免，允许处于他那个时代——早期对基督之仁爱的狂热感已开始降温的时代——的修士们饮酒，那么，我们为什么不能允许女人们享用迄今为止她们并没有发誓摒弃的食物呢？若能够允许教皇本人及教会主教们甚至男修道院吃肉，并且他们不会因此触犯戒律——他们并没有发誓戒酒，因而并不受誓言的约束——那么，如果允许女人饮酒，特别是假如她们在其他方面仍受制于更严格的纪律，在这种情况下，谁又能谴责她们呢？"学生不应高过先生"[①]，如果男修道院可以享用的东西却禁止女修道院享用，这未免过于苛刻了。

如果说受制于修道院其他戒律的女人们在吃肉这一点上并不比平信徒逊色，那么也不能把这看成无关紧要的事。克里索斯托姆[②]讲过："对于修士们不合法的事情，对于平信徒来说也不合法，但只有一件事情除外，即与妻子发生性关系。"圣哲罗姆认为，见习修道士的宗教信仰并不亚于已入道的修士们，他曾这样讲过："攻击修士们的言论似乎并不会因此影响见习修道士，而后者是修士们产生的源泉。"谁不知道在强者和弱者身上施加同等的压力——比如要求女人同男人承受同样严格的节制——是有悖于良知的呢？如果有人认为这种本性需求之说不足为证，而要求更权威的

① 《新约・马太福音》，第10章，第24节。

② *Homilia*，Ⅶ，见 *Epistolam ad Hebraeos*；*Epistalae* 54。

理论根据的话，让他再来看看圣格列高利是如何看待这一点的吧。这位伟大的教皇及神学家在其所著《牧函》的第 24 章中就此问题指示其他神学家说："责备男人时采取一种方式，而责备女人时要采取不同的方式，因为男人可以承受沉重的负担，他们经历过风雨的磨炼，而女人所能承受的担子要轻一些，不能以过分苛求的方式令她们皈依宗教。"对于强者无关紧要的事，对于弱者而言可能会变得极端重要。尽管对于普通肉食的不加禁止使得它不如鸟肉或鱼肉那么让人兴奋，圣本笃却并不禁止我们吃鸟肉鱼肉；[①]使徒将不同的肉类区分开来，"各种肉不尽相同，人肉、兽类的肉、鸟肉和鱼肉都不一样"。如今我主的律法规定，将鸟兽之肉——不包括鱼肉——用于祭典，所以，任何人不应认为食用鱼肉在上帝看来比食用普通肉类更纯洁。对于穷人来讲，鱼肉由于比普通肉类稀少、供应有限而弥足珍贵，但鱼肉带给他们更多的却是辛酸与忍耐，又不能像普通肉类那样可以增强他们较弱的体质；所以，一方面鱼肉是一种负担，另一方面也没有多大的益处可言。

因此，考虑到人类的资源和体质，我们不应禁食任何食物，而应如我们前面所言，需要禁止的只有饮食无度，我们规定，修女们对待吃肉应像对待其他食物一样，她们在对待被禁食物方面表现出的克制远胜于修士们。因此，我们愿意作出这样的规定：修士们一天只能吃一顿肉菜，同一个人不得享用几种不同的菜，也不得单加调味酱；一周内食用肉菜不得超过三次，即星期一、三、五，节日

① 见 *The Rule of St Benedict*，第 39 章。该章规定，只有病人和体弱者可以食用四足动物的肉，见《新约・哥林多前书》第 15 章第 39 节。

除外。节日越是隆重，庆祝时就越要保持克制：纳西昂的著名神学家格列高利在他的《论圣灵之光》（或《第二次显灵》）的第3卷中写道："让我们不要以放纵自己腹胃的方式来庆祝节日，而应以真正的灵魂上的喜悦来祝贺。"在《降灵节与圣灵》一书中，他写道："这是我们的节日，让那些永恒之物长驻于我们灵魂的宝库中，而让那些腐朽之物随波逐流。肉体自身的罪恶已足够多，这只狂妄的野兽不再需要更丰盛、更肥腻的食物让它自己更加疯狂和肆无忌惮。"①因此，庆贺节日应当保持在精神的层面上，圣哲罗姆——这位格列高利的门徒——在他的一封论收受礼物的信中写过这样一段话："我们必须特别注意，要以真正灵魂的喜悦而不是食物的白白浪费来庆祝节日，因为以过度的放纵来祭奠上帝为其斋戒自豪的殉道者，显然是极荒唐的事。"②奥古斯丁在其所著的《忏悔录》一书中写道："想一想那些成千上万的殉道者吧，我们为什么不真诚地学习他们活着时做出的榜样，而非要以恶俗的宴会来庆贺他们的生日呢？"

在女修道院吃素的日子，允许修女们吃两盘菜，除此之外，我们希望还可以补充一些鱼肉。但修道院的食物中不得添加昂贵的调味品，修女们应满足于她们居住地所产的食物。她们只能在晚餐时吃水果，但我们从不禁食有医疗作用的草药、根茎植物、水果或类似食品。若碰巧某位朝圣的修女留下与主人一道进餐，主人为表示礼貌可以为她再增加一盘菜，若客人表示希望与大家共同

① 参见 *Patrologia Graeca*，第358、430页。

② *Epistulae* 31.

分享，则也是允许的。她或其他客人应坐在高桌前，由院长亲自为她们上菜，院长与其他招待客人的修女事后再一同进餐。如果有哪位修女愿意通过更为严格地限制饮食来抑制自己的肉欲，则只有在保证她能够严格地遵守戒律时才可以允许她这样做。如果她的愿望是出自真心而不是为了哗众取宠，并且她的体质可以忍耐这种压力的话，不得拒绝她的要求。但不得因此而允许任何人走出修道院，也不得因此而允许她们整天滴水不进。

她们在每个星期六都只能吃素而不得碰荤，以自身的节制在这一天分担她们共同的新郎的痛苦。但在许多修道院常见有这样的习惯，在吃剩的留给穷人的面包上擦手擦刀，这种习惯不仅应该严加禁止，而且要坚决反对。他们这样做虽然保持了桌布洁净，却污染了贫寒者的面包，或者说是主的面包。主完全把自己当作穷苦大众中的一员，他这样讲过："你为我的兄弟们所做的任何事，不论多么卑微，都是在替我去做的。"[①]

斋戒期中她们应遵循以下的节制标准：一般的教堂戒律对她们便足够了。我们不想让她们肩负比平信徒更沉重的戒律，也不敢认为她们的柔弱比男人更坚强。但从秋分到复活节这段昼短夜长的时间里，我们认为一天保证一餐足矣，这并非是为了保持宗教的节制，而是因为时令的变化。注意：此处我们并未具体规定是哪种食物。

《圣经》中极力谴责的昂贵服装必须坚决禁止。我主特别警告我们要远离它们，并认为富人们穿着这些华丽服饰时表现出的那

① 《新约·马太福音》，第25章，第40节。

种骄傲应该受到诅咒，相反，他极力推崇约翰的谦虚。圣格列高利在他的《福音书第六讲》中也指出了这一点：

> “那穿细软衣服的人总是见于王宫中”①，这句话意义何在？换句直白的话讲，那些拒绝经受苦难的人追求的目标不是升入天国，而只是一个世俗的王国。他们一心关注外在的展示，寻觅着此生的温柔和快乐。

他在《福音书第四十讲》中又写道：

> 有些人并不认为追求昂贵华丽的服饰是一种罪过。但如果这确实不该受到谴责，《圣经》中就不会如此明确地载明：在地狱中经受磨难的富人穿着锦缎紫袍。追求华丽服装的人一定是为了虚荣，期望以此显得比同人们更值得尊重；满足虚荣心是追求昂贵服装的唯一目的，因为没有人选择在其他人见不到的地方穿戴昂贵的服饰，由此可以证实上面的结论。

彼得在《第一封信》中也提醒过已婚的平信徒女人同样的事：

> 同样的，你们做妻子的要顺从自己的丈夫。他们中若有人不相信福音，可以因目睹妻女的贞操和谦恭而受到感化，从而不置一词便能说服他。你们的美丽不在于华丽的外表、美

① 《新约·马太福音》，第11章，第8节。

丽的发辫、珠宝首饰或服装，而在于你们的灵魂深处，一颗温柔、平和的心灵才是上帝所珍视的。[①]

他认为，应该警告女人而非男人提防这种虚荣心的产生，因为女人脆弱的心灵更强烈地渴望奢侈品。但如果要求平信徒妇女回避这些东西，献身于耶稣基督的女人又该注意些什么呢？她们的服装应该没有任何款式，若要求有款式的服装，或者在别人提供给她这样的服装时她不加拒绝，她将无法再证明自己的贞操。应该认为，这种人不是为宗教信仰而是在为私通作准备，从而不配再被称为修女，而只能是一介妓女。并且，时装本身是拉皮条的男性的标志，揭示了他淫猥的灵魂，如《便西拉智训》中所言："男人的服装和他的微笑及步态皆能揭示出他的性格。"[②]

我们能够读到——如我们前面讲过的，主赞美和推崇约翰服装的简朴和低廉，但没有认同他对待食物的态度。"你到荒野中去看什么？"他问道，"去看穿着考究的男人吗？"[③]有时价格不菲的美食可以勉强得到允许，但穿戴昂贵的服饰是在任何时候都不允许的。事实上，这种服装越是昂贵，人们就越是小心翼翼地收藏它，它的用途就越小，反而成为主人的负担。这种服装制作越是考究，就越容易受到损害，从而保暖性也会降低。黑色的服装最适合悲痛的忏悔者穿用，羊毛最适合基督的新娘——在她们的修女服上

① 《新约·彼得前书》，第 3 章，第 1—4 节。

② 《便西拉智训》，第 19 章，第 30 节。

③ 《新约·马太福音》，第 11 章，第 8 节。

应该能够见到上帝的羔羊耶稣基督(即贞女们的新郎)的毛发,或者要求她们穿这样的衣服。

丝制面纱是不允许的,而只能戴织染过的亚麻布面纱。面纱包括两种:一种由主教授予圣职的贞女们所佩戴,另一种由尚未被授予圣职的贞女们佩戴。前者的面纱上带有十字架标志,以此象征着面纱的佩戴者以不折不扣的贞操忠于耶稣基督,既然她们已被授予了圣职,就与其他贞女有所区别,那么她们的服饰上应该带有一种将她们区别开来的标志,以利于这些基督的忠实信徒防止自己对此充满渴望。修女们应当将这种贞洁的标志以白线织成,戴于头顶,但只有在主教授予她圣职后她才可以佩戴。任何其他面纱不得带有这一标志。

她们贴身穿的内衣要干净,并且无论何时都应穿着内衣就寝;我们并不禁止她们使用质地柔软的床垫和床单,尤其考虑到她们的体质,但每位修女都必须单独就寝和进餐。若别人将分配给她的衣服或其他物品转让给了其他需要更为迫切的姐妹,她不应为此而感到愤慨,而应当把它看成是一件值得高兴的事,因为她的慷慨让予表现了她爱人济世的品德,她可以因此把自己看成是为了他人而不是为自己活着。否则,她不配为这一神圣集体的一员,也会因为对物品的占有而无法摆脱亵渎神灵的罪名。

我们以为,严寒时节,一件内衣再加上一条羊毛长袍、外罩一件斗篷足以保暖。就寝时也可以把斗篷盖在身上取暖。这些衣物要准备双份,以免生虫和保证及时清洗,并且,就像所罗门赞美能干而节俭的家庭主妇时所说的:“她不因下雪为家里的人担心,因为她所有的仆人都穿着双层斗篷。”[①]这些斗篷的长度不宜低于脚踝，那样会搅起地上的灰尘，衣袖也不应超过臂部加上双手的长度。她们要穿鞋袜保护双脚双腿，不得在任何时候以宗教为由赤着双脚。她们的床上用品包括一个床垫、一个枕垫、一个枕头、一条毯子和一条床单便足够了。她们头上需戴一条白色的带子，上面由黑色的面纱罩住，需要时可以戴一顶羊毛帽子罩住她们剪得很短的头发。

不仅要避免在饮食和服装方面有放纵行为，在居所或占有的物品上也要如此。当我们的住处越来越大且越来越豪华时，或者当我们以雕塑、绘画装点自己的居所，让它看起来更像帝王的宫殿而非穷人的陋室时，很显然，我们正在追求居所的奢华。“人子”圣哲罗姆说，“无一处安居之所，而你却在享受着宽敞的门廊和居室。”[②]当我们沉浸在这些昂贵或美丽的设施带给我们的快乐时，骄傲以及放纵的空虚心态显露无遗；当我们成倍地增加我们拥有的动物数量或世间的财产，不断攀升的野心促使我们的双手伸向更多的外在财物，我们在尘世拥有的财物越多，花在它们身上的精力便越多，也就没有时间再去思考天国和上帝。尽管我们的身体被禁锢在修道院中，可我们的心灵却仍然渴望外面的事物，并有一种追求这些事物的冲动随着它们四处飞散。我们拥有的可能会失去的东西越多，由此产生的担心带给我们的折磨就越大，这些东西越是值钱就越是为我们所喜欢，也就越发能诱惑我们充满野心的

① 《旧约·箴言》，第 31 章，第 21 节。

② *Epistulae* 14.

不幸灵魂去追求它们。

因此，我们必须注意严格限制我们的家眷数量和开销，不要求非必需的物品，不接受他人的赠与或保留接受的物品。占有任何超出必需限度的物品无异于是在掠夺，我们应当为所有贫寒者的死感到内疚，因为我们本可以放弃自己占有的多余物资而救助他们。每年在作物收获以后，修道院留存能满足一年之需的粮食，剩余的部分必须或者说应当交还穷苦大众。

一些人缺乏远见，尽管收获欠佳却仍然对自己的大家庭感到骄傲，当养家糊口的重担困扰着他们时，他们则不知羞耻地去行乞讨要，或者强行索要自己没有的一切。我们知道，有几位修道院院长就是如此行事的。他们对修道院这个大家庭中成员的兴旺颇感自豪，更多地关心的是有许多儿子，却不管他们是不是好儿子；如果将他们推上高于许多人的位置，他们便会自视很高。为使这些成员听命于自己，他们在本应厉言指责时却温和地向他们许诺，因而很容易失去那些他们不加分辨、不曾考验过信仰便被接纳入会的人。我想，上帝下面这些话正是谴责这种人的："啊，你跨洲越洋、历尽艰辛只为争取一位信徒；而一旦你赢得了他，却任凭他向地狱之门走近，任凭他的罪恶两倍于你。"[①]他们若期望拯救灵魂而非数出灵魂的数字，他们就不应再为众多的信徒人数骄傲，在讲述自己对修道院的管理时，也不应过于夸张自己的权威。

主耶稣仅仅挑选出了几名门徒，对于其中一位门徒的堕落之深主这样讲道："我不是挑选了十二位门徒吗？然而你们当中的一

① 《新约·马太福音》，第23章，第15节。

个却是个魔鬼。”[①]门徒们失去了犹大，同样的，执事们失去了尼古拉斯；当门徒们所剩无几时，亚拿尼亚和他的妻子撒非喇又被宣判了死刑。[②] 的确，主挑选的门徒中许多人背叛了他，而最终追随他的只有少数人。通向永生的道路是狭窄的，只有很少的人有机会踏上去，与此相反，通向死亡的道路是宽广的，拥有充裕的空间，许多人选择了这条路。主耶稣在某处讲过：“请来的人很多，但选中的人很少。”[③]用所罗门的话讲：“愚者总是不可胜数。”[④]因此，那些对自己门徒众多而颇为得意的院长应当感到担忧，因为，用主耶稣基督的话讲，能够最终被选中的人屈指可数，而且，他需要看护的“羊群”数目越是庞大，就越无力照管好它们；先知的话用在他身上很合适：“你不断增加他们的数量，却无法带给他们真正的快乐。”[⑤]这些为门徒众多感到自豪的人常常为了满足自己的信徒的需要而不得不走出修道院，回到俗世中去四处乞讨，让自己整日为身体的而非精神的需求操劳，他们得到的却只有耻辱，而没有胜利的光荣。

对于女性，这确实就更为可耻了，因为修女离开修道院，暴露于风尘中比男性更危险。所以，任何人如果希望过安静、道德的生活，希望献身于神职、得到上帝和世人的喜爱，他在招收信徒时就应考虑一下自己是否有能力供养他们；他不能指望靠别人的施舍

① 《新约·约翰福音》，第 6 章，第 70 节。

② 参见《新约·使徒行传》第 6 章第 5 节；第 5 章第 1 节以下。

③ 《新约·马太福音》，第 7 章，第 13 节；第 22 章，第 14 节。

④ 参见《便西拉智训》第 1 章第 15 节。

⑤ 《旧约·以赛亚书》，第 9 章，第 3 节。

养活自己，他应当照顾济人者，而不是寻求救济者。使徒和福音传教者依据福音书的指示，被允许接受馈赠，但他靠自己的双手辛勤地劳动，从而不成为任何人的负担或损害自己的荣誉。[①] 传教并非我们这些人的职业，我们的任务是忏悔我们的罪过，如果我们去行乞，那该是多么胆大妄为和令人羞耻的事啊！我们该如何去供养那些我们不负责任地招收的信徒呢？我们常常疯狂地干些傻事，出于自己对布道的无知而雇用一些传教士，让这些假门徒生活在我们的周围，他们佩戴着十字架和护符向我们这些正直、迂腐的基督徒们兜售这些或其他的魔鬼的谎言，而我们却向他们许诺，我们的信仰可以赋予我们勒索钱财的能力。这种无耻的贪欲追求的是满足自我的私欲，而不是耶稣基督的需求，我们的修会和《圣经》的布道会因之而受到怎样的损害，由此可见一斑，我想是这样的。

结果，修道院院长或其他权力人士常常与世俗的宫廷权贵纠缠在一起，变成了朝臣而非修士。他们想方设法赢得世人的喜爱，越来越习惯于与世人闲聊而不是与上帝交流；他们虽然经常诵读圣安东尼的警句却充耳不闻、徒然无效，或者即使听见了却不曾认真思考："鱼停留在陆地上会死去，修士们流连于修道院之外或破坏自己静修的诺言与世俗之士待在一起时也会死去。所以我们要学鱼儿归海，尽快地返回修道院，以免因在外面逗留时间过长而忘记提高内在的修养。"[②]

修道院"教规"的制定者圣本笃本人对此也尤其关注，他希望

① 参见《新约·哥林多前书》第 9 章第 14—15 节。

② 《圣父传》，V，2.1。

院长们在修道院内积极活跃、认真照管他们的“羊群”。他在作品中这样公开教导他们,他本人亦亲自做出了榜样。一次,他在离开兄弟们去探望他的修女妹妹时,她希望他至少过一晚再走,他坦率地谢绝了,说他是不可能留在修道院外面的。事实上,他没说,“我们不能”,而是说“我不能”,因为其他修士经他同意可以这样做,但他只有经主默示后才可以,这种启示在后来确实出现了。所以当圣本笃撰写“教规”时,他没有提到院长而只是提到修士们离开修道院的情形,他对院长应当一直留在修道院中作了如下仔细的规定:在星期天和斋戒日前夜,院长应独自诵读福音书和连祷文。当他规定,院长应总是与朝圣者和客人同席进餐,没有客人来访时也要邀请某位修士与他一道进餐,只需留一两名修士与其他人在一起,当他这样讲时,[①]他显然在暗示,在进餐时间院长必须留在修道院中不得缺席,也不得将修道院中的普通面包留给他的属下,把自己当成一名习惯于美食的王子。主讲到这种人时说:“他们把沉重的包袱压在人们的肩上,自己则一个指头也不肯动。”[②]在论及那些伪教士时又说道:“留心接近你的那些假先知们……”主说过,他们是自愿来的,不是上帝派遣来的,他们不指望得到上帝的召唤。圣徒约翰,我们当中的第一位修士——教士制正是从他那里继承而来的——决定从城市走向荒野并从此不再回头,永远地放弃了城市和教士生活而投身于孤寂的修道院中。人们从城市来到荒野中拜访他,他却从不离开修道院进城去面见大众。他修行得

① 见 *The Rule of St Benedict*,第 56 章。

② 《新约·马太福音》,第 23 章,第 4 节;第 7 章,第 15 节。

越来越伟大，最终人们认为他就是基督，能够匡正城市中许多的恶习。他已经躺在了那张床上，准备好这样来回答那些来敲门的爱戴他的人们："我已经脱了衣服，难道我必须再穿上吗？我已洗过脚，难道要我再玷污我的双脚吗？"[①]

因此，任何希望得到修道院秘诀的人应满足于有一张单人小窄床。主讲过，从大床上"只有一人会被拯救，另一人将被留下"[②]。单人小窄床属于新娘，也就是说属于与基督关系更为紧密的致力于冥想的灵魂，她们的灵魂强烈地渴望依附于他。躺在小床上冥想的人都不会被上帝撇下，新娘本人也讲过："我夜间躺卧在床上，寻找我心所爱的。"[③]她也拒绝或畏惧从这张床上起身见客，对于敲门求见者，她用我们上面提到的那些话加以回绝。因为她相信，她所害怕的、可能玷污她的双脚的脏物就在门外。

黛娜因出门去见异邦妇女而被玷污。[④] 正像修道院院长对马尔科斯这位被俘的修士所预言的那样——马尔科斯本人后来亦亲自证实了这一点，离开羊圈的羊很快就会受到狼的攻击。[⑤] 所以，让我们不要以招收众人入会为借口，或者说以外出为他人赚钱为正当理由——这于我们自身有害；就像铅在火炉中熔化以让白银得到拯救一样。我们必须谨防铅和银同时在欲望的火炉中被销毁。世人会争辩说，主讲过："到我这里来的，我总不丢弃他。"[⑥]我

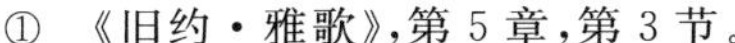

① 《旧约·雅歌》，第 5 章，第 3 节。

② 《新约·路加福音》，第 17 章，第 34 节。

③ 《旧约·雅歌》，第 3 章，第 1 节。

④ 参见《旧约·创世记》第 34 章第 1—2 节。

⑤ 参见哲罗姆 *Vita malchi*。

⑥ 《新约·约翰福音》，第 6 章，第 37 节。

们也不想拒绝那些已被接纳入会的人，只是在决定接纳他们时要非常小心，免得吸收他们以后，我们却要为了他们而拒绝自己。主本人不曾拒绝过任何已经被接纳的人，但他拒绝过一些主动要求服务于他的人；一个人曾对他讲："主人，无论去哪里我都愿意追随你。"他回答说："狐狸有洞……"[①]

他还严肃地提醒我们在考虑做某件事时首先想一想必要的开销。"如果你们打算建一座楼，不是要先坐下来估算一下必需的成本，看看竣工时自己是否能负担起全部的费用吗？"否则的话，如果他铺设了地基却没有足够的财力来完工，所有的旁观者都会耻笑他。他们会说："那边的就是那个开了工却无法竣工的人。"[②]即使一个人只能自救也是一件了不起的事，若他连照顾自己的能力都没有，却要供养许多人，这对他是非常危险的。只有在接纳成员入会时谨慎从事才有可能照顾好入会者，在开始前多花一点时间、考虑周详的人才有可能坚持到底。在这方面，女人的确考虑得要多一些，因为她们较弱的体质不能承担过重的担子，很需要沉着来珍惜自己。

大家一致认为《圣经》是灵魂的一面镜子，任何勤奋研读《圣经》、理解《圣经》的人都能从中领悟到自己的美丑，从而努力去增进美德，消除丑恶。圣格列高利在《论道德》第 2 卷中也提到过这面灵魂的镜子："《圣经》似一面镜子被置于心灵的眼睛前，我们心灵的脸庞在其中得到反映。从这面镜子中我们看得见自己的美丽

① 《新约·马太福音》，第 8 章，第 19—20 节。

② 《新约·路加福音》，第 14 章，第 28—30 节。

和丑陋，感觉得到我们已取得了多大的进步，以及离进步还差多远。”但许多人读了《圣经》却并非以取得指导为目的，而惠人以指导却是《圣经》存在的唯一理由。他呆呆地坐在《圣经》前，仿佛一头坐在竖琴前的蠢驴，而面包摆在他的面前他却不肯开斋，他自己不能理解上帝之言，也不肯通过他人的教导来领会它，所以摆在他面前的食物对他来说毫无益处可言。

因此，使徒鼓励我们学习《圣经》：“所有从前的《圣经》都是为教训我们而撰写的，这些《圣经》教给我们忍耐和安慰，我们可以从中得到希望。”“让圣灵充盈在你的心中，默诵诗篇、赞美诗、心灵之歌。”[①]默读并真正理解所读之内容，或者说只有融入自己的理解才能真正从中受益。使徒对提摩太讲过：“你要以宣读、劝勉、教导为念，直等到我来。”还有：

> 就你而言，遵循你学到的和确认的真理。记住是谁教给你的那些真理；记住那些能使你因信耶稣基督而得救的圣典，对此，你从儿时起便已十分熟悉。凡上帝所默示的《圣经》于传播真理、批驳讹误、纠正错误、教导人学义方面都有自己的作用。这样，属于上帝者会臻于完美，预备行各样的善事。

他劝勉哥林多人学习《圣经》，以便他们能够对它的内容作出解释：

① 《新约·罗马书》，第15章，第4节；《新约·以弗所书》，第5章，第18—19节。

> 你们要追求爱，也要切慕圣灵的恩赐；尤其重要的是祈求预言的天赋。讲神的语言者肯定是在与上帝而不是与普通人对话，他在预言自己有能力传播宗教。所以，讲神的语言的他祈求上帝赋予他解释的能力。我将以上帝赋予我的灵性祈祷，我也将以我的领悟祈祷：我要用这种灵性歌唱，也要用我的领悟歌唱。否则，你若用神的语言歌颂上帝，普通人该怎么办呢？如果他听不懂你的语言，怎么可能对你的感恩说“阿门”呢？你的确是在向上帝感恩，但他人的信仰并不会因此而树立。感谢上帝不仅仅让我能够讲神的语言，他赋予了我更大的能力，但在教堂中，我宁愿以自己的领悟只讲五个智慧词语供你们体会，也不愿以神的语言讲上万个词语。兄弟们，不要让你们的心智像孩童一样幼稚，要学习儿童的纯真无邪，但要学会像成人一样思考。①

“讲神的语言”的人只会动嘴巴讲话，但不能按自己的领悟作出解释，所以他无法提供真正的帮助。但能够像预言家一样发出预言或作出解释的人，即被称为“先知”也就是“领悟者”的人，努力理解自己所讲的内容，以便他有能力作出解释。前者靠灵性祈祷和颂扬，但他仅仅是把言辞从口中吐出而已，他没有用自己的智慧去真正领会。当我们以灵性祈祷——仅仅不加领会地从口中吐出言语时——我们的所言所讲并未经过心灵的感悟，我们的心因此不会真正受益，而它本应是经过祷告，凭着对神的言辞的领悟受到

① 参见《新约·哥林多前书》第14章第1—2、4节及第13—20节。

激励和接近上帝的。所以，使徒恳请我们讲话时要成熟，不要做儿童，只知道机械地学舌，我们在讲话时应当有内在的含义；否则，他强调，我们的祈祷或赞美是徒劳无益的。

圣本笃也讲过类似的话："让我们吟唱诗篇时保证心灵和声音的统一。"[①]《诗篇》作者也教导我们要"用悟性歌颂"[②]。唯其如此，我们的言语才不会乏味和毫无意义，我们才可以真诚地对主说："你的言语在我的口中感觉甜美无比。"《诗篇》中亦载曰，"他不喜欢人们吹奏笛子"，因为笛声是为了满足娱乐的需要，而不是为了心灵的领悟。因此，可以说人们的笛子演奏得十分动听，但不能取悦上帝。只是他们乐于欣赏自己演奏的旋律，但它并不蕴含着实际的意义。问一问使徒，若没人能够理解祈祷，不晓得祈祷是为善还是为恶，又怎么能去要求教堂中的祈祷者在做感恩祷告后说"阿门"呢？

我们常常会在教堂中见到许多单纯无知的人为那些只会带给他们伤害而非益处的事物祈祷。例如，在讲到"让我们体验世俗，以不会丧失永恒"这些话时，许多极其相似的言语非常容易引起混淆，他们或者可以说"以使我们丧失永恒"，或者说"以使我们不接受永恒"。使徒非常清楚这其中的害处，他讲过："不然，如果你以灵性言语赞美上帝"（即你在感恩祈祷时仅仅唱出毫无意义的词语，却不能向听众阐释其真正的含义），"普通人该怎么办？"即会众中应作出应答者有谁能够确定究竟是否该作出应答呢？对于一个

① 见 *The Rule of St Benedict*，第 19 章。

② 《旧约·诗篇》，第 47 篇，第 7 节；第 119 篇，第 103 节；第 147 篇，第 10 节。

普通人而言，当他并不清楚你是在招来诅咒还是在祈求赐福时，“他又怎么会说出‘阿门’呢？”最后，如果修女们不理解《圣经》，她们又如何能够相互指导、阐释或领悟“教规”、纠正错误的引用呢？

我们不由得十分好奇，敌人究竟用了何种手段，竟造成了修道院目前的局面，即不鼓励理解《圣经》的含义，而只培养人们吟唱若干他们并不理解的字符。他们似乎认为，听咩咩的羊叫比让它们饱食更重要，我们灵魂所需的精神食粮和营养恰恰是上帝要求的我们对《圣经》的领悟，所以，当主指派先知以西结向世人传道时，他首先赠他一本书让他饱餐精神食粮，而书中的内容很快“在他口中变得甘甜如蜜”[①]。耶利米也提到过这种食粮，“孩子们恳求得到一片面包，但没有人肯为他们切开”。他为那些向无知者揭示文字含义的孩子们切开了面包。这些孩子渴望理解《圣经》，满足灵魂的饥渴，因而他们恳求有人为他们切开面包。主耶稣基督有言为证：“日子将到，我必命饥荒降在地上。人饥饿非因无饼，干渴非因无水，乃因不听耶和华的话，却寻不着。”[②]

另一方面，我们的宿敌已在修道院中根植了一种渴望听见世人的言论和世俗的流言的习惯。结果，我们整日沉溺于空谈，却厌倦《圣经》，越是如此，我们就越会感到乏味，因为它缺乏内含独有的甘甜和美。因此，《诗篇》作者大声宣布——如我前面所言：“你的言语在我口中感觉如此甘甜，胜过我唇上的糖。”[③]这种甜美究

① 《旧约·以西结书》，第 3 章，第 3 节。

② 《旧约·阿摩司书》，第 8 章，第 11 节。

③ 《旧约·诗篇》，第 119 篇，第 103—104 节。

竟意味着什么，他马上接着解释道：“你的箴言使我真正有所领悟。”也就是说，我从上帝的箴言中而不是世人的言论中得到领悟，并且得益于箴言的教诲和指导。他也没忘记说明将领悟到什么，“因此，我讨厌任何形式的犯罪”。各种犯罪已是屡见不鲜，它们很容易受到众人的厌恶和蔑视，但只有《圣经》才能让我们真正认识每一种罪行并避免这些犯罪。所以，《诗篇》中如此记载：“我将你的话珍藏在心中，以免我得罪你。”①上帝的箴言被珍藏于心中而不是从口中讲出来，我们不断思考，努力领会这些箴言的含义。若我们领会的努力不够，认识和回避各种犯罪的可能性就越小，我们保证自己不去犯罪的能力也就越弱。

忽视对《圣经》的真正理解应受到谴责，而追求完美的修士更应为此受到谴责，因为他们拥有更多的受教育的机会，丰富的经书和安静的环境都提供给了他们优越的条件。《圣父传》一书中的那位长者尖刻地谴责那些炫耀自己藏书丰富却找不到时间读书的人：“先知们写书，你的祖先们继承下来并作了许多的研究。然后，他们的后代将书的内容牢记在脑海中。但到了当前的一代，他们将书中内容抄在纸上甚至是上等羊皮纸上，却将它们束之高阁，保存在书架上闲置不用。”②圣父帕拉狄斯曾这样敦促我们学习书中内容并传授给别人：“对于发誓按基督的意志生活的灵魂来说，虔诚地学习不懂的东西并认真地传授它理解的内容是理所应当的。”但如果它两者都不肯做——虽然它完全有做的能力，它肯定是染

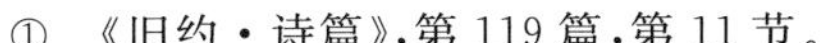

① 《旧约·诗篇》，第119篇，第11节。

② 《圣父传》，Ⅴ，10.114；10.67。

上了疯狂病。厌倦学习是远离上帝的开始，一个爱上帝的人怎么可能不去追寻灵魂渴望的事情呢？圣亚大纳西在其著作《劝勉修士》中高度推崇学习或阅读，甚至允许为此中断祷告。“让我来勾勒一下我们的生活轨迹，”他讲道，“首先注意保持节制，学会忍受斋戒，坚持不懈地祷告，渴望读书，或者在有人仍是文盲时，迫切地靠双耳摄取知识。这些是哺乳期中的婴儿们最初感知上帝的摇篮曲。”之后，在说过“你一定要勤于祷告，尽可能从不间断”之后，他又补充道：“如果可能的话，只有在需要阅读时才允许中断祷告。”

彼得的建议也与此相同。“对请求你们解释信仰和希望的人，随时准备好回答他们。”[①]使徒本人则说：“我们从未停止过为你祈祷，愿你们在一切属于神的智慧灵性上完全领会上帝的意志。”还有，“让基督的神示和它所蕴藏的丰富内涵和智慧永驻于你的心中。”[②]同样的，《旧约》也在人们的脑海中深深根植了一种对神圣教义的类似关注。大卫王如此讲过：“不从恶人的计谋，不站罪人的道路，不坐亵慢人的座位，惟喜爱主的律法，昼夜思想，这人便为有福。”“这律法不可离开你的手，总要昼夜思想。”[③]

而且，在思索的过程中，错误思想常常慢慢浸入他的脑海，尽管不断的思索会让我们的大脑将精力集中于上帝，恼人的凡尘忧思却让它无法安宁。若献身于宗教者必须经常痛苦地忍受这种折磨，闲人必然永远无法摆脱它。圣格列高利教皇在《论道德》一书

① 《新约·彼得前书》，第 3 章，第 15 节。

② 《新约·歌罗西书》，第 1 章，第 9 节；第 3 章，第 16 节。

③ 《旧约·诗篇》，第 1 篇，第 1 节；《旧约·约书亚记》，第 1 章，第 8 节。

第19卷中写道：

> 我们感到痛心，因为我们正面临着这样的时代：许多在教堂中任职的人，不愿根据自己对《圣经》的认识和领悟——或不屑于理解它——而身体力行。他对真理充耳不闻，却转而听从神话，“别人都求自己的事，并不求耶稣基督的事”[①]。《圣经》随处可见，甚至就放在他们的眼前，但他们拒绝阅读。几乎没有人打算去真心领悟他所相信的一切。

然而，他们宣誓遵守的“教规”和圣父们作出的榜样都鼓励他们这样做。圣本笃虽然对于阅读《圣经》有过许多指示，甚至对此像安排体力劳动一样分配时间，但他事实上并没有提到讲授和研究圣歌吟诵的问题。[②] 他在规定作文或写作课这两项属于修士们必须向圣父学习的基本内容时，对纸板和笔也作出了要求。他规定：“从四旬斋开始，图书馆发给每位修士一本书，他们必须连续读完它。”他有没有想过，如果这些人并不努力去理解书中的含义，让他们花时间去读书岂不是很荒唐的事吗？圣人加图有句名言：“读书却不能理解是妄读。”这位哲学家把这样的读书人贬为不懂竖琴的驴子，这一谴责倒是很恰当，因为手中拿着圣书却不能领会其中含义者，的确无异于坐在竖琴前的蠢驴。这种读书人更乐于集中精力做于己有益的事，而不是闲适地阅读文字、翻动书页，他们的

① 《新约·腓立比书》，第2章，第21节。

② 见 *The Rule of St Benedict*，第48、55章。

行为只会印证以赛亚的话：

> 所有先知的预言对你就像天书一般。将天书交给识字的人，对他说："读读这本书吧。"他回答说："我不能，因为它是天书。"将它交给不识字的人，对他说："读读这本书吧。"他们会回答说："我不识字。"对此，主说："这些人靠他们的口唇和言辞赞美我、接近我，但他们的心距离我很远。他们敬畏我不过是领受人的吩咐。因此，我必须再次通过某种伟大的惊人奇迹在这些人的心中深深打下敬畏的烙印。他们中的智者将丧失智慧，目光敏锐者也将丧失其好眼力。"[①]

修道院中学会了朗读经文的人都可以被称作有文化的人，但就对内容的理解而言，那些承认自己没有能力读书的人同那些所谓不识字的人没什么两样，对于他们而言都是"天书"。主谴责他们只是口头上而不是用心在靠近它，他们只会按一定的方式朗读，却不能理解其内含。由于缺乏对《圣经》的理解，他们无法真正汲取它的营养，最终只会流从于世俗。因此，主威胁说，即使那些可以算作有学问的人、那些修道院中的神学家也会受到蒙蔽。

代表着神职荣誉的最伟大的神学家圣哲罗姆鼓励我们热爱文化，他讲道："热爱文化吧，然后你就不会再爱恋罪恶的肉体。"[②]他本人也曾说明他是在付出了辛勤的劳动和巨大的代价后才懂得这

① 《旧约·以赛亚书》，第 29 章，第 11—14 节。

② *Epistulae*, cxxv, 11.

一点的。他还写到了自己学习的事，以自己为榜样指导我们，下面这段话是他写给马柯斯和奥西斯的：

> 我年轻时曾疯狂地爱恋着知识。我并不像一些人那样草率地选择自学的方式，我所做的是经常到安条克，坐在阿波利纳里斯的脚下听他讲解《圣经》。在我的头发已经斑白、本应做别人的老师而不是学生的年纪时，我依然坚持去亚历山大听迪代穆斯讲学，我对迪代穆斯怀着深深的感激之情，因为我从他那里学到了许多知识。别人以为至此我的求学生涯该结束了。但我又回到了耶路撒冷和伯利恒，拜犹太人巴拉尼那斯为师——看看我为求学付出了多少汗水和代价！巴拉尼那斯夜晚才授课，因为他害怕犹太人，对我而言，他是尼哥底母第二。[1]

哲罗姆一定深深铭记着他在《便西拉智训》中读到的话："我的孩子，趁你还年轻时，努力求学吧，即便到了头顶残雪的年纪，你仍要追寻智慧。"[2]

由此可见，他的知识不仅得自《圣经》，还得益于圣父们的榜样，这些知识进一步增加了他创立出色修道院的宝贵财富，他的修道院正是以培养和研修《圣经》为基础的："就对《圣经》和神学的思考和理解而言，我们从未见过这般的训练；你完全可以认为，他们

① *Epistulae*, lxxxiv, 3.
② 《便西拉智训》, vi, 18。

当中几乎每个人都是神的智慧的职业代言人。”①

自少年时代就进入修道院的圣比德也在他所著的《英吉利教会史》一书中写道：“从那时起，我的余生便在同一座修道院中度过，完全致力于学习《圣经》。在遵守修道院的严格纪律和吟唱每日的祷告的同时，学习和写作一直是我所钟爱的事情。”②如今，那些在修道院中受教育的人却一味地坚持愚昧，仅仅满足于朗读文字，却不注意理解，他们只在意训练自己的舌头，却忽视了自己的内心。所罗门曾公开谴责他们：“聪明人心求知识，愚昧人口吃愚昧。”③即他愉快接受他并不理解的文字。这种人真爱上帝，受上帝激励的可能性要小得多，他们距离理解和欣赏上帝及他的《圣经》也遥远得多。

我们认为修道院中这种情形产生于两个原因：或者由于平信徒修士及圣父们的嫉妒，或者由于闲人的空谈——这在今天的修道院中已成为不可或缺的。这样的人是在诱惑我们同他们一样投入世俗的而非精神的事物中。他们就像迫害雅各的非利士人那样，在他掘井时，将他的井中填满土，不让他得到水喝。④ 圣格列高利在《论道德》第16卷中如此解释：“通常在我们努力集中精力于《圣经》时，会遭到魔鬼的骚扰，这些魔鬼在我们的头脑中撒播污浊的世俗思想，企图蒙蔽我们的双目，遮挡我们灵魂深处的洞悉灵光。”大卫王就曾遭受过这种痛苦，他讲道：“滚开，你们这些魔鬼，

---

① Rufinus, *Historia monachorum*, 21.

② 《英吉科教会史》(*Historia ecclesiastica gentis Anglorum*), 5. 24。

③ 《旧约·箴言》，第15章，第14节。

④ 参见《旧约·创世记》第26章，第15节。

我会坚守上帝的戒条。”[①]很明显，这说明他在大脑为魔鬼骚扰时无法坚守上帝的戒条。

同样的，非利士人将雅各掘开的井中堆满土也是出于这种罪恶的企图。我们在探究《圣经》的内在含义时等于是在掘井，而非利士人在我们追求高尚事物时却向我们引介世俗的思想，这等于在悄悄地填塞我们掘出的井，从而阻拦我们找到知识的圣水。但任何人都不可能独自战胜这些敌人，伊利法兹告诉我们说：“全能的上帝会保护你抵制你的敌人，他会做你的宝银。”[②]也就是说，当主以自身的力量将恶魔从你脑中逐走时，《圣经》的智慧之光便会照亮你。如果我没记错的话，圣格列高利一定读过伟大的基督教哲学家奥利金论《创世记》的《讲道书》，并借用了奥利金掘井的说法。那些热情洋溢的掘井者不仅热情鼓励我们喝他人井中的水，而且鼓励我们自己也去掘井。他在第12讲中写道：

> 就让我们按照《智慧书》教给我们的去做吧：“你要喝自己池中的水，饮自己井里的活水，让它们只属于你。”[③]若肯听我的忠告，你们就应当也拥有自己的井和自己的源泉。这样，当你拿起一本《圣经》时，你便能够凭自己的认识和在教堂中学到的知识理解其中的内涵。你们也要尝试着从自己的灵魂之泉中饮取精神的活水。你自身拥有内心的活水源头，理智的溪流具有开阔的河道和涌动的水流，不让泥土和

① 《旧约·诗篇》，第119篇，第115节。

② 《旧约·约伯记》，第22章，第25节。

③ 《旧约·箴言》，第5章，第15、17节。

垃圾滞留。努力去掘开精神的泉水，清除污垢，驱逐心灵的慵懒和迟钝。《圣经》中曰："眼睛被刺痛时会流泪，心痛时会更敏感。"[①]因此，不断净化你的灵魂，直到有一天你能够汲自己井中的活水，饮自己泉中的水。如果你接受了耶稣的活水，并且带着深深的信仰，它会最终成为你心中流向永生的溪水源头。

奥利金在下面一讲中也谈到了雅各掘井的事：

非利士人填满了土的井当然是指那些拒绝领悟的灵魂，这些人自己不饮井水也不许别人饮。主曾讲过："你们这些律法讲师和法利赛人啊！是你们夺走了通向知识之门的钥匙；你们自己不进去，也不允许别人进去。"[②]但让我们永远不要停止掘井，不断探讨新的以及旧的事物；让我们像福音书中讲到的律法讲师那样，能够"从他的库房里搬出新和旧的东西来"[③]。就让我们回到雅各身边，与他一道掘井，即使非利士人会阻挠我们，即使他们使用暴力，也让我们坚持掘井，以便做到"喝你们自己的泉中和自己井中的水"。就让我们不停地掘井，直到井水溢满庭院，这样，我们从《圣经》中学到的知识不仅足以让我们自己受益，而且我们还要将它传授给别人，教

① 《便西拉智训》，第 22 章，第 19 节。
② 《新约·路加福音》，第 11 章，第 52 节。
③ 《新约·马太福音》，第 13 章，第 52 节。

会他们如何汲取灵魂的圣水。让我呵护的羊群都来饮井中之水，正如先知所言："噢，主啊，人类和牲畜，你都要拯救。"[①]

奥利金后来还讲道：

> 非利士人熟谙世事，却不知道何处可以找到水源，何处可以找到理智的源头。如果掌握了知识不知如何运用，掌握了语言却不能讲话，又有何益可言？这好比雅各的儿子们，到处掘井寻找活水，却总是浅尝辄止。

你们不要学他们，要完全杜绝闲聊。你们当中有幸得到知识的受惠者必须努力学习有关上帝的一切教义，因为幸福的人应该是："喜爱主的律法，昼夜思想。"[②]实践主的律法会让"他像一棵长在岸边的树"一样享受河水的滋润，缺水的树不会结出硕果，因为它缺少《圣经》这条淙淙溪流的浇灌。《约翰福音》中所谓"活水从心中淌出"[③]，这些溪流正是基督的新娘吟唱的颂扬新郎的《雅歌》中提到的溪流："他的眼睛如溪水旁的鸽子眼，用奶洗净，安得合式。"[④]那么，你们也应该沐浴这种牛奶般的溪水，让你们贞洁的品质同溪水般晶莹光亮。你们必须像鸽子一样坐在溪水旁，从中汲取无限的智慧，既可丰富自己的知识，又可以传授给他人。你们必

① 《旧约·诗篇》，第 36 篇，第 7 节。

② 《旧约·诗篇》，第 1 篇，第 2—3 节。

③ 《新约·约翰福音》，第 7 章，第 38 节。

④ 《旧约·雅歌》，第 5 章，第 12 节。

须像眼睛一样能给别人指明方向，不仅自己见到新郎，还要把他描述给他人。

关于那位用自己的心去理解他的特殊新娘还有如此的记载："马利亚却把这一切牢记在心，反复思索。"[①]于是，《圣经》之母将他的话牢记在心，而不只是停留在口头，她反复思索其含义，逐句考虑，然后再相互比较，看是否完全一致。她知道，按照律法的昭示，每种动物都是不洁的，除非它反刍后彻底消化食物。所以，任何灵魂都是不纯净的，除非尽最大努力来思索和反刍上帝的教诲，在服从的同时能够理解它们，如此，灵魂才可能不仅仅是做善事，而且能够做得很好，即本着正确的意图。彻底消化食物是指心灵的辨别能力，按经中所写："如果你正确地行事却不能正确地辨别，则你已犯了罪。"[②]

上帝讲过："人若爱我，就必遵守我的道。"但除非他已理解了主的言辞和观念，否则有谁能够在遵命行事时认真思考它们呢？一个人只有先做一名聚精会神的听众，然后才可能诚心诚意地服从，就像我们从书中读到的那位得到主保佑的女人那样：将其他一切置于一边，坐在主的脚下专心听讲，且用心理解，这才是主本人所要求的："有耳可听的，就应当听。"[③]

---

① 《新约·路加福音》，第 2 章，第 19 节。

② 《旧约·创世记》，第 4 章，第 7 节。

③ 《新约·马太福音》，第 11 章，第 15 节。这个女人是马大之妹马利亚。事见《新约·路加福音》第 10 章第 38—42 节。

如果你无法像她那样百分之百地献身，至少在学习你所热爱的《圣经》时，以圣哲罗姆的弟子波拉和尤斯托钦为榜样，正是在他们的请求下，那位神学家才写出了数卷带给教会神学启示的论文。[①]

① 信至此突然中断，缺少第 6 封信中的正式结尾。

附录二

阿伯拉尔的信仰宣言

图书在版编目(CIP)数据

劫余录/(法)阿伯拉尔著;孙亮译.—北京:商务印书馆,2017
(汉译世界学术名著丛书:120年纪念版:珍藏本)
ISBN 978-7-100-14408-7

Ⅰ.①劫… Ⅱ.①阿… ②孙… Ⅲ.①哲学家—回忆录—法国—中世纪 Ⅳ.①K835.655.1=321

中国版本图书馆CIP数据核字(2017)第153913号

汉译世界学术名著丛书
(120年纪念版·珍藏本)
劫 余 录
〔法〕阿伯拉尔 著
孙亮 译

商 务 印 书 馆 出 版
(北京王府井大街36号 邮政编码100710)
商 务 印 书 馆 发 行
北京通州皇家印刷厂印刷
ISBN 978-7-100-14408-7

2017年12月第1版 开本710×1000 1/16
2017年12月北京第1次印刷 印张19
定价:95.00元